PENSAR NAGÔ

Dados Internacionais de Catalogação na Publicação (CIP)
(Câmara Brasileira do Livro, SP, Brasil)

Sodré, Muniz
  Pensar nagô / Muniz Sodré. – Petrópolis, RJ : Vozes, 2017.

  Bibliografia.

  9ª reimpressão, 2025.

  ISBN 978-85-326-5521-9

  1. África – Condições sociais 2. Africanos – Brasil – Identidade étnica 3. Antropologia – África 4. Antropologia – Filosofia 5. Antropologia filosófica 6. Conhecimento – Teoria I. Título.

17-05595 CDD-128

Índices para catálogo sistemático:
1. Antropologia filosófica   128

Muniz Sodré

PENSAR NAGÔ

EDITORA VOZES
Petrópolis

© 2017, Editora Vozes Ltda.
Rua Frei Luís, 100
25689-900 Petrópolis, RJ
www.vozes.com.br
Brasil

Todos os direitos reservados. Nenhuma parte desta obra poderá ser reproduzida ou transmitida por qualquer forma e/ou quaisquer meios (eletrônico ou mecânico, incluindo fotocópia e gravação) ou arquivada em qualquer sistema ou banco de dados sem permissão escrita da editora.

CONSELHO EDITORIAL

Diretor
Volney J. Berkenbrock

Editores
Aline dos Santos Carneiro
Edrian Josué Pasini
Marilac Loraine Oleniki
Welder Lancieri Marchini

Conselheiros
Elói Dionísio Piva
Francisco Morás
Teobaldo Heidemann
Thiago Alexandre Hayakawa

Secretário executivo
Leonardo A.R.T. dos Santos

PRODUÇÃO EDITORIAL

Anna Catharina Miranda
Eric Parrot
Marcelo Telles
Mirela de Oliveira
Natália França
Priscilla A.F. Alves
Rafael de Oliveira
Samuel Rezende
Verônica M. Guedes

Editoração: Maria da Conceição B. de Sousa
Diagramação: Mania de criar
Revisão gráfica: Fernando Sergio Olivetti da Rocha / Nivaldo S. Menezes
Capa: Sandra Bretz
Ilustração de capa: © Dejan Krsmanovic | 123rf

ISBN 978-85-326-5521-9

Este livro foi composto e impresso pela Editora Vozes Ltda.

Sumário

Prólogo, 7

1 O pretenso espírito do mundo, 25

2 Filosofia a toque de atabaques, 88

3 Exu inventa o seu tempo, 171

4 As astúcias da crença, 193

5 Indeterminação e narrativa, 221

Referências, 231

Prólogo

> *Ver o que todo mundo viu e pensar o que ninguém pensou.*
> Albert Szent-Gyorgÿ

Até mesmo a canção popular repete que só se pode filosofar em alemão, língua supostamente sucessora do grego clássico. Razões não faltam: na autoimagem cultural construída pelas potências europeias, a autenticidade do ato de pensar sempre foi atestada pelo que se formulou em grego na Antiguidade. Da tradição filosófica nascida entre a Ásia Menor e a Grande Grécia italiana nutriu-se uma nostalgia a que se tentou dar vida por meio de uma vontade, declaradamente cristã, de espiritualidade e destino. Apenas da Hélade e de sua língua proviriam questões, reflexões e linhas de pesquisas civilizatoriamente valorizadas pela consciência racional do Ocidente.

No auge da modernidade europeia, entretanto, os intelectuais alemães, arvorando-se em sucessores dos helenos e concebendo a filosofia como um fenômeno heleno-germânico, fizeram o possível para transmitir à língua alemã o suposto legado de autenticidade. Com suas grandes elaborações conceituais, o idealismo alemão é eloquente a esse respeito. Mas a suposição de "autenticidade" impregna desde muito antes a história desse idioma classificado como "a nobre e heroica língua alemã" e colocado no topo das "línguas maiores" por eruditos renascentistas, a exemplo de Fischart, em 1575, ou de Borinski, segundo o qual "na Alemanha se encontravam provas históricas na Bíblia para demonstrar que o universo inteiro, e logo a Antiguidade clássica, era alemão".

Mas essa suposição de "línguas maiores" fica ainda mais próxima de nossa época em um grande pensador como Heidegger, cuja argumentação poderia abreviar-se assim: (a) O grego é uma língua privilegiada, distinta de qualquer outra europeia; (b) Por quê? Porque é *logos*, ou seja, é uma dicção originária que, ao nomear, cria o que nomeia, o próprio *homem* inclusive; (c) Deste modo, enquanto *logos*, mais fala do que é falada, é uma língua que, dizendo "filosofia", cria a filosofia. Para sermos mais precisos, juntamente com Heidegger, "a palavra *filosofia* fala grego", logo, ao mesmo tempo nos diz que cria a história grega.

No limite, não se trata apenas de uma certidão de nascimento, mas também da validade civilizada do "como" afirmar ou perguntar racionalmente alguma coisa. Na dúvida, será sempre necessário retornar à origem, ao lugar de onde supostamente proviemos como seres de razão. A etimologia é o recurso erudito desse retorno, apoiado na pretensão de que no arcabouço da língua transpareça o sentido histórico de uma questão problemática. Não que seja pouco relevante o amor à linguagem por meio da filologia (assim como o amor à sabedoria por meio da filosofia), porém a ilusão filológica consiste em buscar o sentido do mundo no cerne etimológico da língua hegemônica ou então em fazer crer que o conhecimento do grego antigo, em si mesmo, dê acesso ao saber filosófico. Daí a *boutade* de Beckett: "A filologia leva ao crime!"

Evidentemente, no interior dessa tradição de "autenticidade", o pensador alemão atribui à sua própria língua condição de sucessora espiritual do grego: O alemão ganha estatuto de *logos* e institui-se academicamente como língua original de filosofia, convertida em linha-mestra, senão em criadora da história europeia, por sua vez designada como *Ocidente*. A filosofia assim "etnicizada" apresenta-se como "essência historial" do Ocidente: filosoficamente reinterpretada como "proveniência historial", essa suposta origem aponta o dedo lógico para um futuro "historial" em termos existenciais – mas politicamente, para o Império Euro-americano, sucessor do europeu. Claro, se é única a origem, único será o poder. Na mensuração da existência, entre o zero e o infinito, o grego "germanizado" passa a ocupar posição de grandeza.

Tudo isso é evidentemente uma construção interessada, ou seja, uma interpretação enviesada no sentido de um domínio intelectual que corresponde em outros planos ao poder de colonização europeu e ao poder teológico de conversão de almas ao cristianismo. Essa construção pretende ser um fato absolutamente racional, mas é de fato um magno *sentir* político eurocêntrico, que traça fronteiras para a produção filosófica, ao mesmo tempo em que define o ponto de partida de sua exportação (mediada pelo cristianismo) para os receptáculos coloniais.

Não se está afirmando aqui que o conteúdo das obras filosóficas reflita diretamente o colonialismo imperial, mas procurando deixar claro que a todo grande sistema filosófico (de um modo geral, inoperante na articulação de sistemas real-históricos) subjaz uma política – impensada por esse mesmo sistema. Por exemplo, como deixar de ver sob a doutrina neokantiana um republicanismo e uma férrea moralidade dos deveres como supostos eternos valores ocidentais? Ou então a promessa de um Estado universal e homogêneo na filosofia hegeliana, mesmo quando relida pelo marxismo?

Isso, aliás, é bastante evidente para vários "profissionais" da filosofia, a exemplo do italiano Gianni Vattimo, para quem a vocação filosófica está profundamente ligada à *polis*, e não é por nada que a filosofia tenha nascido no contexto politicamente aberto da Grécia. Platão, pensador de sistemas puros, é igualmente modelo do filósofo-político. Os gregos, por sua vez, sempre deixaram patente que a sua filosofia estava política e eticamente voltada para o bem da *polis*, que consistia na felicidade de seus cidadãos. Filosofia não era algo alheio ao comum da cidade, não se resolvia em nenhuma especialização epistemológica. Pensar não era calcular: as preocupações com lógica e com linguagem não faziam da filosofia uma serva da ciência nem da teologia, uma vez que visavam a esclarecimentos preliminares para a elucidação de questões fundamentais sobre a vida desejável na *comunidade-Estado*.

Quando mais de dois milênios depois, em pleno século XIX, o pensador Karl Max sustentou que, após terem os filósofos interpretado o mundo, seria preciso transformá-lo, não estava renegando a filosofia e sim fazendo dela uma preliminar para a mudança econômico-político-social requerida por uma *polis* mais justa. Nisto, embora destoando da ideologia acadêmica da *philosophia perennis*, ele estava bastante próximo do cuidado ético da filosofia helênica, apenas atualizando ou temperando o ético com política revolucionária.

Na verdade, grego nenhum levantou a bandeira da exclusividade do começo da filosofia e da civilização na Grécia, jamais reivindicou o monopólio do conhecimento universal nem sequer chamou a si próprio de "grego", visto que esta é uma designação romana – *heleno* era o termo de amplo significado, aplicado a eólios, dórios, aqueus e jônios. O próprio conceito de "Ocidente" (reprisado pelas elites dos povos colonizados, que inadvertida ou alienadamente se dão como "ocidentais") é metáfora geográfica para uma narrativa destinada a consolidar a pretensão de domínio imperial (cultural e civilizatório) da Europa sobre o resto do mundo.

Por isso, é política e eticamente oportuno ressaltar que as tentativas modernas de limitar a possibilidade de afirmação de um pensamento filosófico ao interior dos muros simbólicos do Império Euro-mericano são embaladas, querendo-se ou não, por uma vontade de poder imperial e colonial, cuja linha de continuidade imaginária vai de Alexandre Magno até o império napoleônico, desembocando na utopia marxista do "império da liberdade", supostamente capaz de congregar toda a humanidade. Visto que a filosofia é representada como matriz da razão e da excelência epistêmica (pensamento e ciência), uma dessas tentativas consiste em transformá-la numa imagem de pensamento colada à sua história, contada pelos teólogos de duas religiões universais, o cristianismo e o Islã.

Parte daí a crença, fortalecida desde Hegel, de que toda filosofia implica necessariamente uma interpretação da história do pensamento europeu, ou seja, uma filosofia da história. E isso pode mesmo ser verdadeiro junto aos raros e grandes pensadores que conseguem manter ativo o pensamento por meio de uma "destruição criativa", que é o diálogo – transformador – com seus antecessores.

A rigor, porém, *história da filosofia não é filosofia*, exceto no quadro de um pensamento que encontre a sua gênese apenas em si mesmo e que se acredite espelhar, como reflexo de um destino divino (naturalmente interpretado por teólogos germânicos), o curso da história europeia. Enquanto reflexo da paixão de pensar sobre a vida e a morte, a filosofia não é uma figura da "evolução" europeia, como transparece, aliás, em Nietzsche: "A filosofia não é algo que se torna, evolui e devém nem algo que passa, decorre e escoa".

A confusão que se costuma fazer entre desenvolvimento histórico e a dialética grega é um artifício ideológico para tentar demonstrar e naturalizar a equivalência da filosofia ao processo civilizatório europeu. Esta é a imagem ortodoxa inscrita nas cátedras de Filosofia, segundo a qual especular ou questionar é tão só uma maneira de dar vida contínua a um fluxo histórico de pensamento que remonta a Sócrates/Platão. A proposição deixa de lado a evidência historiográfica de ter o próprio Sócrates enfatizado que não era professor e, mais, que filosofia não era mero procedimento teórico e sim um diálogo a se fazer oralmente em público, por meio da exortação e da educação.

Tal imagem ortodoxa também confina a filosofia à forma literária estabelecida por Platão. O criador da academia grega fixou no texto escrito a dialética praticada por Sócrates (que jamais escreveu qualquer livro), assim como os ensinamentos de Pitágoras contidos na teoria das formas, da alma, do número e da *polis*, dando-lhes uma forma especulativa, depois tornada sistemática e empírica por Aristóteles em seu Peripato. Especulação e empiria são figuras do racionalismo sistemático ensinado por Platão e Aristóteles. Esta característica pode ser uma atribuição retrospectiva, dando margem a que se nomeiem como filósofos "pré-socráticos" alguns dos sábios anteriores a Sócrates. Assim, o matemático, astrônomo e negociante Tales de Mileto (como Sócrates, também não escreveu nada) é considerado o primeiro dos filósofos da linhagem pré-socrática por ter sido o primeiro a tentar explicar racionalmente a origem de todas as coisas por um princípio físico unitário, o elemento água.

Essa é a filosofia continuamente revivida como platonismo e neoplatonismo em Atenas, Roma, Antioquia e Alexandria, que acabou retirando Cristo da linhagem dos profetas para lhe atribuir uma natureza divina, a de homem-deus, contribuindo para a formação do dogma cristão. O termo *logos* – que, em grego, sempre significara palavra, razão, causa, proporções, analogia e, mesmo, entoação – ganhou uma maiúscula (*Logos*) para designar a segunda pessoa da Santa Trindade, portanto, Cristo, o Filho de Deus. Cristo supostamente falava aramaico, o Evangelho foi escrito em grego, e pontos importantes do dogma constituem, às vezes, usos duvidosos do verbo grego. Mas na famosa Escola Catequética de Alexandria, teólogos como Clemente, Orígenes, Dionísio e Atanásio consolidaram a associação do idioma grego à "língua" filosófica e deram respeitabilidade intelectual à ortodoxia cristã. Diferentemente dos gregos, filosofia era junto a eles um material para o catecismo, ou seja, para a iniciação cristológica.

Coube à Idade Média europeia reduzir a ética aristotélica ao monoteísmo e converter o ideal cívico de bem supremo dos helenos (tal como o de *eudaimonia* ou "felicidade") à ideia de essência divina. E assim, com roupagem teológica, aspirando a tornar-se uma bíblia laica, a filosofia tem-se reproduzido ao longo dos séculos nas academias, nas obras e nos sistemas de pensadores basilares. Hegel, último dos grandes criadores de sistemas filosóficos e expoente do idealismo alemão no século XIX, é figura central da filosofia nos tempos modernos por seu impacto em áreas aparentemente diversas como metafísica, lógica, direito e religião. Para ele, a filosofia sustenta a "verdadeira religião", a cristã, justificada pela consciência pensante. E a influência hegeliana prepondera nos estudos clássicos posteriores, dominados por tratadistas como W. Jaeger e W.K.C. Guthrie.

Quase tudo isso é lugar-comum na história da filosofia. Mas se impõe a sua reiteração para se ter alguma imagem da magnitude e do prestígio da tradição intelectual por trás da presunção de que só é possível filosofar em alemão.

Na verdade, há algo de jocoso nesta afirmativa, pois *scholars* nacionalistas não deixariam de objetar que o "grego germanizado" não passa então de uma metonímia para outros idiomas europeus de grande força imperial e colonial, aspirantes ao velho título de "línguas maiores", como o inglês, o francês, o italiano, o espanhol e o português.

Daí o peso contraditório dessa imagem poderosa, quando se aventa a hipótese de que a filosofia é "multiversal" em suas formas de realização. É uma hipótese de rara aceitação, mas presente em algumas vozes filosóficas, que criticam a recusa ao "diálogo das civilizações" por parte dos centros ditos hegemônicos em matéria de cultura. Uma dessas vozes, o pensador francês Roger Garaudy (convertido ao islamismo sunita), importante explicador de Hegel, admite: "Titularizado em filosofia, eu passei nos exames sem conhecer uma só palavra de filosofia da Índia, da China e do Islã. A filosofia é compreendida no Ocidente num sentido profundamente restritivo. É considerada uma pesquisa puramente intelectual e não uma maneira de viver".

É certo que, de modo dispersivo ou esporádico, fazem-se concessões de reconhecimento aos sistemas de pensamento indianos e chineses. *Mas de fato aquilo que a filosofia designa, ou seja, a paixão de pensar, aconteceu e acontece também em formações sociais às quais, por efeito do espírito colonial, se negou a possibilidade de reconhecimento de um autônomo pensamento endógeno.*

Tal é a hipótese que perseguimos neste texto – aplicação metodológica do que chamamos *comunicação transcultural* –, tomando como ponto de partida o sistema simbólico dos nagôs, último grupo étnico imigrado à força pelos escravistas brasileiros. As abordagens etnológicas de sua presença extensiva entre nós evoluíram, desde fins do século XIX, de juízos francamente depreciativos – fonte dos preconceitos que alimentaram tanto o racismo de segregação quanto o de dominação, pós-abolicionista – para juízos lenientes à medida que os formadores de uma bibliografia especializada foram dando-se conta da complexidade de seus rituais e da estabilidade de suas formas institucionais.

A liturgia dos africanos e de seus descendentes prestou-se a objeto de ciência (antropológica, sociológica, psiquiátrica, psicanalítica) no panorama dos estudos brasileiros. Nenhum deles deu a palavra ao negro. Este, na Modernidade assim como na antiguidade europeia, sempre foi tido como *aneu logon*, isto é, sem voz. Como várias outras formas de conhecimento submetidas ao colonialismo ocidental, o saber ético e cosmológico dos africanos sempre experimentou o silêncio imposto pela linguagem hegemônica.

Mas não faltaram vozes – estrangeiras, particularmente – capazes de assinalar que havia muito mais do que mera condição de objeto científico. Este "muito mais" implica *pensamento* (*especulativo*, bem entendido, como processo que se completa em si mesmo), o que não conduz imediatamente a *filosofia*, pois como acautela o filósofo ganense Kwame Appiah, esse "é o rótulo de maior *status* no humanismo ocidental. Pretender-se com direito à filosofia é reivindicar o que há de mais importante, mais difícil e fundamental na tradição do Ocidente". Appiah, que se formou na Inglaterra dentro do círculo acadêmico do pensamento analítico, reconhece a profundidade de problemas originários dos povos africanos, mas não vê a necessidade de reconhecimento de uma filosofia depositária "da verdade esquecida ou fonte de um valor intemporal". Aliás, ele não é o único identificado como "filósofo africano" a negar a possibilidade de que o pensamento cultivado no campo filosófico ultrapasse as fronteiras do ocidentalismo: admite-se, no máximo, a existência de uma gnose africana, senão de ontologias regionais.

Mas na posição de Appiah, que restringe a atividade filosófica à metafísica recuperação de uma duvidosa verdade esquecida, transparece principalmente a hesitação quanto à hipótese de ampliação do raio de alcance da filosofia, certamente por confiná-la ao âmbito do conceito de *humanidade*, que é exclusivamente ocidental. De fato, humanidade é uma ideia renascentista, consentânea ao momento decisivo da história moderna chamado por Fernand Braudel de "longo século XVI", quando se intensifica a ação dominadora dos europeus sobre os outros povos numa escala planetária. Essa ideia atribui ao homem uma mesma e única razão, o que não passa, conforme Gaston Bachelard, de "síntese estatística", uma vez que o estuda "de um ponto de vista geral, desprezando as flutuações desse estudo".

Mas essa ideia de "humanidade" – fachada ideológica para a legitimação da pilhagem dos mercados do Sudeste Asiático, dos metais preciosos nas Américas e da mão de obra na África – consolida-se conceitualmente, na medida em que contribui para sustentar o modo como os europeus conhecem a si mesmos: "homens plenamente humanos" e aos outros como "*anthropos*", não tão plenos. O *humano* define-se, assim, de dentro para fora, renegando a alteridade a partir de padrões hierárquicos estabelecidos pela cosmologia cristã e implicitamente referendados pela filosofia secular. Desta provém o juízo epistêmico de que o *Outro* (*anthropos*) não tem plenitude racional, logo, seria ontologicamente inferior ao humano ocidental. É um juízo que, na prática, abre caminho para a justificação das mais inomináveis violências.

Por outro lado, com razões diferentes daquelas levantadas por Appiah, caberia também perguntar se esse "rótulo de maior *status*" é algo eticamente significativo para a densidade litúrgica *afro*, quando se leva em conta que o nazi-fascismo nasceu e desenvolveu-se no interior de padrões de quilate humanista. Heinrich Himmler, o grande mentor dos campos de extermínio, não tinha nenhuma objeção quanto à sorte das vítimas, mas afetava preocupação com o fato de que se encontrasse um método *humano* de matar. Seu colega Herman Göring, criador da *Gestapo*, autointitulava-se "o último homem do Renascimento". E como hoje observa o sociólogo Paul Gilroy, "muitos dos arquitetos da matança de massa em Ruanda e na Bósnia foram educados segundo os mais elevados padrões das humanidades ocidentais".

A verdade é que em geral esses padrões – prolíficos nas artes plásticas, nas ciências, na música, na narrativa literária, na poesia e reproduzidos nas cátedras universitárias – desenvolvem-se à sombra de ideias que, em última análise, pretendem garantir a relação entre pensamento e realidade. No fundo, importa pouco que algumas delas, constantes daquilo que analistas de sociedade chamariam de "formações ideológicas", esquivem-se à prova da verdade, desde que se revelem funcionais dentro de uma circunstancial relação de domínio, cuja lógica pode às vezes permanecer oculta. Noutras vezes, não consegue esconder-se: na impressão de poder monolítico das arquiteturas, na simetria dos padrões lógicos e, mesmo, musicais, parece – apenas parece – transparecer "a" verdade. Essa lógica que, no limite, pode ser chamada de "humanista", é capaz de dar abrigo à discriminação do Outro, tornando humanista todo racismo.

Isso é o que nos leva a tentar compreender a insólita imagem de Fernando Pessoa sobre o Brasil: "O caso do Brasil é típico. Confirma [...] que os territórios sujeitos a excessos climáticos, como o calor intenso e a umidade excessiva, não são aptos a criar raças autóctones suscetíveis de civilização [...] a escravatura é lógica e legítima: um zulu ou um landim não representa coisa alguma de útil neste mundo [...] o legítimo é obrigá-lo, *visto que não é gente*, a servir os fins da civilização". A poesia de Pessoa é grandiosa e singular, mas essa *ideia* – apêndice de seu conceito de "imperialismo de expansão", que distingue de "imperialismo de domínio" e o considera "normal" frente a povos "incivilizáveis" – poderia ser subscrita pela mentalidade nazista de décadas posteriores.

Aos cínicos pode ocorrer a tese de que o pensamento moderno não tem compromisso irrestrito com qualquer virtude cívica e, antes, seria suscetível de uma metafísica convivência com o mal. Mas não é em si mesmo o fato de pensar que levou no passado e leva no presente à corrupção, à violência e ao genocídio e sim seguramente o fato da produção ideológica de mentalidades que, escudada em formas imperiais, coloniais e "pós-coloniais" impermeáveis a transformações de fundo, persiste em seu trabalho de construção de supremacias. Muito não vale identificar um poeta ou um pensador do passado como nazi-fascista se não se consegue enxergar a continuidade da ideologia nazi-fascista nas formas de produção de mentalidade ou de subjetividade continuadamente orquestradas pela lei estrutural de organização do mundo, que é o capital. Esse trabalho permanece guiado por uma ideologia civilizatória cuja lógica de legitimação continua a produzir o velho e violento sujeito da consciência fechada pela representação cristã, apenas hoje de modo oculto e eventualmente temperado pelas predicações paulinas de amor e caridade.

A filosofia tradicionalmente praticada no Brasil é um capítulo acadêmico da *forma mentis* dessa ideologia mercantil-colonialista, sensível apenas aos valores da acumulação econômica como um fim em si mesmo ou ao progresso a qualquer preço. Por isso, no empenho político de *uma descolonização ao mesmo tempo ética e epistêmica*, é politicamente relevante dar à luz "filosofias" insuspeitadas e a salvo da violência dogmática, ou seja, desconstruir o vocabulário hegemônico em seu próprio arcabouço conceitual para revelar novas perspectivas éticas e ontológicas, inclusive para o próprio conceito de "humano" e, consequentemente, para as disciplinas acadêmicas que se classificam pela etiqueta pluralista de "humanidades".

Propor contornos teóricos para uma filosofia *afro* não nos parece um risco de incorrer na armadilha do etnocentrismo por implícito reconhecimento do lugar privilegiado do pensamento filosófico nem consistir na afirmação de uma "identidade negra essencial". Assim é que, sobre os nagôs – como "figuração" tributária dos povos oriundos da África Subsaariana –, nós acolhemos a hipótese de um "pensamento sutil" à espera de decifração, nos termos de uma abertura revelatória para configurações humanas insuspeitadas.

Este é precisamente o nosso ponto de partida, afinado primeiramente com a perspectiva de que a liturgia de extração africana, vinculada a cultos locais e familiares, passa mais pela dimensão de um ativo pensamento de *Arkhé* do que pelo plano religioso *stricto sensu*, marcado pelo universalismo monoteísta – tanto assim que as grandes resistências a esses cultos partem dos imperialismos da crença. A manifesta complexidade de seus conhecimentos pode integrar, com *status* maior ou menor, as "gavetas" classificatórias da etnologia, do folclore e das mitologias, mas sob a categoria geral do *não saber*. E nada disso *dá a pensar*, nada é matéria que se ofereça à reflexão.

Admitimos que o conceito de África é geográfico e não metafísico. Mas consideramos, como Nietzsche (em *Além do bem e do mal*), que a geografia é algo a se levar em conta na perspectiva de outros modos de pensar. E o que aqui apresentamos é a perspectiva de um modo *afro* de pensar tipificado no sistema nagô, que é de fato uma *forma intensiva de existência* (forma em que a passagem do biológico ao simbólico ou ao "espiritual" é quantitativamente significativa), com processos filosóficos próprios. "Afro" não designa certamente nenhuma fronteira geográfica e sim a especificidade de *processos* que assinalam tanto diferenças para com os modos europeus quanto possíveis analogias.

Não é aqui o momento de esboçar uma taxonomia desses processos nem de lhe dar um ordenamento prioritário, mas a questão do *sensível* pode ser posta num primeiro plano quando se considera, junto com pensadores africanos, que a recusa do sentir é o "artigo primeiro" da filosofia ocidental. Por outro lado, não se trata de nada a que se possa dar o nome essencialista de "filosofia negra" nem "filosofia de negros para negros". Por mais que uma identidade "negra" possa adquirir valor tático, apoiada pela afirmação de "raça" como ideia política – em função de oportunas ações afirmativas, no quadro conjuntural das lutas por direitos civis ou por *status* dentro de uma sociedade em que a hierarquização social é reforçada pela discriminação racial – a separação de indivíduos humanos por cor é filosoficamente questionável.

Jean-Paul Sartre, o único filósofo europeu a se debruçar sobre a condição existencial dos descendentes de africanos, já havia chamado a atenção para este ponto em seu prefácio (*Orfeu negro*) à antologia poética em que ganhou força o conceito de *negritude*, articulado pelo poeta martinicano Aimé Césaire e amplamente repercutido por intelectuais de prestígio internacional como Léopold Sédar Senghor e Léon Damas. Na trilha de pensadores do anticolonialismo como Frantz Fanon e Albert Memmi, Sartre enfatiza a negritude – apesar das restrições de Fanon ao discurso de Senghor – como um recurso de descida às raízes africanas para encontrar uma identidade "preta" (*nègre*) suscetível de ombrear-se socialmente à "branca" por meio do pleno reconhecimento humano da diferença colonizada e humilhada.

Filosoficamente, o argumento de Sartre é holístico: não se atém à consideração de uma categoria "racial" isolada (o negro em si), e sim à condição existencial de todos os homens. Para o pensador existencialista, é imperativo superar o que considera a cegueira do espírito analítico burguês, deixando de considerar o indivíduo isolado ("como uma pequena ervilha em uma lata de ervilhas") e abrindo-se para uma visão sintética, em que se contemplaria o homem *total*.

Não está em questão, portanto, apenas a dominação exercida sobre uma categoria fenotipicamente marcada, e sim sobre toda a humanidade, cuja inconsciência não lhe permite reconhecer-se em sua própria diversidade constitutiva. Nos termos de Sartre, a libertação supõe o reconhecimento de si como um todo, o que desloca o foco da luta para o sistema responsável pela dominação, portanto, para uma responsabilidade universal sem qualquer orientação política precisa. Aliás, é típico da atividade filosófica não compatibilizar os seus eventuais projetos de libertação ou de soberania com um espaço político qualquer.

Até o século XVI havia comunidades ou povos caracterizados por costumes e aparências distintas, mas não "gente de cor" enquanto uma designação universal resultante dos posteriores sistemas classificatórios, elaborados pelos teóricos europeus que moldaram os contornos da biopolítica racial. A partir daí, cada potência colonial administrou à sua maneira ou às suas conveniências essa biopolítica, disseminando-a nas escolas e nas elites colonizadas. A propósito do racismo norte-americano, o escritor James Baldwin mostra que o "preço do bilhete de viagem" do imigrante europeu para a América incluía simbolicamente a sua conversão em "branco americano", uma espécie de identidade étnica que não tinha antes de chegar, necessária à justificação do domínio sobre os descendentes de escravos. Ser branco era, no limite, uma injunção moral.

Hoje, a segregação abertamente "racial" tem esmaecido no interior de um complexo maior e mais moderno de dispositivos disciplinares, a que se deu o nome de biopoder. O sistema de dominação não mais se apoia sobre o conceito biológico de raça (não há genótipos diferentes, não há raças) nem a cor da pele *essencializa* diferenças humanas. Entretanto, categorias morfofenotípicas como "homem negro" ou "homem branco" permanecem como marcações operativas de uma lógica de domínio – isto é, como um duvidoso jogo de opostos dentro de um paradigma étnico em que o fenótipo claro conota primazia existencial – uma vez que o matiz cromático, prestando-se facilmente à tipologia classificatória, converte-se no traço por excelência da diferença. Paul Valéry já o havia pressentido: "Nada mais profundo do que a pele".

Esse jogo hegemônico ainda pode parecer evidente num contexto de memória escravagista. Nem um pouco assim, porém, num espaço sem dominância da dolicocefalia europeia, a exemplo do contexto chinês, onde o oposto a "branco" seria possivelmente "amarelo". Só que nunca se falou num "continente amarelo" (assim como se fala desde sempre num "continente negro"): a persistência classificatória do "negro" é um álibi para a naturalização da coincidência histórica entre o continente africano e o tráfico escravagista, primeiro estimulado por muçulmanos e depois por cristãos europeus. A justificação universal da violência escravagista é um fato de religiões universais.

Em termos de discussão filosófica, seria talvez possível permanecer no nível dos conceitos, mas isto é politicamente inviável numa "disputa de posições", inerente à luta concreta por direitos civis em sociedades onde as marcações discriminatórias da "relação racial" impedem uma real assimilação democrática dos códigos republicanos. Há um abismo entre o abstrato reconhecimento filosófico do outro e a prática existencial de aceitação de outras possibilidades humanas – o acolhimento da diversidade, num espaço de convivência. Sem esta prática, ideias grandiosas podem omitir-se diante de realidades desumanas como os gulags e os genocídios.

Disso tinha plena consciência Fanon ao advogar, para além das abstrações essencialistas (emocionalismo, intuitividade dos negros), uma identificação concreta com os colonizados de seu tempo. Mas é precisamente a esse plano meramente conceitual (aliás, por ele tachado de "fraternidade abstrata dos negros") que parecia adequar-se a teorização de Senghor, um intelectual institucionalmente comprometido com o Estado francês. E este tipo de posicionamento continua inerente aos debates intelectuais sobre a questão da "raça", por meio de um conceitualismo (de matizes hegelianas) do qual não se consegue sair, a menos que se parta de uma situação nacional concreta.

Filosoficamente, urge uma distinção entre o diverso e o diferente, ou seja, a distinção entre o universal concreto de todo existir humano (a diversidade ou pluralidade existencial de pessoas) e um universal abstrato (a diferença), construção lógica da metafísica europeia, que tem lastreado desde *As cartas persas*, de Montesquieu, o pensamento da alteridade. É que a distinção lança uma luz bastante clara sobre as práticas concretamente opressivas.

Por exemplo, um pequeno episódio da época da ditadura militar no Brasil é sintomaticamente revelador de uma totalidade opressiva: Ao ser detido quando passeava à noite numa rua em São Paulo, um artista ouve do policial a justificativa "vai ser preso porque é preto". Em princípio, a rejeição à diferença de cor teria deflagrado ação arbitrária do policial, mas é muito mais provável que a motivação se deva à diversidade, ou seja, ao fato de o suposto diferente ter sido surpreendido num espaço que não deveria estar trilhando àquela hora, uma região supervalorizada da cidade, ocupada por gente "clara" e descendente dos antigos mestres de escravos.

Somos *naturalmente* diferentes uns dos outros: os filhos diferentes dos pais, assim como de seus compatriotas ou dos indivíduos do resto do mundo. A variação é *naturalmente* imprescindível à transformação evolutiva. Mas ao contrário da distinção dos fenômenos como mero princípio lógico do conhecimento, a diversidade implica um *conhecimento* da diferença, que supõe a sua pluralidade numérica e espacial, assim como a atribuição de uma identidade a ser sensivelmente *reconhecida*. Sem o reconhecimento no plano dos afetos não se cria a solidariedade imprescindível à aproximação das diferenças. O caráter absurdo do incidente com o artista na rua (a evidência escravagista de sua forma), um traço do Estado nacional manifestado desde a política étnica da ditadura varguista, persiste até hoje em períodos ditos democráticos e precisamente pela mesma justificativa, agora apenas implícita, não mais manifesta.

Parece-nos evidente, assim, a conveniência política de um posicionamento marxiano, que consiste em partir da "relação racial" como um material histórico, determinado pela diversidade no interior da formação social brasileira, isto é, como um anacronismo escravagista a ser ultrapassado. No embate histórico por essa ultrapassagem afigura-se como estratégico admitir, até mesmo aquilo – uma "identidade" negra nos termos formulados por Sartre, uma provisória "ferramenta" política – que, entretanto, afastamos como categoria filosófica aceitável.

Mas a nossa hipótese relativa a um modo específico de pensar no complexo simbólico nagô não é "negra" – portanto, não deriva categorialmente de nenhuma "relação racial" – e sim *afro*, por comportar *processos* inteligíveis apenas à luz da *Arkhé* africana. É possível falar de um *perspectivismo*, no sentido nietzscheano de um modo de pensar assentado sobre um viés particular e não sobre a pretensão de se enunciar verdades absolutas. A antropologia contemporânea, por exemplo, enverada por este caminho ao demonstrar a existência de metafísicas indígenas. E no que diz respeito à África, é admissível a hipótese "etnofilosófica" de um trabalho externo, apoiado sobre materiais etnográficos locais (aspectos religiosos, morais, artísticos etc.) e sobre uma etnia particular.

Mas com o pensamento nagô, insistimos na palavra "filosofia", que nos parece epistemicamente justificada pela pressuposição de uma universalidade filosófica: a especulação sobre o melhor, sobre o bem, para uma determinada forma de vida. Aqui se reencontra a fundamental questão socrático/platônica (*pos bioteon*, "Como devemos viver"?), que envolve aspectos éticos, políticos, ontológicos e cosmológicos. Não é um universal enquanto categoria filosófica que se imporia globalmente como um padrão único de realização, mas a *universalidade* inscrita na força primária de toda ação e inação, na originariedade do que significa ser ou não ser. A este respeito existe uma unidade temática, característica de um estilo propriamente filosófico, no pensamento nagô.

São vários os professores de Filosofia africanos e afro-americanos que vêm trabalhando ao longo dos anos em torno de formas específicas de pensamento, tanto na África quanto em universidades estrangeiras, majoritariamente nos Estados Unidos. Criou-se o conceito de *Africana Philosophy* como um recurso heurístico de orientação das questões relativas ao pensamento africano e diaspórico. A partir daí se desenvolvem instituições nos Estados Unidos e em alguns países africanos (Nigéria e Quênia, p. ex.) que, até agora, parecem priorizar o estudo da história e da cultura dos povos africanos como requisito para a delimitação do campo filosófico.

Em termos estritamente filosóficos, de um modo geral, reconhece-se a centralidade do corpo vivo em ontologias regionais, assim como a antiga e clássica evidência da filosofia como um gênero de vida frente ao poder, aos outros homens e às divindades. Com raras exceções, entretanto, existe a tendência de ceder ao círculo filosófico ocidental o poder de "legislar" sobre esse campo, um de cujos ramos seria a filosofia africana.

Nisso divergimos, por não reconhecermos fronteiras nem delimitações geográficas para o pensamento, assim como por acharmos que o modo *afro* de pensar é tão só uma modulação (tal e qual, na música, um tom se modula para outro) da paixão de compreender o mundo e o cosmo. Além do mais, o pensamento nagô – um construto teórico que se estende a outras formações étnicas presentes na diáspora escrava no Brasil – mantém a particularidade de ter aqui reinterpretado um milenar patrimônio simbólico africano, dando lugar a instituições e formas de agir originais.

Essa reinterpretação é uma filosofia que, neste texto, apresentamos como a resultante de uma *diátese média*, isto é, uma modulação sustentada pela corporeidade característica da *Arkhé* e diversa da *diátese ativa*, que caracteriza os sistemas filosóficos ocidentais. Formulamos aqui a hipótese de uma filosofia que começa na cozinha da casa em vez de nos desvãos celestes da metafísica. Outro modo de apresentar este tópico é dizer que, quando a somatização do sagrado é maior do que a própria expressão verbal dos mitos, tem-se outra *lógica*, propriamente corporal, com outro sistema de pensamento consequente.

Na discussão desta hipótese vai-se verificar que há fortes pontos de contato *dialógico* entre as diferentes filosofias, isto é, um mútuo atravessamento dos conceitos e das imagens trabalhados pela *razão*, tanto a instrumental quanto a sensível. O sábio alcance das flechas de Apolo tem afinidade com as flechadas de Oxóssi, assim como com a sabedoria de Orunmilá. Nos hiatos, nas entrelinhas e até mesmo em afirmativas dispersas é possível estabelecer analogias com os procedimentos afros, num movimento metodológico que podemos descrever como de *modulação*, no sentido propriamente musical do termo, de um sistema para outro.

Não levamos em conta os posicionamentos políticos de filósofos no passado ou no presente e sim as aberturas em suas posições de pensamento, o que acontece em vários deles, inclusive inadvertidamente nos textos que tecem uma narrativa monológica sobre o pensamento filosófico, como se fosse um romance com princípio, meio e fim, sem fissuras e colado à fé cristã.

Deixamos também de lado a norma editorial das citações sistemáticas, simplesmente porque não se trata aqui da apresentação de tese acadêmica nem da demonstração de que esta ou aquela fonte original foi realmente compulsada para dar à luz a verdade de uma proposição alheia. Trata-se, sim, da exposição de uma hipótese, sem recorrer à suposta certeza dos argumentos de autoridade, mas inscrevendo-os num novo discurso, que visa a uma nova iluminação. As citações aparecerão no pé de página ou mesmo no meio do texto corrido, quando forem absolutamente necessárias ou quando houver, por parte do autor, a suposição de que é preciso enfatizar aquela obra junto ao leitor.

Por outro lado, partes de anteriores textos nossos são aqui retomadas com acréscimos, porque já inscreviam a questão do pensamento afro, embora direcionadas a outros objetos de conhecimento e, assim, desarticuladas da problemática filosófica que ora levantamos. E o que levantamos é a possibilidade de se transformar a visão de um fenômeno evidente em fenômeno surpreendente, o que implica abrir novos caminhos cognitivos a partir dos elementos que se captam na observação dos fatos. Isto pode corresponder àquilo que o fisiologista húngaro-americano Albert Szent-Gyorgÿ (Prêmio Nobel de Medicina em 1937) chamava de "descoberta", ou seja, "ver o que todo mundo viu e pensar o que ninguém pensou".

Mas corresponde igualmente à vontade de afirmar que, na paisagem colonizada, *não importa apenas aquilo que se supõe digno de importar de uma matriz qualquer*. Ou seja, não se trata de colocar num primeiro plano das análises o fato de que, na formação histórica da nação brasileira, se importaram fórmulas europeias incompatíveis com a realidade nativa, ao modo de ideias "traídas" em sua tradução ou simplesmente "fora do lugar". Por trás da insistência nesta chave analítica pode estar o desejo de uma adaptação correta ou "verdadeira", o que resgataria cada sujeito elitista de sua condição de "parisiense desterrado".

Não nos move aqui igualmente o conceito de *transculturação*, pelo qual o antropólogo cubano Fernando Ortiz visava a caracterizar a adoção das formas de uma cultura por outra sem incorrer no risco extremo da *aculturação*. Isto, para nos mantermos à distância das racionalizações eurocêntricas que costumam fazer os movimentos de fusão de elementos europeus com outros provenientes de culturas tidas como subalternas, seja em termos deliberados, seja "inconscientes". Em outras palavras, não comungamos com as sobreposições "multiculturalistas", em que o gosto do pensamento pelo "exótico" admite harmonizações, mas sempre sob a égide da lógica hegemônica.

Nossa visada metodológica é, antes, induzir à prática de uma *comunicação transcultural*, que entendemos como uma *dialogia semiótica*, não um diálogo "entre" formações que se pretendam verdadeiras e estanques, mas a lógica do *trans* ou do vaivém "através" dos limiares do sentido, não uma filosofia de portas e sim de pontes ou de transição para correspondências analógicas, que não são necessariamente conciliatórias ou harmônicas, mas que abrem caminho para novos termos das disputas de sentido.

É que no espaço temporalmente comprimido pelas tecnologias da comunicação em que vivemos, a reversibilidade das posições e das identificações suscita uma lógica diferente daquela pela qual a etnologia ou outros sistemas cognitivos ocidentais "traduziam" o mundo da *Arkhé* – dito apenas "místico" ou povoado de forças "animistas" – para a linguagem europeia. E isso não é uma mera operação "culturalista": politicamente, trata-se de fazer compreender que a ideia de nação não implica algo dado para sempre, mas um projeto dinâmico e inconcluso em que a ficção "cidadã" de uma única e soberana etnia transforma-se necessariamente em diversidade, no influxo dos movimentos de redefinição democrática da sociedade nacional.

O pensamento nagô é uma provocação à reversibilidade dos tempos e à transmutação dos modos de existência, sustentada pela equivalência filosófica das enunciações. Roger Bastide já havia assinalado que "para se fazer melhor entender, é sempre lícito transcrever um mesmo processo lógico ou filosófico em sistemas conceituais equivalentes quanto a suas significações profundas". Nada impede que isso seja entendido como uma "tradução", no sentido de tornar uma prática em determinada cultura inteligível para outra. Não pode ser entendido, entretanto, como a transcrição narcísica da afirmação do si-mesmo no sistema de pensamento do outro, e sim como um desafio a que *as diferenças se determinem mutuamente* no processo e no encontro.

Filosoficamente, a *dialogia* implica, no limite, indeterminação das posições ou das identidades supostamente fixas ou dadas para sempre. Mas desse empenho teórico não estão ausentes fortes implicações políticas e simbólicas, como aquelas apontadas por Celso Furtado ao buscar identificar, nos "impulsos mais fundamentais do homem gerados pela necessidade de autoidentificar-se e de situar-se no universo", forças capazes de enfrentar a pressão reprodutiva do capitalismo globalizado. Vários são os pensadores que confluem, de Nietzsche e Marx para cá, no sentido multifacetado de uma ética de resistência às desmedidas da soberania do Estado e dos dispositivos do poder econômico. O economista/pensador brasileiro apontava como forças, ao lado da pesquisa científica básica e da invenção artística, tanto a *reflexão filosófica* como a *meditação mística*, destoando do juízo positivista de Augusto Comte sobre o misticismo como um "equívoco funesto".

Evidentemente, não se pode apostar na reflexão, nem na ética, nem na meditação, nem no economicismo como imperativos que se sobreponham à política enquanto domínio em que se possa obter um grau razoável de igualdade entre os indivíduos e uma margem satisfatória de liberdade. No âmago de uma filosofia de diáspora, como o pensamento nagô, a alacridade entendida como "ponto de existência" é uma regência afetiva que propicia essa margem dentro de um contexto social marcado há séculos pela continuidade das políticas de servidão.

Sem exageros universalistas: Concordamos com Cioran em que, se pensarmos uma regência desse tipo em termos de duração e continuidade, "a liberdade praticamente não tomaria mais tempo do que o êxtase na vida de um místico". Entretanto, mesmo admitindo que liberdade não se reduz a um estado de espírito, é considerável a ponderação de Furtado, por um lado, no quadro de uma sociedade regida por um pacto e uma mentalidade oligárquicos, convicta da superioridade da pele clara sobre a escura. Por outro lado, levando-se em conta que, seja filosófica ou religiosa, toda pretensão de verdade única é germe de violência. Fora da malha semântica da economia política, uma mudança social pode ser entendida como uma libertação frente aos dispositivos de sentido responsáveis por imagens e significações criadoras de nossa realidade sensível.

Libertária será, assim, a busca emancipatória que conduza a formas diversas e moleculares de soberania individual ou coletiva. No âmbito brasileiro, por via da comunicação transcultural, sugerimos a possibilidade de um novo jogo de linguagem: uma filosofia "de negociação" (os nagôs, como os antigos helenos, sempre foram grandes negociantes), sem entender "negócio" apenas pelo vezo moralista das trocas comandadas pelo capital e sim como também a troca simbólica do dar-receber-devolver, aberta ao encontro e à luta na diversidade.

É precisamente o que queremos dizer com "pensar nagô".

M.S.

1
O pretenso espírito do mundo

> ...*piscina onde flutuam*
> *sistemas e delírios*
> *mansos de filósofos...*
> Carlos Drummond de Andrade

O socioantropólogo francês Roger Bastide foi provavelmente o primeiro a vislumbrar na cosmogonia nagô, historicamente vivenciada pelas comunidades litúrgicas da diáspora africana (os *terreiros* de candomblé), "um pensamento sutil, que é preciso decifrar". Na verdade, Bastide – que empreendia uma etnologia reflexiva – buscou mais de uma vez abordar filosoficamente questões nagôs, como, por exemplo, ao afirmar que "o problema da individuação é um problema filosófico e vocês me perdoarão se, partindo naturalmente dos dados da etnologia africana, eu o trato filosoficamente"[1]. Para ele, esse velho problema cristão "entra na reflexão dos melanésios e dos africanos de hoje, e esses últimos descobrem, a partir desse contato, permanecendo ligados às suas próprias tradições, as soluções que a escolástica cristã dera ao problema: a individuação pela matéria – a individuação pela forma".

O que aqui e agora nos interessa, porém, não é particularmente o problema da individuação, mas a provocativa sugestão que confere a setores da condição humana escravizada no Brasil, ao modo de uma "suspeita" filosófica, um estatuto intelectual jamais entrevisto pelo *status quo* etnológico. Por outro lado, abre caminho para a investigação de algo inconcebível pela entidade "filosofia europeia", moldada por teólogos germânicos: a possibilidade de um genuíno pensamento por parte de intelectuais "orgânicos" da diáspora africana.

---

1. ROGER, B. Le principe d'individuation (contribution à une philosophie africaine). In: DIETERLEN, G. (ed.). *La notion de personne en Afrique Noire*. Paris: CNRS, 1981, p. 33-43.

Quem são esses? São ex-escravos e seus descendentes. É lugar-comum historiográfico o fato de que os escravos negros, trazidos pelos colonizadores portugueses para o Brasil ao longo de três séculos, pertenciam a distintos grupos étnicos da África Ocidental, Oriental e Equatorial, mas os grupos denominados alternativamente como "nagôs" ou "iorubás" foram os últimos a chegar, entre fins do século XVIII e início do século XIX. Do grupo originário do reino iorubano de Ketu procede a maioria das instituições litúrgicas assentadas na Bahia e referidas na frase de Bastide.

Depois do francês, a etnóloga argentina Juana Elbein dos Santos, pesquisadora de nível internacional e com toda uma vida imersa no universo dos cultos baianos, a partir de uma *endoperspectiva* (uma visão "de dentro"), viu nessa forma litúrgica de continuidade existencial do grupo "nagô" um sistema simbólico complexo e coerente. Absteve-se da palavra "estrutura", filosoficamente entendida como um conjunto de relações entre elementos variáveis, capaz de engendrar um número indeterminado de modelos concretos. Nos dicionários, a palavra *sistema* designa um todo coerente e organizado ou uma composição de partes coordenadas entre si, como quando se fala de um sistema de coisas, um sistema de planetas ou um sistema de símbolos, cuja decifração pode ser etnologicamente reivindicada. Este é bem o caso de Juana Elbein ao desvelar o "nexo ontogenético" da simbologia nagô (portanto, a sua imanência), interpretando sequências rituais dentro de uma estrutura consequente, sem perder de vista o contexto ou a dinâmica mutável dos significados. Marcava, assim, a sua oposição a uma anterior bibliografia afro-brasileira, por ela qualificada como ultrapassada – caracterizada pela "superficialidade, ou pela falta de uma metodologia consequente e, geralmente, pelo seu enfoque etnocêntrico"[2].

Se nas obras de ambos fica demonstrada a complexidade da herança cultural africana no Brasil, resta para alguns setores universitários ou para intelectuais esparsos a questão de se determinar a direção acadêmica da mencionada "sutileza" de pensamento. Trata-se de um tópico estimulante, uma vez que, por um lado, nenhuma descrição empírica tem conseguido abarcar a complexidade

---

2. SANTOS, J.E. *Os nagô e a morte*. Vozes, 1976, p. 22. Esse livro, que reproduz o texto da tese de doutoramento da autora na Sorbonne, em júri presidido por Roger Bastide, representa um divisor de águas na história dos estudos sobre a cultura afro-brasileira, com mais de uma dezena de edições, tendo sido lido e discutido por etnólogos, pesquisadores de várias áreas e lideranças dos cultos afro-brasileiros.

da experiência mística, seja nos sistemas hindus, seja nos cultos africanos. Por outro lado, a sugestão relativa a um pensamento "decifrável" – de fato, uma ontologia elaborada da relação do homem com o mundo e com o cosmo – parece-nos ampliar o leque da interpretação para além da imanência ritualística, onde uma refinada interpretação etnológica é capaz de trazer à luz a evidência de uma singularidade ou uma "autenticidade" africana, embora sem se preocupar com a dimensão reflexiva frente a categorias ocidentais.

Mas num espaço-mundo cada vez mais comprimido pela temporalidade imediata dos circuitos eletrônicos, é vital figurar um contexto também social ou global, em que diferentes modos de *teoria* ou de proposições com alcance conceitual sejam confrontados ou postos em situação dialógica. Isto implica um importante deslocamento epistêmico porque o que será então posto em pauta cognitiva não é mais apenas a revelação sociológica ou antropológica da existência de um sistema simbólico coerente e sim o reconhecimento de outra forma teórica que se possa designar como "filosófica" (porque este é o nome excelso do intercâmbio teórico no Ocidente) e com a qual seja possível a "dialogia" que designamos como *transcultural*. Não exatamente um "diálogo", mas uma compenetração de posições, um vaivém analógico, para tornar mais clara a evidência de que não existem "identidades culturais" como fatos naturais ou primordiais e sim como construções *históricas*, ainda que provenham de sociedades tradicionais onde os teóricos europeus de todas as datas resistem a reconhecer uma história autóctone.

Em seu sentido radicalmente helênico, a palavra *teoria* (de *theorein*, ver) significa *contemplar*, ou seja, ter a visão de algo situado na natureza ou no mundo. Não tem a ver diretamente com a ciência positiva (o estabelecimento de uma hipótese e a sua verificação), e sim com a inteligibilidade conceitual do cosmo que, para os antigos filósofos helênicos, unia indagação ("científica", diríamos hoje) e especulação ("filosófica", também diríamos hoje).

Por outro lado, alternar expressões como "jônios" ou "helenos" com "gregos" pode revelar-se um saudável exercício de chamada à atenção para o fato de que nenhum heleno (os jônios, que tinham em Atenas seu Estado principal, eram um dos grupos helênicos, ao lado de eólios, dórios e aqueus) chamava a si próprio de "grego", que é uma designação romana (*graecus*). Oportuna, assim, é a suposição de que o pensamento helênico possa não coincidir inteiramente com o "grego", modelado pelos romanos e pela teologia cristã.

Em sua especificidade helênica, a filosofia, entendida como contemplação racional da natureza e do mundo, privilegiava politicamente a questão essencial da formação do homem, de sua transformação em cidadão, associando-a, como um rito de iniciação lógico e ético, à escola. Discernindo o nascimento da filosofia na emergência de uma nova forma de poder, Sloterdijk observa: "A parelha formada por Sócrates e Platão marca a entrada da nova ideia educativa [...]. *Paideia* ou a educação como formação do homem para um grande mundo com a imperialidade latente ou manifesta não é só um termo fundamental da prática antiga da filosofia, mas designa também o programa da filosofia como prática política"[3].

A filosofia originária nada tinha de um xadrez esnobe, nem pensar restringia-se a extrair de mentes privilegiadas, em puro jogo de espírito, categorias lógicas sem maiores vinculações comunitárias ou políticas. Nada a ver, portanto, com a imagem do "filósofo" no senso comum contemporâneo – tipificada na frase em que Martha Nussbaum, uma pensadora e professora norte-americana (etiquetada pela mídia como "filósofa dos sentimentos") – recorda um questionamento veemente de seu pai: "Será que você não é filósofa porque quer, na verdade, viver encapsulada em sua mente, sem precisar de ninguém nem tampouco amar alguém?" A própria Nussbaum admite ter percebido que a filosofia atrai "pessoas dadas a uma lógica intrincada e pedante". Aliás, esse é o tipo de intelectual a quem, já no século XIX, Augusto Comte se referia como "pedantocracia algébrica".

Ora, abrangendo as dimensões teóricas, políticas, religiosas e estéticas do homem, a Sofia antiga estava longe de poder ser caracterizada como análise da linguagem ou da lógica ou como algo que leve à fuga da existência humana. No período clássico da Hélade, a vinculação comunitária podia conter algo de "edificante" (a ideia educativa), mas esta não é uma característica transtemporal, como atesta Hegel ao advertir que a edificação recalca o conflito político e social. Para o grande filósofo da história moderna, o conflito detém lugar central no ato de filosofar como resultado de contradições objetivas.

A separação radical entre filosofia como prática existencial e filosofia como pura especulação intelectual não é um fenômeno da antiguidade helênica, mas da modernidade europeia. Um aspecto do fenômeno é interpretado por Middelaar: "A origem do moralismo apolítico dos intelectuais franceses é ex-

---

3. SLOTERDIJK, P. *Tempéraments philosophiques*. Libella-Maren Sell, 2011, p. 18.

plicada pelo surgimento da "República das Letras" francesa. Essa rede de clubes de literatura e debates inspirados nos ideais iluministas florescia à sombra da monarquia absolutista do século XVIII. Os *philosophes*, intelectuais *avant-la--lettre*, conquistaram certa liberdade de expressão e pensamento crítico, que somente podia ser tolerada pelo monarca absoluto se eles se mantivessem afastados da política, uma vez que esta competia exclusivamente ao soberano (e que literalmente era encarnada por ele)"[4]. Ou seja, diferentemente da antiga *polis*, o pensador, enquanto mero conselheiro do príncipe, deveria ater-se à complexidade intelectual e moral de sua consciência individual e manter-se à margem da razão de Estado.

No entanto, o que a filosofia realmente implica é o jogo conceitual inerente ao desafio existencial de responder à complexidade do mundo. Essa "complexidade" abriga objetos distintos como o espírito, a religião, as ciências, a política, a moralidade, a linguagem etc. Esquematicamente, os principais problemas filosóficos poderiam ser resumidos como: (a) O estudo do que realmente existe (*ontologia*) ou das representações da realidade – *metafísica*; (b) O estudo dos modos como podemos conhecer as coisas – *epistemologia* ou teoria do conhecimento; (c) O estudo das questões atinentes à linguagem religiosa – *filosofia da religião* ou *teologia*; (d) O estudo da natureza de si mesmo – *filosofia do espírito*.

Classificações desta ordem costumam ter serventia didática, mas são sempre parciais ou incompletas se confiamos demais no seu valor esquemático. A *epistemologia*, por exemplo, é, no fundo, a ilusão acadêmica (neokantiana) de uma "ciência" sobre o "sujeito" do discurso científico que, como se sabe, não existe, já que a ciência positiva apaga necessariamente o sujeito da enunciação em seus enunciados. Ou então, a palavra metafísica, que era o nome dado pelo organizador das obras de Aristóteles aos livros posteriores à *Física*, "ta meta ta physica". Como neles Aristóteles esboça a sua explicação do mundo, essa palavra passou a designar toda uma visão filosófica do universo, portanto, algo maior do que deixa entrever o esquema disciplinar. Metafísica seria o *saber do ser enquanto ser*, ao lado do saber enquanto movimento (física) e enquanto quantidade (matemática), portanto um saber suscetível de ser legitimado pela hierarquia científica. Hoje, depois de Kant – com quem a ideia de ciência come-

---

[4]. MIDDELAAR, L. *Politicídio* – O assassinato da política na filosofia francesa. É Realizações Editora, 2015, p. 213.

çou a firmar-se como um sistema de proposições dependentes da experimentação empírica, com métodos preestabelecidos – é mais ou menos consensual no círculo discursivo dos filósofos o entendimento da metafísica como a própria filosofia tradicional por inteiro enquanto ordem universal da razão, cuja necessária superação foi anunciada por Heidegger. Em outras palavras, é a responsável pelo império planetário da racionalidade, cujo estilo de investigação é o eterno perguntar sobre "O que é?" e "Por quê?" e, no fundo, o pressuposto de uma razão estável e universal.

No entanto, o que importa para a continuidade acadêmica é que, seja qual for o objeto contemplado, a filosofia buscaria pensar de maneira clara e precisa, mas sem perder de vista que há em permanência novas maneiras de acolher as perguntas, de exprimir ideias e de se interrogar sobre a própria finalidade do empenho filosófico. Para outras perspectivas, acadêmicas ou não, o que a filosofia de fato oferece é a possibilidade de abordar questões fundamentais para a existência humana, tarefa que nem sempre atende à didática clareza acenada por acadêmicos. Pensar não é exercitar uma mera capacitação intelectual, e sim dar curso ao movimento de forças que acionam a paixão grupal (o *pathos*) de contemplar questões essenciais relativas à vida e à morte. É isso que acontece num largo período da história da Hélade ou Grécia antiga, embora se caracterize por grandiosas realizações civilizatórias, não foi exclusivo a esse grupo humano: egípcios, indianos, chineses e outros se alinham no plano comparativo, cada qual em sua movimentação autóctone, com características próprias.

Mas quando se abstraem as condições espaçotemporais, assim como as de relação e de objeto que presidem à elaboração do discurso filosófico, este tende a tornar-se pura ideologia a serviço das relações sociais de dominação. O que insinua essa ideologia? Em primeiro lugar que, sendo filosófica a essência histórica do Ocidente, a filosofia seria a sua principal "propriedade" descritiva, no limite, a revelação de um absoluto histórico. Em segundo, tenta convencer as consciências de que, por seu alcance trans-histórico e por seu culto aos ícones "sacros" do ocidentalismo, a filosofia pode ser legitimada como uma religião: às vezes laica; outras, um capítulo maldisfarçado da teologia cristã. No limite, a filosofia como uma "roupa" da crença[5].

---

5. O que traz à memória, mudando-se de contexto, a frase de Oswald de Andrade no *Manifesto antropofágico*: "O que atrapalhava a verdade era a roupa".

A exclusividade universalista dos gregos é, na prática, a lavratura de uma certidão de nascimento da filosofia na Grécia corroborada pela totalidade dos filósofos profissionais do Ocidente, nos termos do resumo dogmático de Bertrand Russell: "Filosofia e ciência, como as conhecemos, são invenções gregas". Esta tese, continuada pela historiografia dos modernos norte-europeus, está embasada em forte motivação colonialista, racial e religiosa, ainda que, individualmente, um pensador qualquer possa mostrar-se politicamente à esquerda dessa posição.

O núcleo religioso da questão é constituído pela *Patrística*, nome dado à filosofia cristã dos primeiros sete séculos depois de Cristo elaborada pelos "Pais da Igreja" com o objetivo de consolidar doutrinas, proteger a liturgia e confirmar a fé: uma hibridização neoplatônica do pensamento grego com o judaísmo, carregada de todas as inflexões bárbaras do poder divino demonstrado por uma suposta capacidade de vingança contra os inimigos[6]. Na verdade, há uma contraposição entre o *Iaweh* do Pentateuco (o Deus que diz "Eu Sou", delineado na Torá) e as noções "metadivinas" da cultura cananeia. Bloom frisa que, na narrativa do autor original da Bíblia hebraica (o *Javista*, dito "Homero hebraico"), a entidade por ele figurada como Iaweh não é o mesmo e posterior "Deus dos sofredores". Ao contrário, é uma divindade sedutora, política e desmedida, que a certa altura tenta assassinar Moisés (cf. Ex 4,24-25)[7].

Alinhando as ideias perduráveis de clássicos gregos (tanto da literatura trágica quanto da filosofia) com o monoteísmo judaico, a teologia cristã gera progressivamente um Deus etnicizado (greco-judaico), manejado como matriz de uma identidade universalista. Num primeiro momento, a *Apologética* (termo criado pelo latinizado padre africano Tertuliano) fez a defesa teologicamente racionalista da fé cristã contra as heresias. Depois, uma instituição como a Escola Catequética de Alexandria foi fundamental para que, entre os séculos III

---

6. A Bíblia está repleta de exemplos desse tipo de violência atribuída diretamente a Deus ou praticada sob sua influência. O Livro de Samuel é paradigmático: "A mão do Senhor pesava sobre os habitantes de Azoto; Ele os devastou e os feriu de hemorroidas na cidade e no seu território" (5,6). Ou: "A mão do Senhor foi contra a cidade, causando nela um grande terror. Feriu os habitantes desde o menor até o maior, com muitos tumores de hemorroidas" (5,9). Ou na disputa com Davi: "Ordenou também Saul que fosse passada a fio de espada a cidade sacerdotal de Nob: homens, mulheres, meninos, crianças de peito, bois, jumentos e ovelhas" (5,18). O mesmo deus vingativo e impiedoso reedita-se no islamismo.

7. Cf. BLOOM, H. *Abaixo as verdades sagradas* – Poesia e crença desde a Bíblia até os nossos dias. Editora Schwarcz, 1989.

e IV d.C., o dogma cristão ganhasse respeitabilidade nos escritos de letrados e teólogos como Orígenes, Clemente, Atanásio e outros.

Na realidade, até mesmo um historiador clássico e eurocentrado como Burnet, reconhece que "não há qualquer vestígio de especulação teológica" nas origens do pensamento grego, entre os primeiros cosmólogos. Segundo ele, "em seu sentido religioso, a palavra "deus" [*théos*] sempre significou, antes e acima de tudo, um objeto de culto, mas já em Homero essa deixara de ser sua única significação. A *Teogonia*, de Hesíodo, é a melhor evidência dessa mudança. É claro que muitos dos deuses nela mencionados nunca foram cultuados por ninguém, e alguns são meras personificações de fenômenos naturais ou até de paixões humanas"[8].

Esse uso não religioso da palavra "deus" é recalcado pelo cristalizado modelo teológico, que encobre a história da luta do *helenismo* – em defesa do politeísmo e da diversidade, valorizando a releitura dos mitos e dos mistérios originários, predicando uma "religião cívica" – contra a teocracia católica. E consegue encobrir porque se trata de um modelo poderoso, gestado segundo os padrões romanos de pensamento. Para Harnack, teve nisso um papel primordial Tertuliano, que "não só transladou os termos técnicos dos juristas para a linguagem eclesiástica ocidental como também levou em conta, desde um ponto de vista legal, todas as relações dos indivíduos e da Igreja com a divindade e vice-versa, todas as obrigações e direitos, o imperativo moral, assim como os atos de Deus e Cristo, ou melhor, a sua mútua relação"[9].

A forma imperial e global assumida pela Igreja cristã era homóloga à cultura greco-romana do Império de Roma, e a língua pela qual se chegaria a Deus foi precisamente o latim. Essa foi a forma que chegou à escolástica medieval e ao Renascimento, colada à longa hegemonia econômica e política do Ocidente no teatro das nações e, em termos particulares, à influência cultural de pensadores-chave (Santo Agostinho, um ícone medieval, para quem a filosofia era um paganismo aproveitável) no interior do círculo discursivo da filosofia.

Seja por maior informação ou por melhor razão, Hegel atenua essa visão monolítica da história do pensamento, admitindo que os gregos herdaram da Ásia, Síria e Egito os aportes de sua religião e cultura. Não abre mão, porém,

---

8. BURNET, J. *A aurora da filosofia grega*. Contraponto/PUC, 2007, p. 29-30. A edição original desta obra data de 1892.

9. HARNACK, A. *History of Dogma*. Dover Publications, 1968, p. 5.

da ideia da superioridade europeia com o argumento de que a questão está centrada na posse de algo que falta aos outros, mas existiria nas tribos germânicas: *o coração*. Explica: "A nação alemã caracterizou-se pelo sentido da totalidade natural – uma idiossincrasia que nós podemos chamar de coração. Coração é aquela totalidade do espírito não desenvolvida, indeterminada, em referência à vontade, em que se atinge a satisfação da alma de um modo geral e indeterminado... Este é o princípio abstrato inato nos povos germânicos e naquele lado subjetivo que eles apresentam ao objetivo no cristianismo. "Coração" não tem objeto particular; no cristianismo nós temos o Objeto Absoluto. [...] Os alemães estavam predestinados a ser os portadores do princípio cristão e a cumprir a ideia como a finalidade absolutamente racional"[10].

Na realidade, esse "coração" hegeliano não é tão idiossincrático assim, uma vez que integra como terminologia filosófica momentos diferentes da história do pensamento ocidental, ligados à apreensão do mundo concreto, esse que se manifesta imediatamente nas operações do *sensível*. Só que essa apreensão diz-se de maneiras diferentes por correntes ou pensadores diversos. É o que acontece, por exemplo, com aquilo que os franceses chamaram de "fenomenologia existencial", isto é, o projeto de descrever a existência humana fora das alternativas ou das antíteses da filosofia clássica (sim/não, em si/para si etc.), a existência tal e qual se vive.

Ou então quando a ideia sociológica de comunidade aparece na filosofia como o conceito de *uma ausência ou um "nada"* – constitutivo não apenas do que é visível no vínculo social, mas principalmente do comum que não se vê, uma espécie de *imanência despercebida*. É outra maneira de se referir à *harmonia* definida por Heráclito (*armonia afanes fanares kreiton*) como mais vigorosa do que qualquer outra, precisamente por não poder aparecer – "laço invisível a todos e que não é ninguém, que não está jamais ausente e quase nunca presente como tal, um não ser mais real que todo ser, aquilo em que nos banhamos de um lado a outro, mas que não podemos nunca apreender em ninguém" (*Fragmento* 54).

Vale comparar este pensamento à recomendação tântrica, no interior da filosofia hindu, no sentido de que o praticante da ioga libere-se dos mantras e das imagens, aceitando o vazio (*sunya*) como sua "verdadeira natureza", portanto, a natureza do mundo como intrinsecamente privada de sujeito

---

10. HEGEL, G.W.F. *The Philosophy of History*. Dover Publications, 1956, p. 350-354.

e objeto, onde as experiências profundas são sempre "transfisiológicas" e onde predomina um "corpo sutil" acessível apenas por meio das tensões ou das sensações inerentes – portanto, de um lugar ritualístico reservado ao *sensível* – à ascese espiritual.

Ou então vale referir-se ao que os nagôs chamam de *emi*, termo de tradução ambígua porque oscila entre "alma" (de influência cristã) e "coração", mas não o coração físico (*okan*), representativo de aspectos do caráter individual (*iye-iwa*) e sim uma característica *eterna* ou imperecível da personalidade humana, porque transcende a realidade do corpo físico (*ara-aye*), estendendo-se até à realidade do corpo "espiritual" (*ara-orun*). Guardadas as diferenças doutrinárias ou ritualísticas, em ambos os casos, o corpo configura-se como um microcosmo, com um virtual "coração" coletivo.

Coração não é, assim, uma metáfora episódica ou idiossincrática na história da filosofia europeia, mas uma importante categoria compreensiva, portanto, um modo de conhecer em que o racionalismo intelectivo não detém nenhum monopólio discursivo, abrindo-se forçosamente para as regiões do sensível (a palavra "espiritual" é uma precária substituta dessa noção, em geral canalizada para a religião). No Ocidente, no Oriente e na África, imagina-se um núcleo de sentido irrepresentável, o *Ser*, metaforizado como um coração coletivo, a partir do qual falamos quando dizemos ou fazemos algo de essencial no grupo humano em que vivemos e agimos como, por exemplo, pensar.

Na história do pensamento helênico, essa metáfora remonta às origens. Parmênides usa a expressão *atremes etor* ("coração intrépido") como uma analogia ontológica entre o Ser/pensamento e a *polis* (simbolizada pelo coração destemido do guerreiro), que se pode interpretar como a propensão do homem a afrontar os riscos emocionais da oposição, da ambivalência e do indizível, presentes na linguagem, quando ele pensa, uma vez que ser/pensar seria manter-se intrépido ou sem medo diante das incursões do não ser[11]. Na Modernidade, Pascal concebe a *ordre du coeur* (ordem do coração) como um núcleo de identidade subjacente a toda percepção e a todo discurso[12]. Essa ordem é igualmente

---

11. Cf. SONG-MOLLER, V. *Philosophy without women* – The birth of sexism in western thought. Continuum, 2002, p. 73.

12. Cf. SCHELER, M. *La gramatica de los sentimientos* – Lo emocional como fundamento de la ética. Crítica S.L. Diagonal, 2003.

uma *logique du coeur* (lógica do coração), para indicar que não se trata de algo complementar à ordem do entendimento nem de conteúdos afetivos a que se possa dar o nome de "sentimentos", mas de uma lógica eterna e inerente à sensibilidade, com razões próprias, daí a máxima pascalina de que "o coração tem as suas razões".

No pensamento contemporâneo, afetos e paixões também constituem uma espécie de "núcleo irrepresentável" do sentido que atravessa o ser desde a origem, de modo análogo ao "coração intrépido" em Parmênides. Isso tem matizes universais: Os fios do amor e do ódio entrelaçados no tecido comum de um grupo humano são tão complexos no europeu quanto em qualquer outro. Sob a superfície da modernização histórica do *demos* político e filosófico, o ódio intertribal africano, a *vendetta* corsa, a crueldade revelada nos surtos coletivos de limpeza racial na Europa são manifestações do tecido profundo de um "coração" étnico, uma origem irrepresentável, mas suficientemente presente para respaldar a narrativa da identidade absoluta e das formas distintivas de legitimidade humana. Em pleno curso do século XXI, o *insularismo* (ideologia confirmadora do isolamento nacional e civilizatório frente ao Outro da experiência existencial) aproxima os fundamentalismos orientais da crença dos fundamentalismos raciais da extrema-direita ocidental, mobilizado por um substrato étnico e afetual que permanece intacto diante das pressões culturais da Modernidade.

Destrutivos ou não, esses afetos subtraem-se em Heidegger à esfera da psicologia para converter-se em modos fundamentais (*Grundweisen*) pelos quais o homem faz a experiência de sua presença no mundo, fechando e revelando o seu fato de ser. A partir de uma protodisposição afetiva (*Befindlichkeit*), ele concebe a "tonalidade afetiva" (*Stimmung*), uma noção que se amplia ainda mais como o modo existencial pelo qual o ser-no-mundo (*Dasein*) abre-se ontologicamente a si mesmo, exercitando a revelação primária do mundo. Não se trata, portanto, de nenhuma exteriorização de interioridade, nenhuma faculdade psíquica, nenhuma empírica percepção sensível, mas uma anterioridade afetiva que orienta a existência para a descoberta originária do mundo.

A ordem do coração, a imanência despercebida, a tonalidade afetiva, o sensível e o laço invisível são igualmente expressões diferentes para a referência comum à coesão comunitária, isso que se acha de fato implicado no "coração" hegeliano, embora o filósofo alemão faça do termo um conceito exclusivo e racialista para recusar qualquer afinidade da filosofia grega com outras formas de pensamento, como a chinesa ou a indiana. O viés racial e religioso permeia o substrato conceitual dos escritores que, romanticamente, desde os fins do século XIX, definem a "cultura verdadeira" ou a civilização como a busca de um ideal, historicamente transmitido pela Grécia antiga, em que se evidencia a separação entre natureza e cultura.

Tal é, aliás, o sentido que percorre todo o texto de *Paideia*, a obra monumental de W. Jaeger sobre a forma tida como cristalizada e definitiva do ideal educativo na Hélade[13], assim como o também famoso trabalho de W.K.C. Guthrie intitulado *História da filosofia grega*[14]. Esses acadêmicos modelares em termos europeus seguem fielmente Hegel na conexão entre *domínio* (no sentido de poder ou governo supremo) e *civilização*, que enseja um raciocínio da seguinte ordem: "O princípio de separação da natureza é encontrado no Império Persa que, portanto, ocupa um grau mais elevado do que aqueles mundos imersos no natural. Desta forma se proclama a necessidade de avanço. O espírito desvelou a sua existência e tem de completar o seu desenvolvimento... Pois os gregos passam o cetro do domínio e da civilização [que receberam dos persas] aos romanos, e os romanos são subjugados pelos germânicos"[15].

A conjugação feita pelos herdeiros da Patrística entre filosofia e cristianismo incorre no deslize de assimilar o conceito de *fé* ao de *teologia*, que, esta sim, implica domínio ou poder. É o domínio que se evidencia, por exemplo, no final da *Crítica da razão pura* com a declaração kantiana de fé no dogma tríplice de sua "teologia moral", ou seja, a existência de Deus, a liberdade da vontade e a imortalidade da alma. Mas que também se evidencia no pensamento de Hegel, embora na forma de uma antítese da teologia cristã, uma vez que deveria ser aplicada "não a um Deus transcendente imaginário, mas ao homem real, vivo no mundo". Até mesmo o existencialista Jean-Paul Sartre funda o seu humanismo ateu nessa teologia invertida, em que o homem – *totalmente* libertado, em termos econômicos, biológicos e sexuais – tenta tornar-se o verdadeiro Deus.

O teologismo não é, entretanto, uma posição inscrita no pensamento clássico da Hélade, embora se possa confundir teologia com mito, como na moderna história da filosofia, ao se identificar Aristóteles como um "teólogo misto", de-

---

13. JAEGER, W. *Paideia*. Lisboa: Herder, s.d.
14. GUTHRIE, W.K.C. *A History of Greek Philosophy*. Cambridge University Press, 1978.
15. HEGEL, G.W.F. Op. cit., p. 220-221.

vido à presença de discurso mítico em sua obra. A filosofia pode revestir-se de um arcabouço teológico, mas não se resolve como fé: o seu uso para fins religiosos ou teocráticos é um fato cristão e muçulmano. A própria ideia de Deus fixada nas Sagradas Escrituras (a Bíblia e o Alcorão) é uma apocalíptica construção teológica, que tem servido ao Estado ocidental e oriental ao longo dos séculos, mas sem nada a ver, por exemplo, com a concepção aristotélica de Deus, ou seja, com o produto de uma filosofia humanista, destinada ao livre-espírito da cidadania helênica. Por isso, para Nietzsche, eram a mesma coisa os pastores protestantes e os filósofos alemães, uma linha reta transtemporal que evidencia "a filosofia corrompida pelo sangue teológico".

As modulações ideológicas de Deus como "Divina Providência" ou como "Magno Justiceiro" – que ainda hoje caucionam os milenarismos e os fanatismos fundamentalistas, alimentando violências raciais e religiosas –não pertencem ao cerne originário da filosofia. Este "cerne", entretanto, não se apresenta historicamente tal e qual, e sim recoberto por categorias como "civilização" (iluminista e universalista) e "cultura" (romântica e particularista), que desde o século XVIII confrontam-se conceitualmente, sem perder de vista no horizonte do racionalismo o mito do progresso. E também sem abandonar a perspectiva monoteísta do sagrado, que reforçava, sob a capa da razão, a valorização universal dos costumes, das técnicas e dos saberes europeus – outra capa semântica para o domínio de uma classe social, um sexo e uma cor da pele.

No processo civilizatório dito "ocidental", a centralização monoteísta das crenças sempre foi politicamente homóloga à organização monopolística (meios de controle da violência, poderes fiscais, funções de administração dos territórios etc.) necessária à constituição do Estado moderno. Na dimensão mais especificamente cultural, aponta-se "o domínio de si, a repressão contínua, a moderação das emoções, a regulação das pulsões tornadas necessárias pela vida nos centros da rede de interdependências"[16]. Nisso que Elias chama de "ritmo de nosso tempo" (a expressão das cadeias de interdependência entrelaçadas em cada função social), a categoria *cultura* acaba impondo-se sobre *civilização* no século XX, deslocando-se da ideia de domínio puro e simples para a de um ordenamento divino do humano. O positivismo, ainda que reivindicativo da filosofia clássica e técnicas do racionalismo moderno, é deliberadamente

---

16. ELIAS, N. *La dynamique de l'Occident*. Calman-Lévy, 1975, p. 210.

concebido por Augusto Comte como uma "nova religião", com um "catecismo" universal, um sacerdócio e a humanidade erigida em transcendência.

No bojo do historicismo moderno em que se busca fazer da cultura da história um saber científico preciso, a ideia de cultura alinha-se com os pressupostos cristãos, mais precisamente, com os pressupostos do cristianismo hegeliano, que faz da vontade de Deus o espírito do mundo, mas deduz filosoficamente (com a fenomenologia) das características humanas dos acontecimenos a "verdadeira" história da humanidade. Com a ideia de cultura, associada desde Kant ao culto da verdade atemporal, a sociedade ocidental apregoa-se como uma espécie de "nível superior" da existência humana, que se expande planetariamente no empuxo do colonialismo e na consequente cooptação de outros grupos étnicos pelos modelos já "plenamente civilizados".

Assim, nos dois grandes modelos acadêmicos dos estudos clássicos no século XX (Jaeger e Guthrie, em meio a dezenas de autoridades sobre a filosofia da Grécia antiga), reina inconteste a hegemonia do poder temporal e espiritual a que Hegel atribui uma genealogia semelhante à passagem da tocha vitoriosa de um atleta para outro – persas/gregos/europeus – no circuito de uma olimpíada. Étnica e religiosamente escolhidas pelo Deus cristão, as nações norte-europeias, germânicas acima de tudo, aparecem como instrumentos do Espírito para prosseguir com o "avanço", isto é, a obtenção de novas marcas culturais na escala civilizatória que registra os graus de distanciamento entre natureza e cultura. Progressivamente monopolizada pela escola, a filosofia impõe-se como o espelho polido desse espírito, ocultando as relações de força inerentes ao sistema civilizatório em vigor.

No debate generalizado sobre a natureza do homem, a ideia de "raça" predomina a partir da segunda metade do século XVIII como um critério pseudocientífico de avaliação do grau de domínio do cultural sobre o natural, portanto, de supremacia do "espírito" no processo de "avanço". Essa ideia tem sua fonte na esfera de monopolização ideológica do "espírito", portanto na teologia cristã, que buscava cavar uma distância entre os europeus como focos da espiritualização e judeus/mouros como "raças infectas". Com a disciplina da "história natural", em que critérios de antropologia física são invocados para classificar as raças humanas (dolicocéfalos e braquicéfalos), os sábios da época (Georges Buffon, Charles Lineu, Ernest Renan, Hyppolite Taine e Arthur de Gobineau) constroem os esquemas que sustentam o racismo vulgar e naturalizam as hierarquias existenciais.

Num quadro intelectual maior, a Reforma Luterana e o Idealismo Alemão constituem formações discursivas de legitimação da escalada da associação entre a propalada superioridade do gênio grego, lugar-comum bem fixado no século XIX, e o espírito germânico. Um lugar-comum que atravessou incólume, aliás, os vários romantismos europeus. Embora cognitivamente datadas, essas formações geram um permanente substrato político responsável pela "nação do sangue", isto é, por uma comunidade nacional ideologicamente garantida pela tradição da pretensa superioridade moral e intelectual da "raça caucasiana" (o *Blut und Boden* germânico). Até mesmo a referência à *razão pura* como método crítico é vista por Kant como aplicação da "perfeita eficácia alemã" ao assunto. O "sangue teológico" apontado por Nietzsche irriga, na verdade, toda a filosofia eurocêntrica, com poucas exceções.

A visão eurocêntrica é contraditada pela afrocêntrica, geralmente em termos polares ao racialismo europeu (a mera inversão da pirâmide hierárquica), já que se trata da racialização dos estudos egípcios em favor dos indivíduos de pele negra: "[...] Pensar que esta raça de homens negros, hoje nossos escravos e objeto do nosso desprezo, é essa mesma à qual devemos as nossas artes, as nossas ciências e até o uso da palavra; imaginar enfim que foi no seio dos povos que se dizem os maiores amigos da liberdade e da humanidade, que foi sancionada a mais bárbara das escravaturas, e enunciado o problema de saber se os homens negros possuem uma inteligência da espécie dos brancos"[17].

Descrito como um brilhante historiador francês do "Século das Luzes", Constantin-François de Volney é responsável pelo começo do debate público sobre a relação entre a religião do Egito e a da *Nigritie* ou "Nigrícia", isto é, a África Negra. A partir de suas observações e comparações, Volney classifica os coptas de seu tempo como "uma colônia de egípcios, porque, como eles, têm a pele negra e os cabelos crespos, quer dizer, os antigos egípcios eram autênticos negros da espécie de todos os naturais da África". É isso o que o africanista M'Bokolo chama de "momento Volney", historicamente decisivo, porque dá margem a duas correntes antagonistas nos estudos egípcios.

Para a primeira, bem representada por Champollion-Figeac (aliás, irmão do decifrador dos hieróglifos), os antigos egípcios só podiam ter sido brancos:

---

17. VOLNEY, C.F. *Voyage en Egypte et em Syrie pendant les années 1783, 1784 et 1785*. Ed. de 1825, p. 68, apud M'BOKOLO, M.E. *África negra* – História e civilizações. Edufba, 2009, p. 62.

"A ideia segundo a qual a antiga população do Egito pertencia à raça negra africana é um erro que foi há muito tempo adotado como uma verdade". Segundo ele, ao lado dos negros propriamente ditos e dos cafres, existem "os mouros, parecidos pela estatura, a fisionomia e os cabelos às nações melhor constituídas da Europa e da Ásia Ocidental, e dela diferindo apenas pela cor da pele, que é tostada pelo clima. É a esta última raça que pertence a antiga população do Egito, quer dizer, à raça branca"[18].

Com a mesma convicção, a corrente antagonista defendia a tese de um Egito antigo negro. Esta era a posição do historiador, linguista e antropólogo senegalês Cheikh Anta Diop, um dos mais influentes e mais controversos africanistas do século XX, que predicava a negritude dos egípcios nos séculos faraônicos, a sua relação visceral com o continente africano e a sua influência cultural sobre a civilização grega, não em termos de supremacia, mas de primazia, isto é, de anterioridade das civilizações negras. Ele era taxativo: "O Egito é a mãe distante das ciências e culturas ocidentais, e a maioria das ideias que chamamos de estrangeiras costuma ser nada mais que imagens mescladas das criações dos nossos ancestrais africanos, tais como judaísmo, cristianismo, islamismo, dialética, aritmética, geometria, engenharia mecânica, astronomia, romance, poesia, teatro, arquitetura e artes"[19].

Houve de fato nos anos de 1950 "uma espécie de "revolução cheikhantiana" na medida em que Cheikh Anta Diop procurou solidificar esta velha convicção, recorrendo à utilização de técnicas e de argumentos, inscrevendo-se plenamente no campo científico"[20]. Entenda-se por "científico" o emprego de métodos de pesquisa correntes no meio acadêmico, inclusive procedimentos da física como a datação de materiais por carbono. Em apoio a seus argumentos sobre a negritude dos egípcios, Anta Diop chegou a buscar evidências na melanina das múmias.

Nessa mesma trilha teórica, inclusive no mesmo calor das controvérsias, caminha Martin Bernal, historiador e professor da Universidade de Cornell (EUA), com seu livro *Black Athena*, onde concebe dois modelos de história gre-

---

18. CHAMPOLLION-FIGEAC, J.-J. *Egypte ancienne*. Paris, Didot, 1839, p. 26-27, apud M'BOKOLO, M.E. Op. cit., p. 62.
19. DIOP, C.A. *Civilization or Barbarism*: an authentic anthropology. Nova York, 1991, p. 3.
20. M'BOKOLO, E. Op. cit., p. 63.

ga: "Um, que considera a Grécia como essencialmente europeia ou ariana, e outro, que a vê como levantina, na periferia da área cultural egípcia e semítica. O 'modelo antigo' era o ponto de vista convencional entre os gregos nos períodos clássico e helenístico. De acordo com ele, a cultura grega surgiu como resultado da colonização, cerca de 1500 a.C., por egípcios e fenícios, que civilizaram os habitantes nativos [...]. A maioria das pessoas fica surpresa ao saber que o 'modelo ariano', em que muitos de nós foram educados para acreditar, desenvolveu-se apenas durante a primeira metade do século XIX"[21].

Apesar das especulações etimológicas tidas como altamente discutíveis, o trabalho de Bernal contribui para assinalar o fundo racialista da moderna historiografia norte-europeia, assim como para "minorar a arrogância cultural europeia". Mas M'Bokolo observa, com justa razão, que essa linha afrocêntrica, assim como seus antagonistas, adere à teoria das raças, "sendo estas de resto definidas exatamente segundo os mesmos critérios utilizados pelos defensores da desigualdade das raças humanas". Esse racialismo, que apenas inverte a pirâmide da supremacia branca, incrusta-se acriticamente em "todas as ideologias do renascimento africano e afro-americano".

Sintomática do absurdo racialista é a frase "os egípcios eram membros de pele escura da grande raça branca" que, antes do primado afrocêntrico, já se fazia presente na obra do pesquisador baiano Nina Rodrigues. Branco ou negro, o racialismo, como construção mítica da diferença racial, é, na verdade, o centro semiótico da mentalidade genocida. Atento ao anacronismo da palavra "raça", mas alheio à decadência do conceito, o racialismo contemporâneo o retoma, hibridizando os conceitos de "etnia" e "cultura", no aprofundamento do discurso de diferenciação social. Isso ocorre tanto na África quanto na Europa: de Ruanda aos Bálcãs, os massacres perpetrados a pretexto de "limpeza étnica" não se baseavam no velho binarismo branco/negro e sim em reinterpretações racialistas.

Historicamente, porém, foi dentro do modelo dito "ariano" que se forjaram conceitos como "cultura verdadeira" ou civilização como "busca deliberada de um ideal", recorrentes na obra de Jaeger e alheios a diagnósticos de nostalgia, como o de Nietzsche, para quem "a filosofia alemã em seu conjunto – Leibniz, Kant, Hegel, Schopenhauer, para citar apenas nomes que dominaram uma épo-

---

21. BERNAL, M. *Black Athena* – The afroasiatic roots of classical civilization. Cos & Wyman/Reading, Berkshire, 1991, p. 1-2.

ca – é o que houve até agora de mais profundamente romântico e nostálgico, isto é, a aspiração ao melhor que jamais existiu" (*Fragmentos póstumos*, agosto-setembro de 1885). Para ele, a filosofia é de fato "um fragmento da Contrarreforma, assim como a Renascença é pelo menos uma vontade de renascimento, uma vontade de *avançar* na descoberta da Antiguidade, na exumação da filosofia antiga, sobretudo a dos pré-socráticos – o melhor enterro de todos os templos gregos!"

No entanto, como observa Evangeliou, um professor norte-americano de Filosofia Helênica Antiga, "mesmo Hegel, o grande filósofo da história moderna, que Jaeger acompanhou em suas especulações sobre as origens de várias instituições, é mais cauteloso nas assertivas. Ele escreve, por exemplo: "entre os gregos nós nos sentimos imediatamente em casa, pois estamos na região do espírito; e embora a origem da nação, assim como as suas peculiaridades filosóficas, deva remontar a mais longe, até mesmo à Índia, a emergência própria, a palingênese do espírito, deve ser buscada primeiro na Grécia [...]. Merece ser mencionado aqui que os eólios, na narrativa de Heródoto, chamam os egípcios os mais sábios da humanidade [...]. Surpreende-nos também encontrar entre eles, *na vizinhança da estupidez africana*, inteligência reflexiva, uma organização inteiramente racional que caracteriza todas as instituições e as mais espantosas obras de arte (cf. *A filosofia da história*)"[22].

Em seu trabalho sobre a filosofia helênica, Evangeliou realiza um interessante levantamento de fontes favoráveis e contrárias à importância da influência egípcia, comparando com assertivas preconceituosas algumas observações de Aécio – "Tales chegou velho a Mileto, pois tinha passado muito tempo estudando filosofia no Egito" – e de Plutarco: "Assim como Tales, também Homero tinha aprendido com os egípcios a colocar a água como o princípio e a gênese de todas as coisas". Fontes diversas revelam que Homero, Platão, Diodoro, Demócrito, Anaximandro, Sócrates, Pitágoras, Anaxágoras e muitos outros gregos estudaram e viveram na África. A propósito da Índia, até mesmo Guthrie (partidário radical do modelo ariano), admite que "deve ter sido muito espantoso para os seguidores de Alexandre encontrar entre os brâmanes não apenas Dioniso e Hércules, mas também a sua filosofia helênica; ouvir que a água é

---

22. EVANGELIOU, C.C. *The hellenic philosophy*: between Europe, Asia and Africa. Nova York: Institute of Global Cultural Studies/Binghamton University, 1997, p. 145.

a origem do mundo, assim como em Tales; que a divindade permeia todas as coisas, assim como em Heráclito; a transmigração das almas, assim como em Pitágoras e Platão; os cinco elementos, assim como em Aristóteles; a proibição da dieta da carne, como em Empédocles e os órficos; e sem dúvida Heródoto e seus sucessores devem ter sido com frequência inclinados a derivar do Egito as doutrinas e os costumes gregos"[23].

A interpelação filosófica

A referência a toda essa discussão secularmente erudita e academicamente infinda é aqui apenas um pequeno pano de fundo para a questão pontual sobre o alcance da "sutileza" vislumbrada por Bastide no pensamento nagô. Claro, pensamento "sutil" pressupõe um conhecimento (naturalmente sistemático, uma vez que todo conhecimento implica um sistema de conexões entre partes), que reveste, no fundo, a expressão "saberes" constante nas formas práticas de cognição das sociedades tradicionais. Associado a "pensamento", o termo "conhecimento" eleva-se a espécie e grau hierarquicamente supervalorizados pela intelectualidade ocidental como um dispositivo de enunciação de verdades recoberto pelo prestígio acadêmico da filosofia: o conhecimento do conhecimento.

Daí provém uma dogmática *imagem do pensamento* – a *doxa* ou o senso comum dos filósofos – alicerçada por ideias de sistematicidade e rigor conceitual. Imagem do pensamento, autoimagem ou cânone são designações variadas para uma mesma coisa, ou seja, o modo como o tradicional círculo discursivo da filosofia define a si próprio. Dizer que alguém *pensa* – com toda a empolação intelectual de que esta palavra possa se revestir – é dizer que pensa com sistema e rigor.

Em termos muito gerais, a questão problemática pode, assim, ser formulada da maneira seguinte: Aceitando-se a hipótese de um sistema antropológico coerente, é possível afirmar a existência de um sistema de pensamento assimilável à ideia ocidental de um *sistema filosófico*, principalmente considerando-se que a palavra "sistema" costuma ser usada para distinguir filosofia de ensaio? Ou então, seria possível enunciar verdades a partir de tal coerência antropológica?

---

23. Cf. ibid., p. 150.

Podem-se enunciar verdades ou fatos consensualmente tidos como verdadeiros por meio da *revelação* (esfera mítico-religiosa), da *experiência* (esfera da prática) e da *lógica* (esfera da ciência), onde se raciocina por indução, por analogia e por dedução. Em todos os casos, mais fortemente no último, trata-se de produzir as provas da veracidade de uma declaração qualquer.

Fixemo-nos aqui no raciocínio lógico dedutivo, que se baseia em declarações consensualmente verdadeiras para provar a veracidade de outras declarações. Evidentemente, é preciso sempre haver um ponto de partida, uma verdade indemonstrável, para tornar possível a dedução. Esse ponto é o axioma (ou hipótese ou postulado). Aquilo que designamos como ciência consiste num sistema formal em que as verdades são demonstradas axiomaticamente, de modo consistente, portanto, sem contradição, ou seja, na impossibilidade de derivar de uma mesma sentença uma afirmação e uma negação. Isso não pertence originariamente a um campo dito "científico" e sim à *episteme*, entendida como conhecimento verdadeiro ou diferente da opinião comum (mas sem vezo universalista, já que em sua aplicação esposava as diferentes características dos lugares), surgida no interior do campo de pensamento grego.

Majoritariamente, a tendência acadêmica é afirmar que ocorre um "rompimento" – o *logos* (discurso racional) afastando-se do *mythos* (discurso inexato) – num determinado momento da história: com a invasão dos dórios entre os séculos VIII e VII a.C. e o fim da hegemonia do "rei divino", a forma mítica e palaciana de poder dá lugar à *polis* e ao pensamento lógico. Mas se trata aqui de uma interpretação acadêmica da *episteme*, em que *logos* se traduz como "razão" (dedutiva ou indutiva) quando esta palavra aglutina vários outros significados como "discurso", "proporção", "analogia", além da apreensão intuitiva dos princípios inaugurais.

A interpretação conveniente ou redutora de *logos* orienta a versão histórica do nascimento do pensamento filosófico no sentido de uma datação de seu rompimento com o mito, dando margem à criação de saberes demonstráveis como aritmética, geometria, álgebra, astronomia etc. Deste modo, a filosofia grega teria aberto ao conhecimento sistemático a via para o método axiomático, que identifica e delimita – portanto, determina – o domínio dos elementos a serem comprovados, estabelecendo princípios de onde se deduzem logicamente outros.

Há, porém, interpretações outras, como a do neoplatônico Proclo Lício: "As ciências não surgiram pela primeira vez entre os homens de quem sabemos, pois em inumeráveis outros ciclos do passado elas apareceram, desapareceram e farão o mesmo no futuro"[24]. Ou, então, o comentário de Porfírio de Tiro, discípulo e divulgador de Plotino, o filósofo neoplatônico que influenciou grandemente o pensamento cristão: "É um fato incontestado que ciências matemáticas como Geometria, Aritmética e Astronomia chegaram tardiamente aos helenos. Eram conhecidas por outros, mas os helenos delas não tinham conhecimento"[25]. Isto é corroborado por Aristóteles na *Metafísica* (982b, 11-19) ao relacionar a "invenção das artes matemáticas" ao lazer ou ócio desfrutado pela casta sacerdotal no Egito. Por outro lado, ele deixa claro que a filosofia não é "ciência de produção", pois resulta do espanto e da especulação dos homens em face das grandes questões do cosmo.

Essa linha interpretativa constrói uma ponte entre o *mito* (pleno de espanto), o *logos* (relato lógico), a *sofia* (sabedoria) e a *teoria* (contemplação). A teoria, que originariamente não se entende como formulação e verificação de hipóteses, não faz da filosofia nenhuma ciência empírica, aliás, ciência nenhuma sequer no sentido atual e corriqueiro do termo (distinto do conceito grego de *episteme*). A forma helênica de pensar não se define pela representação nem pelo cálculo, mas pelo ingresso naquilo que é originário e concreto num determinado modo de ser.

Só que, modernamente, o projeto de construir o pensamento com *rigor* científico marca o empenho de mais de um pensador na tradição discursiva da filosofia, sendo notável o empenho de Kant em dar um estatuto científico à metafísica, com exatidão comparável à geometria euclidiana e à física newtoniana. Posteriormente, alinham-se nesse projeto desde Hegel (que desejou elevar a filosofia ao plano do saber absoluto da ciência) e do reinventor da fenomenologia (Husserl) – para quem a verdade seria "una, idêntica a si mesma, quaisquer que sejam os seres que a percebam: homens, monstros, anjos ou deuses" – até aqueles que, majoritariamente, se autodenominam "analíticos". Estes últimos, perturbados pelo *quantum* ficcional existente em toda linguagem, sempre tentaram evitar a captura do pensado por seu próprio discurso, na trilha de Bertrand Russell, G.E. Moore ou então das dezenas de pensadores do Círculo de Viena, que se valiam da lógica para tentar tornar científica a filosofia.

---

24. Cf. MORROW, G.R. *A Commentary on the first book of Euclid's elements*. Ed. Princeton University Press, 1970, p. 51, apud EVANGELIOU, C.C. Op. cit., p. 150-151.

25. Ibid., p. 140.

Daí a ideia de um *sistema filosófico* ou de uma grande equivalência a um sistema formal capaz de produzir verdades consensuais, dessemelhantes àquelas do senso comum. Não é uma suposição exclusiva a ingleses e austríacos. Corresponde, por exemplo, à posição de Jules Vuillemin, mestre da filosofia analítica na França e considerado um dos maiores epistemólogos do século XX. Segundo Bouveresse, seu discípulo e sucessor no Collège de France, Vuillemin "imagina os sistemas filosóficos como se repousassem sobre a escolha inicial, mais ou menos axiomática, de princípios primeiros que diferem de um sistema a outro e são incompatíveis entre si. A construção do sistema consiste em tirar deles, pelo método dedutivo, consequências, algumas das quais são suscetíveis de contradizer abertamente o senso comum"[26].

Embora com outra argumentação, até mesmo a sugestão de uma "filosofia marxista" – que romperia com o idealismo das filosofias da história em favor da instauração do cientificismo histórico –, pauta-se pela adesão à axiomática das ciências, consideradas não como simples agregados de dados empíricos, mas como disciplinas teóricas demonstrativas. Althusser, por exemplo: "Para que a filosofia nasça ou renasça, é necessário que haja ciências. É talvez por isso que a filosofia em sentido estrito só começou com Platão, induzida a nascer pela existência da matemática grega; foi estimulada por Descartes, induzida a sua revolução moderna pela física de Galileu; foi refundada por Kant, sob o efeito da descoberta newtoniana; foi remodelada por Husserl sob o aguilhão dos primeiros axiomáticos etc."[27]. Neste ponto, o pensador marxista não se furta a recorrer ao luminar do idealismo alemão: "Hegel não se enganava ao dizer que a filosofia se levanta no cair da tarde: quando a ciência, nascida ao alvorecer, já percorreu o tempo de uma longa viagem".

A realidade, porém, é que não parece ter havido jamais um "cair da tarde" para levantar-se uma filosofia marxista (conhecida como "materialismo dialético"), o que o próprio Althusser reconhece ao assinalar o vazio filosófico consequente à décima primeira tese de Marx sobre Feuerbach ("Os filósofos não

---

26. BOUVERESSE, J. Cours 1 – La pluralité des systèmes philosophiques et la question de l'applicabilité du concept de vérité à la philosophie. In: *Qu'est-ce qu'un système philosophique?* (Langage et connaissance). O curso de Bouveresse (disponibilizado na rede eletrônica), discípulo de Vuillemin, integra a disciplina A Teoria do Conhecimento no Collège de France e centra-se em VUILLEMIN, J. *What are philosophical systems?* Cambridge University Press, 1986.

27. ALTHUSSER, L. *Lenin y la filosofia*. Buenos Aires: Carlos Perez, 1971, p. 33.

fizeram mais do que interpretar o mundo, agora se trata de transformá-lo"). A "filosofia da práxis", anunciada inclusive por Gramsci como "nova", não resultou em nada que preenchesse o vazio, pois o que de fato avultava teoricamente desde *A ideologia alemã* era um prometido estudo da realidade positiva pela *ciência* da história.

É verdade que os estudiosos do pensamento marxiano corrigem a versão dada por Engels (1888) da frase original de Marx em suas *Teses sobre Feuerbach* (1845): "Os filósofos apenas interpretaram o mundo de modos diversos, tratar-se-ia de transformá-lo" (*"Die Philosophen haben die Welt nur verschieden interpretiert, es kömmt drauf an zu verändern"*). A negação da filosofia aparece na versão de Engels (*"es kommt aber drauf an"*) por efeito da adversativa "mas" (*aber*) e do verbo no indicativo presente em vez do subjuntivo original, um modo que não expressa certeza, e sim dúvida ou desejo. Assim Marx acentuava o imperativo de passagem da interpretação à ação, sem necessariamente recusar a validade da interpretação filosófica. Na realidade, isso também não era negado por Engels em suas investigações de temas históricos cruciais – a exemplo da "situação da classe trabalhadora na Inglaterra" – visto que ele ultrapassava as fronteiras disciplinares de saberes especializados do pensamento social (ciência política, psicologia social, antropologia etc.), especulando sobre tendências históricas e, como Marx, vislumbrando na realidade objetiva as possibilidades de ação política.

Apesar disso, entretanto, o marxismo recusa qualquer atribuição de sistematicidade histórica à filosofia, argumentando que ela, como a moral e a religião, não tem história – a ciência seria a própria realidade, ou seja, a revelação da vida material dos homens. Mas se trata aí de *um certo marxismo*, uma vez que outros, ao modo de dissidências no interior de um campo filosófico, podem argumentar que a obra de referência central da ciência da história – *O capital*, de Marx – reserva aos fenômenos socioeconômicos um estatuto ontológico diferente da positividade científica, o que abre caminho para a interpretação ampla e, portanto, para a inscrição dessa suposta ciência na esfera clássica da filosofia.

De qualquer forma, a atribuição de sistematicidade é ponto de discórdia dentro e fora dos círculos históricos da filosofia. Martin Heidegger, que costuma ser apontado, ao lado de Ludwig Wittgenstein, como um dos dois maiores filósofos do século XX, não advoga realmente nenhum sistema para o seu pensamento (embora o filósofo norte-americano Richard Rorty o classifique como "sistemático" ao lado de Nietzsche, Dewey e outros), reconhecidamente ontológico e poético. A filosofia, para Heidegger, grega em natureza e em articulação, é muito mais do que uma racionalidade sistemática, pois seria principalmente a linha-mestra da história ocidental-europeia.

Vários foram os filósofos profissionais que consideraram o autor de *Ser e tempo* obscuro demais para ser compreendido ou, mesmo, academicamente respeitável. Mas como observa Dummett, um dos principais formuladores da filosofia analítica inglesa no século XX, "o inimigo, no tempo em que eu fui estudante, não era Heidegger. Ele era percebido apenas como uma figura engraçada, obscura demais para ser levada a sério como uma ameaça ao tipo de filosofia praticada em Oxford"[28]. Segundo Dummett, no universo acadêmico em que a filosofia era vista como cognata às ciências naturais, o "inimigo" era realmente Rudolf Carnap, outro filósofo analítico, mas reverenciado pelos franceses.

Como se vê, as dissidências internas e externas contribuem para tornar o campo filosófico tão confuso quanto os pensamentos em torno dos quais se forma um consenso parcial de confusão. O próprio Wittgenstein, cuja obra inspirou as grandes correntes da filosofia analítica, era categórico ao afirmar que a filosofia nada tinha a ver com a ciência (e tomando ciência em sentido amplo como história, artes etc.), portanto, nada a ver com produção de verdades, e sim com resolução de problemas de entendimento da linguagem.

Guardadas as devidas diferenças, Wittgenstein e Heidegger aparentam-se enquanto pensadores "radicais", no sentido de que estão imersos numa experiência primordial da existência: o espanto com a linguagem enquanto *Arkhé*, portanto, como origem e destino. Desde as reflexões de seus últimos anos de vida (1936-1951), Wittgenstein se dá conta de que a linguagem real da vida é *originária* – no sentido de que está aquém e além das estruturas lógicas, portanto dos *paradigmas* (funções diferenciais das palavras) e dos *apodigmas* (enunciados demonstrativos) – porque está continuamente aberta a novos usos e jogos. Ela é, assim, um enigma – Como é possível a linguagem e, daí, o pensamento? – a ser elucidado, ainda que a forma lógica não seja o paradigma de todo discurso possível. Em Heidegger, o homem sustenta as suas decisões essenciais sobre o mundo por meio da interpretação, mas o faz a partir de uma

---

28. DUMMETT, M. Can analytical philosophy be systematic and ought to be? In: DUMMETT, M. *Truth and other enigmas*. Londres: Duckworth, 1978, p. 437.

interpretação já dada de seu ser. Deste modo, é a própria linguagem que "fala" (e produz) o homem, mas disso a filosofia teria se esquecido nas peripécias da história, daí a exigência de se pensar radicalmente para alcançar o seu sentido.

Este é um ponto, aliás, que ajuda a estabelecer a diferença entre mestres universitários preocupados com as respostas a problemas específicos e pensadores tradicionais que tendem a enxergar na filosofia o lugar próprio para o exercício do pensamento como uma particular reflexão sobre a radicalidade da existência. No fundo, tanto Wittgenstein quanto Heidegger concebem a filosofia como uma atividade de resposta ao apelo de uma *Arkhé*, em que não cabe a *violência das verdades sistemáticas* – embora se guiem ambos por razões diferentes. Que violência, precisamente? A mesma inerente ao projeto de tudo conhecer e, portanto, tudo fazer em prol de meios e saberes (das ciências às realizações tecnológicas), mas deixando de lado a agonia do homem enquanto pura consciência de acumulação, expansão e destruição sistemática da diversidade existencial.

Isso é o que admite implicitamente o próprio Bouveresse ao citar literatos e filósofos. Por exemplo, Musil, a propósito de seu personagem Ulrich: "Ele não era filósofo. Os filósofos são seres violentos que, por não terem exército à sua disposição, submetem o mundo, fechando-o num sistema. Provavelmente é também a razão pela qual as épocas de tirania viram nascer grandes figuras filosóficas, enquanto que as épocas de democracia e de civilização avançada não conseguem produzir uma única filosofia convincente, pelo menos na medida em que se pode julgar pelos lamentos que se ouvem comumente exprimir a esse respeito" (*O homem sem qualidades*).

Ou então, no que se refere a filósofos propriamente ditos, Nietzsche: "Todos os sistemas filosóficos estão ultrapassados: os gregos brilham com um fulgor maior do que nunca". E mais: "É algo de pueril senão mesmo uma espécie de burla quando um pensador apresenta hoje um conjunto do conhecimento, um sistema. Nós fomos bastante avisados para não carregarmos dúvidas profundas a respeito da possibilidade de tal conjunto. Está bem que nos ponhamos de acordo sobre um conjunto de pressupostos, de um método sobre "verdades provisórias" que fornecem o fio condutor do trabalho que queremos fazer: como o piloto que mantém no oceano uma certa direção" (*Fragmentos póstumos* – primavera/outono, 1884).

Como se vê, no interior do alto círculo do pensamento ocidental transita o reconhecimento da variedade de formas de exercício da filosofia sem deixar de reconhecer a especificidade da forma inaugurada pelos mestres jônicos na aurora da busca pela compreensão racional do universo. Assinalar essa especificidade é importante porque ressalta a autoctonia na criação disso que os gregos chamaram de "filosofia", mas sem excluir a possibilidade de afirmação, em outras conformações territoriais, de outras formas autóctones de reflexão sobre a condição humana. É como dizer que o fato de ser latina a palavra "cultura" não restringe a experiência cultural aos romanos.

É, portanto, perfeitamente arbitrário o reconhecimento de um pensador como "filósofo" ou de um pensamento como "filosófico". Pelo cânone acadêmico, filósofo é aquele que tenta responder a uma ou várias das questões tradicionalmente inscritas como pertinentes ao círculo intelectual da filosofia. Quais? Sumariamente, as questões dos princípios ditos "primeiros" (ou *metafísica*) e também ditos "universalmente válidos" no tocante ao ser e ao pensar. Mas se estivermos nos referindo à filosofia ao modo kantiano, estaremos acentuando basicamente a dimensão *crítica*, relativa às condições de possibilidade e aos limites do conhecimento. Também não falta quem se restrinja às questões da fundamentação racional de todas as ciências. Talvez seja esta a espécie a que Marx se referiu como aquela que "confunde as coisas da lógica com a lógica das coisas".

Oportuna é também outra invocação a Marx, a propósito do processo de autolegitimação do campo científico, quando ele se refere ao "batismo burocrático do saber" por instâncias hierárquicas institucionalizadas, existente em diferentes esferas do conhecimento na sociedade moderna. De fato, como num clube fechado, as inclusões e as exclusões são arbitrariamente decididas pelas vozes hegemônicas no grupo. Para o filósofo e matemático Bertrand Russell, Prêmio Nobel e voz institucionalmente acatada entre ingleses (o seu *Principia mathematica*, em coautoria com Alfred North Whitehead, deu forma a uma teoria analítica do conhecimento), Martin Heidegger não faria parte da história da filosofia, por sua excessiva aproximação com a poética. O que de fato importaria é afirmar a objetividade da matemática no funcionamento do pensamento e na descrição do mundo externo.

Entretanto, para um grande número de outros, menos debruçados sobre os problemas da clareza do discurso e mais preocupados com a complexidade da existência e dos modos como os homens entram em relação com o mundo, Heidegger está no topo da filosofia do século XX. Uma mera palavra retirada do vocabulário comum pode converter-se em conceito se erigida como problema filosófico por um pensador legitimado no campo, a exemplo do termo *Ge-Stell* na obra de Heidegger, que se desloca de seus significados ordinários e correntes (presentes em "Gestell") para nomear o mascaramento da fundação originária da existência (o *Ser*) pela tecnologia.

E *Ser* (*Sein*), contraposto a ente (*Seiend*), é a referência central da indagação que, reformulando uma antiga questão do pensamento de Leibniz (*Por que existem entes, em vez de nada?*), movimenta a filosofia heideggeriana: O que é o Ser que possibilita o ente? No caso particular de Heidegger, todo um vocabulário "simples" oriundo do idioma alemão corrente torna-se denso, senão hermético (*Sein* recebe a velha grafia de *Seyn*) nas obras posteriores a *Ser e tempo*, já que o pensador pretende construir uma cosmovisão a partir da originariedade ou do arcaísmo das palavras, tomando a sua própria língua e o grego como exemplos transcendentes de linguagem.

Por outro lado, fica muito claro que os conceitos filosóficos parecem tanto menos estáveis quanto menor é a estabilidade do consenso em torno deles por parte do campo institucionalizado, isto é, o círculo legitimado dos filósofos e acadêmicos. Às vezes, a ausência quase absoluta de consenso pode excluir um pensador do círculo filosófico, a exemplo de Claude Lévi-Strauss, que se impôs intelectualmente como um filósofo da mitologia (um paradoxo platônico), mas reconhecido exclusivamente no interior das fronteiras antropológicas. Noutros casos (George Bataille, p. ex., sociólogo, ensaísta, filósofo), a labilidade do consenso dificulta a identificação acadêmica.

Até mesmo na obra de Nietzsche, um dos expoentes do pensamento moderno (e que desejava explicitamente ser reconhecido como grande filósofo), os conceitos oscilam entre o reconhecimento filosófico e a apreciação literária, porque tem sido mais instável até agora o seu peso institucional no interior do campo. Numa obra como *Zaratustra*, filosofia, literatura e religião são praticamente indiscerníveis. Em *Ecce homo*, a personalidade do autor é inseparável de seus achados filosóficos. Noutras, a questão da doença hibridiza pensamento e vida do filósofo, deixando sobressair as suas vicissitudes existenciais: Quase todos os livros sobre Nietzsche são parcialmente biográficos.

É preciso ressaltar que aqui estão sendo mencionados pensadores com profundo conhecimento da tradição filosófica, como é bem o caso de Heidegger, cuja crítica ao conceito de "ser" – a "demolição da metafísica" – atravessa Platão, Aristóteles, Leibniz, Kant, Hegel, Nietzsche e Husserl, sem desconhecer Marx, e sempre atento aos debates filosófico-ideológicos de seu tempo, assim como aos mestres da verdade espiritual na poesia e nas artes plásticas. As muitas dezenas de livros de Heidegger, publicados e inéditos, atestam uma espantosa e transitiva erudição.

Não é esse, porém, o caso de Wittgenstein, um filósofo com reputação de "gênio"[29], debruçado sobre o significado das expressões na língua e sobre a essência de seus referentes, cujo *Tractatus logico-philosophicus* tem um estatuto equivalente a *Ser e tempo* na história da filosofia, por ter exercido influência imediata e duradoura sobre todo o campo da filosofia analítica. E não é o caso porque, tendo estudado inicialmente com Bertrand Russell e G.E. Moore, Wittgenstein detestava ou pelo menos não afetava conhecimento da tradição filosófica (a metafísica), com exceção do existente em termos de filosofia da matemática, que se revelava intelectualmente impressionante nos trabalhos de Gottlob Frege, Bertrand Russell, Alfred North Whitehead, Moritz Schlick e Alfred Jules Ayer.

Entretanto, a simples afirmação de que está tomando a filosofia como objeto (logo no prefácio do *Tractatus*, Wittgenstein previne que "o livro trata de problemas de filosofia") supõe necessariamente o conhecimento de uma tradição ou de uma imagem do campo. Isto se evidenciava na filosofia analítica, que se contrapunha à forma oficial da filosofia acadêmica (o realismo) na Grã-Bretanha, aplicando uma nova lógica formal (apresentada por Frege e Russell) ao empirismo radical de David Hume, o notável iluminista escocês do século XVIII: a experiência ou, ainda melhor, o fenômeno (o dado empírico que constitui o objeto da experiência) e mais nada, como critério de entendimento do mundo. Certo, Platão (o *Teeto*, principalmente), Santo Agostinho e Aristóteles estão implícitos em várias das análises de Wittgenstein, mas o que o complementava intelectual e existencialmente era a experiência vivida da música e da tecnologia.

Estamos querendo insinuar que o desconhecimento de obras tidas como seminais na história do pensamento pode ser um óbice na carreira de um professor de Filosofia, mas não algo que impeça o reconhecimento do pensador ou de sua obra como criador filosófico. Aparentemente, Vladimir Ilitich Ulianov

---

29. A genialidade de Wittgenstein é lugar-comum nas biografias que dele se fazem. Mas apenas um pequeno episódio já é revelador. Numa carta a sua esposa, datada de 13/01/1929, John Maynard Keynes – economista brilhante, cujas ideias repercutem até hoje no âmbito da economia política –, colega e amigo próximo de Wittgenstein, assim descreveu o seu retorno a Cambridge: "Deus chegou. Eu me encontrei com ele no trem das 5:15h".

Lenin, líder e ideólogo da Revolução Soviética, aparentemente jamais leu Kant, mas as suas obras *Materialismo e empiriocriticismo* – em que investe contra o empirismo e faz a distinção entre a categoria filosófica e a categoria científica da matéria – e *Cadernos filosóficos* recomendam-no como filósofo, dentro e fora dos círculos marxistas de pensamento, embora não costumem fazer parte da bibliografia curricular dos cursos ocidentais de Filosofia. Por outro lado, Lenin estudava e preconizava a leitura de Hegel como indispensável à compreensão do marxismo, entrevendo a continuação da obra de Hegel e Marx "na elaboração dialética da história da ciência, da técnica e do pensamento humano". Até mesmo Stalin com o seu *Sobre o materialismo dialético e o materialismo histórico*, assim como Mao Tsé-Tung (atualmente, Mao Zedong), com *Sobre a contradição* (especulações algo confusas sobre a natureza da contradição), puderam ser chamados de filósofos por seguidores, entre os quais se contam nomes de destaque como os dos franceses Alain Badiou e Jean-Paul Sartre.

De fato o desconhecimento de colegas pelo filósofo não é pecado mortal, porque a idiossincrasia de um pensamento original, assim como da criação poética, torna no fundo incomunicáveis em termos realistas os procedimentos argumentativos. Com seu discurso abstruso e, às vezes, tautológico, um pensador como Heidegger estaria visando à reeducação da linguagem e do pensamento, mas alguém como Carnap pode ver nesse empenho apenas vacuidade. Uma explicação para tal dissonância: "Os interlocutores nunca falam da mesma coisa", garantem Deleuze & Guattari: "É por isso que filósofo tem muito pouco prazer em discutir. Todo filósofo foge quando ouve a frase: vamos discutir um pouco [...]. Fazemos, às vezes, da filosofia a ideia de uma perpétua discussão como 'racionalidade comunicativa' ou como 'conversação democrática universal'. Nada é menos exato [...]. A filosofia tem horror a discussões. Ela tem mais o que fazer. O debate lhe é insuportável"[30]. Esta explicação encontra a sua exceção no caso de pensadores ditos "intelectuais universais" (modelo de Sartre, descrito por Foucault), que pugnavam, basicamente por meios literários, contra o poder em prol da verdade e da justiça.

Na maioria dos casos, os "debates" consistem realmente em desacordos interpretativos quanto a fontes notáveis no interior do círculo reconhecido como filosófico. São muitos os exemplos, mas basta pensar no distanciamento irônico

---

30. DELEUZE, G. & GUATARI, F. *O que é a filosofia?* Editora 34, 1992, p. 41-42.

exercido por Sartre contra Bataille no tocante a conceitos heideggerianos. Sartre, sabe-se, considerava-se o melhor intérprete de Heidegger e buscava sempre desqualificar a alegada relação de Bataille com o filósofo alemão, chegando mesmo a afirmar que ele "não entendeu Heidegger, de quem fala com tanta frequência e sempre com tão pouco tino" (cf. *Un nouveau mystique*). Caberia, entretanto, ao próprio Heidegger fazer ver finalmente que não tinha qualquer parentesco com o existencialismo sartreano. Uma verdadeira ciranda de concepções autônomas, como se pode inferir.

Por mais anedótica que possa parecer, a frase de Guattari e Deleuze encontra a sua justificativa numa séria questão de fundo: A discussão não é dificultada pela diferença dos conteúdos pensados, mas primeiramente pela autonomia do discurso filosófico, que torna soberano o pensador, sem contas a prestar ao que quer ou a quem quer que seja. Por esta razão, como observa Rosset, "os materiais entregues pelos historiadores da filosofia não permitem nunca que se represente claramente uma *genealogia* das ideias filosóficas [...]. Nós dizemos que Berkeley e Hume influenciaram Kant, que sem Hegel não teria havido dialética marxista; mas não podemos dizer como as ideias de uns agiram sobre as ideias dos outros. Pelo menos podemos dizer que, entre certos pensadores, existem elementos comuns, cujo aparecimento se pode constatar numa determinada época"[31]. Incontestáveis, porém, são as modas filosóficas, curiosamente expressas em *trindades* a serem cultuadas: Hegel-Husserl-Heidegger, Nietzsche-Marx-Freud etc. Curiosa também é, às vezes, a pretensão de herança filosófica por parte de pensadores voltados para uma atividade exterior à filosofia, como é o caso de Augusto Comte na criação da sociologia. Ele proclamava-se herdeiro direto de precursores como Hume, Kant, Condorcet, De Maistre, Bichat, Gall, além de Bacon, Descartes, Leibniz, Santo Tomás de Aquino e, finalmente, Aristóteles. No fundo, uma verdadeira galeria de "santidades" intelectuais.

Em segundo lugar, deve-se levar em conta a diversidade (*lugares* distintos de linguagem) dos modos de pensar – a metafísica, a lógica, a história etc. – e a força de sua incidência em períodos diferentes. Essa diversidade está por trás da alternância dos grandes nomes na cena filosófica. Na França, por exemplo, antes dos anos de 1930, reinavam o neokantismo e o bergsonismo, enquanto nos

---

31. ROSSET, C. *Schopenhauer* – Philosophie de l'absurde. PUF, 1967, p. 1-2.

anos de 1940 a linguagem comum era hegeliana, destrinçada desde os anos de 1930 pelo imigrante russo Alexandre Kojève, cujas lições, vazadas numa retórica considerada impressionante por mentes brilhantes, formaram toda uma geração de pensadores franceses. Em segundo lugar vinha Jean Hippolyte, que fez a primeira tradução francesa de *Fenomenologia do espírito*, um quase-romance linear da história da civilização humana. Sobre todos pairava o pensamento de Kojève, para quem seria "bem possível que o futuro do mundo e, portanto, o sentido do presente e o significado do passado em última análise dependam da maneira como os escritos de Hegel são interpretados".

Um filósofo importante como Merleau-Ponty, discípulo de Kojève, podia então sustentar que "Hegel está na origem de tudo que se fez de grande na filosofia há um século – por exemplo, o marxismo, Nietzsche, a fenomenologia, o existencialismo alemão, a psicanálise..." Era a mesma geração de Sartre (que, embora ouvinte eventual, não foi exatamente discípulo de Kojève): Hegel, mas também Heidegger e Husserl, ocupava o topo da "santa trindade" do conhecimento. No pós-guerra, a moda desloca-se para uma nova trindade: Nietzsche, Marx e Freud. Nada, porém, é irreversível: o neokantianismo retorna dos anos de 1970 a 1980 em meio à discursividade prolífica do pós-modernismo.

No entanto, apesar de todas as idiossincrasias, as obras de pensamento são identificáveis como "filosofia" porque têm características que as levam parecer umas com as outras como se fizessem parte daquilo que Wittgenstgein denomina *semelhanças de família*, a exemplo de jogos que funcionam com lógicas diferentes, mas se assemelham todos na condição de "jogo", não por conteúdo comum, mas por similaridades. Uma dessas é começar partindo da pergunta sobre o que é reflexão para depois buscar uma ruptura com a *doxa* ou *senso comum*, entendida como um pensamento incapaz de pensar a si mesmo. Aí está contida uma interrogação sobre o que significa pensar, assim como está implícita a autonomia do discurso filosófico que, não pertencendo à ciência nem à prática (não seria a filosofia a "guardiã de suas próprias leis", como disse Kant?), constrói proposições distintas das comuns (que distinguem o sujeito da enunciação do sujeito do enunciado) e torna idênticos o sujeito do enunciado e o predicado: "A essência da experiência é a essência do objeto da experiência"[32].

---

32. Cf. DESCOMBES, V. *L'inconscient malgré lui*. Minuit, p. 157. Este texto contém uma análise instigante do discurso filosófico.

Da ruptura com a *doxa* costumam partir os criadores de filosofia, ainda que não venham a "falar das mesmas coisas", como assevera Deleuze. Efetivamente, no começo de todo empenho filosófico, há um questionamento das "representações naturais" ou os "pré-conceitos", de que é feito o senso comum, seja o senso comum "ordinário" ou aquele inerente ao próprio círculo dos filósofos. No primeiro caso está o *espanto* diante das coisas habituais, como descreve Schopenhauer: "Ter espírito filosófico é ser capaz de se espantar com os eventos habituais e com as coisas de todos os dias, é ter como objeto de estudo o que há de mais geral e mais comum" (em *O mundo como vontade e representação*).

No segundo caso pode-se tomar Deleuze como exemplo: O que faz desse dito "nietzscheano de esquerda" um filósofo de nomeada na segunda metade do século passado? Em princípio, uma desconcertante radicalidade no enfrentamento do problema do que significa pensar, recorrente, como acabamos de reiterar, no interior do campo discursivo da filosofia, quando se evocam Platão, Duns Scot, Descartes, Espinosa, Hegel, Nietzsche e outros que também foram críticos da *doxa*. Na realidade, apesar das mudanças de vocabulário ao longo do desenvolvimento de sua obra, Deleuze é um nietzscheano persistente tanto em sua oposição às linhas mestras do hegelianismo quanto em seu empenho de pensar a *soberania* do indivíduo. Definindo como "servidão" a condição moderna do homem, ele busca nas experiências divergentes (a loucura, a arte) pontos de fuga da ortodoxia servil, ou seja, as radicais idiossincrasias da diferença.

Assim, o "radical" em Deleuze costuma ser identificado, primeiramente, por alguns de seus exegetas, como o empenho *sistemático* em pensar "de outra maneira". É isso o que se chamou de "pensamento da diferença", ou seja, o empenho de descobrir no *desejo* (equivalente a diferença) possibilidades de vida para além de um "mesmo" ortodoxo. Em seguida, ele pode também ser identificado como um pensador voltado para determinadas *condições não filosóficas* (ou "pré-filosóficas", segundo ele próprio) do dinamismo dos conceitos. É nesse ponto que seu pensamento nos parece oportuno ou estratégico para a descrição do que chamamos de *filosofia nagô*, porque "pré-filosófico não significa nada que preexista, e sim uma coisa que não existe fora da filosofia" – um "não estritamente filosófico", digamos. Divisa-se aí uma abertura para outro modo de pensar exterior à tradição europeia onde, apesar do esforço de diferenciação, Deleuze se move. Isto quer dizer: mesmo "pensando de outra maneira", ele não elimina inteiramente a sombra da influência do vitalismo bergsoniano, nem se afasta da temática tradicionalmente pensada pelo círculo discursivo da filosofia europeia.

Ora, a dialogia frente a algo como o pensamento nagô, possibilitado por sua "outra maneira", permite um encontro singular com temas ou objetos, tidos (e repelidos) como "outros" pela lógica formal ocidentalista. Um exemplo é o aspecto da *reterritorialização* que, no léxico deleuzeano, corresponde ao movimento antitético à *desterritorialização* exercida pelo capital sobre as sociedades tradicionais ou de *Arkhé* fixadas à terra. Outro é a questão das *intensidades* ou das forças que, no discurso europeu, parecem obscuras ou abstratas demais (não foi bem o caso em Schelling), mas são, no entanto, uma figuração concreta (com o nome de *axé*) no sistema nagô. Outro exemplo ainda é a experimentação vertiginosa do pensador europeu (que inclui o sonho e processos ditos "patológicos") confrontada com a ambiguidade do transe e as metamorfoses de gênero na liturgia nagô.

Em Deleuze, a "outra maneira" se intensifica por meio da construção de um sistema próprio, que privilegia a fabricação de *conceitos*, destinados a serem linhas de fuga das grandes marcações na história da filosofia. A ciência trabalha com proposições, diz ele, que se encadeiam discursivamente para referir-se a um estado de coisas; a arte lida com afetos e *perceptos* (empiricamente, percepções); a filosofia, por sua vez, opera com conceitos autorreferentes, relativos a um acontecimento que o próprio conceito produz ao ser inventado.

De certo modo, é uma temeridade filosófica valer-se de "conceitos" em plena segunda metade do século XX, quando a grande fabricação conceitual parecia relegada ao passado oitocentista. Mas, para melhor entendimento, o conceito deleuzeano não é, como em Kant, uma representação geral ou refletida (cuja matéria é o objeto, e a forma é a universalidade) comum a vários objetos, e sim uma coleção de componentes relativos a um plano determinado. O conceito de pássaro (tal como ele explica em *O que é a filosofia?*), por exemplo, não se situa no seu gênero ou na sua espécie, "mas na composição das suas posturas, das suas cores e dos seus cantos". Desses componentes, tidos como "traços intensivos", irradiam-se intensidades ou forças singulares capazes de movimentar o conceito. Nessa perspectiva, conceitos são ações, confundidos com o movimento do sentido e da vida.

Não se entenda aí ação como uma "passagem ao ato", consequência direta de um pensamento anterior, mas como uma potência criativa. O pensamento não é algo que se desenvolva longe da vida, e sim um fluxo que "veste" o movimento das intensidades a ela inerentes. O pensamento deixa de ser uma especulação amorosa e crítica *sobre* a vida para tornar-se *vivido* como vida, numa espécie de transformação de relações lógicas em movimentos do desejo.

Não é o caso aqui de tornar perfeitamente clara a obscuridade literária que atravessa o discurso deleuzeano, mas de frisar que a sua perspectiva opera uma ruptura notável com o senso comum – com o senso comum da própria tradição filosófica, pois conceito aqui não é o mesmo que em Hegel, por exemplo. De fato, o pensador propõe-se a responder à questão do significado de pensar por meio da destruição da imagem de um pensamento que pressupõe a si próprio – caso do pensamento conceitual filosófico cujo pressuposto implícito é uma "imagem do pensamento" formada a partir da *doxa* ou senso comum.

Não se trata apenas de "imagens" específicas, mas de todo o campo filosófico, o que implica uma espécie de propedêutica epistemológica equivalente na prática a sair de um pântano puxando pelos próprios cabelos, como na história do Barão de Münchhausen. "Pantanosas" são as categorias da identidade e da unidade inerentes à imagem dogmática do pensamento: A unidade garante a forma da *doxa* (a representação, ou seja, o modo de narrar e descrever a história), e a identidade garante a universalidade do sujeito pensante. Como Deleuze precisa de conceitos novos para dar o salto crítico, a sua filosofia é pródiga em invenção conceitual (intensidades, devires intensos, corpo-sem-órgãos, plano de consistência, plano de imanência, máquinas desejantes e outros), inspirada em matrizes diversas, desde outras filosofias até o cálculo diferencial e a literatura.

Mas o que haveria, para se começar a pensar, além da representação e do discurso do sujeito? Ou então, como captar a diferença em si mesma, sem referência a uma identidade prévia? Para esse pensador, trata-se da apreensão da coisa em sua singularidade, portanto em sua sensível concretude, não representativa. Advém-lhe a ideia de que o singular é aquilo que torna a coisa diferente de todas as outras, mas também a ideia de que o sensível (o concreto apreendido pelos sentidos), enfeixado na representação do senso comum ou na inteligibilidade do conceito, tem de escapar da abstração conceitual para ser singular.

Como então contornar as tradicionais categorias da representação para chegar ao diferente em si mesmo, que é o concreto? Deleuze vai buscar a superação do senso comum, tanto do bom-senso comunitário quanto da *doxa* implícita na "imagem do pensamento", recusando assim as qualidades das coisas apreendidas pelos sentidos na experiência empírica, isto é, na experiência imediata ou sensível. Só que o próprio sensível termina sendo deixado de lado, por aparecer apenas na comparação empírica a outros sensíveis, enfeixados num conceito unificador. Outra coisa é a realidade primeira, diferente em si, pura singularidade. E onde poderia esta ser encontrada? Não no espaço da unificação do sensível e do inteligível, que é o campo do empírico, e sim no campo *transcendental*, expressão que porta a forte marca kantiana na *doxa* filosófica.

Em sua "filosofia transcendental", Kant chama de transcendental o conhecimento do que deve ser possível *a priori*, portanto, da origem não empírica dos objetos da experiência. Em outras palavras, não é um princípio relativo ao real ou às coisas, mas apenas à faculdade de conhecer (o que implica tangenciar a própria essência da filosofia kantiana, que é uma *crítica*, i. é, uma análise das condições de possibilidade do conhecimento), portanto, é um fundamento. Em Deleuze, entretanto, o transcendental não é um fundamento, mas a própria gênese do empírico, um campo "impessoal e pré-individual", diferente do empírico e da profundidade indiferenciada, onde se daria a experimentação ou *experiência real*, supostamente capaz de apreender o real diferencial em si mesmo.

Evidentemente, esta explicação é muito sumária, pois não visa a expor com detalhes as linhas mestras do "empirismo transcendental", nome dado pelo próprio Deleuze ao seu pensamento, que é de fato uma *filosofia da diferença* (inicialmente, *filosofia do desejo*) embora distinta de outras coladas a uma imagem do pensamento em que os conceitos derivam dos modelos lógicos e estáticos de um fundamento. Seus conceitos encaminham-se na direção da imanência do pensamento à vida, o que não acontece sem uma busca de revisão da própria noção de conceito.

Os exegetas acadêmicos dissecam, mal ou bem, as diferentes fases dessa filosofia desde *Diferença e repetição*, mas aqui nos interessa simplesmente assinalar que aquilo que constitui Deleuze como filósofo é uma resposta *racional* e *particular* (não igual, mas semelhante a uma experimentação) à questão essencial do que significa pensar. Uma teoria filosófica é, para ele, "uma questão desenvolvida, e nada mais do que isso: por si mesma, em si mesma, ela não consiste em resolver um problema, mas em desenvolver *ao extremo* as implicações necessárias de uma questão formulada. Ela nos mostra o que as coisas são o que é preciso que elas sejam, supondo que a questão seja boa e rigorosa [...]. Em filosofia, a questão e a crítica da questão se unificam; ou, se se prefere, não há crítica de soluções, mas somente uma crítica dos problemas"[33].

Esse desenvolvimento "ao extremo" é uma operação inteiramente intelectual, como cabe a todo juízo crítico, o que impele Deleuze, para afastar-se de uma "imagem do pensamento" permeada de irracionalidades, a compreender uma teoria filosófica exclusivamente a partir do seu conceito, posto que "ela não nasce a partir de si mesmo e por prazer". Os fatores psicológicos e sociológicos podem motivar a questão filosófica, mas nada dizem sobre a sua verdade ou sua falsidade.

Então, quem diz? Para Deleuze, só alguém capaz de saber se a questão "é boa ou não, rigorosa ou não". No limite, esse alguém seria apenas outro filósofo, uma vez que a única espécie de objeções válida seria "a que consiste em mostrar que a questão levantada por tal filósofo não é uma boa questão, que ela não força suficientemente a natureza das coisas, que seria preciso colocá-la de outro modo, que se deveria colocá-la melhor ou levantar outra. E é bem dessa maneira que um grande filósofo objeta a outro"[34].

Entretanto, o fato de esses critérios serem racionais ou altamente intelectualizados não basta para satisfazer outro filósofo que navegue no mesmo oceano da alta racionalidade como, por exemplo, o genial Wittgenstein, de décadas antes de Deleuze. Para ele, a filosofia não era nenhuma "teoria" povoada de conceitos destinados a desenvolver problemas rigorosos ou não, e sim uma *atividade* de esclarecimento ou correção de questões linguísticas. Com uma ressalva: não se tratava de *qualquer* questão de linguagem (apanágio de um teórico do discurso), mas da linguagem implicada no pensamento. A "atividade" concebida por Wittgenstein não garantia nenhum estatuto de disciplina-mestra à filosofia, e ele próprio, ainda que desenvolvesse trabalhos rubricados como "investigações filosóficas" (título de seu segundo grande livro, póstumo), relutava em se fazer reconhecer como filósofo.

Pode-se perguntar o que constituiria como filosófica a obra de um pensador da atualidade que também desafia a autoimagem tradicional da filosofia, mas não comunga com a racionalidade de natureza epistemológica – por isso,

---

33. DELEUZE, G. *Empirismo e subjetividade* – Ensaio sobre a natureza humana segundo Hume. Editora 34, 2001, p. 128.

34. Ibid.

exposto a acusações de "irracionalismo hermenêutico" – e que nem mesmo reivindica publicamente a identidade de "filósofo"? Este é bem o caso do norte-americano Richard Rorty, um pensador analítico e pragmatista (quer dizer, orientado para a experiência e para a ação) com agenda acadêmica própria, que acabou trocando o Departamento de Filosofia da Universidade de Princeton pelo Departamento de Literatura na Universidade de Stanford, sem abandonar as mesmas preocupações e ocupações pedagógicas.

Pragmaticamente empenhado em questões políticas e sociais, Rorty não concebe nenhuma quintessência intelectual na filosofia, razão por que não vê sentido em destruir intelectualmente a sua autoimagem, como busca fazer Deleuze, por exemplo. Em seu notório *A filosofia e o espelho da natureza*, ele define a filosofia como "histórica", isto é, como uma disciplina, mas sem qualquer natureza essencial (nenhuma "disciplina-mestra", portanto) cujos pressupostos, enraizados em circunstâncias sócio-históricas, são contingentes. Não existe, assim, uma "propriedade reflexiva" inerente e necessária no ato de pensar apropriadamente sobre o mundo. Em outras palavras, a contingência pode tornar redundantes (portanto, não compulsórios) os problemas filosóficos tradicionais e dar margem à admissão de que *existem outras maneiras de pensar a mesma coisa*.

Para se chegar aí é essencial a distinção feita por Rorty entre epistemologia e hermenêutica. Na primeira, ele vê a proposição de argumentações aceitáveis pelo público porque solidárias com a ciência "normal", enquanto reserva à segunda o mero encontro (não necessariamente lógico-argumentativo) com um novo sistema de metáforas, cuja compreensão e aceitação nada têm a ver com procedimentos demonstrativos, e sim com a persuasão. Por exemplo, a sua adesão ao pragmatismo de John Dewey não se deve ao fato de nele encontrar o ato de conhecer como uma perfeita transação entre o sujeito cognoscente e a realidade, mas uma concepção do conhecimento como algo que "estamos justificados a crer", portanto como um fenômeno social.

Mesmo sem fazer uso da palavra "desconstrução", Rorty demonstra implicitamente uma aproximação com essa ideia, assestada contra as preocupações filosóficas tradicionais. Em Wittgenstein, por exemplo, aprecia o "talento para desconstruir imagens cativantes". Mas ele próprio atém-se à palavra "redescrição", que lhe parece mais compatível com uma hermenêutica voltada não para a rejeição epistêmica de problemas-chave da filosofia e sim para a luta histórica contra as suposições de que eles sejam "essenciais" ou "necessários".

Assim, vê Heidegger, um de seus ícones intelectuais, como um pensador que redescreve a história da filosofia, traçando pontes entre Descartes e os gregos e propondo a filosofia como uma forma característica de linguagem, próxima da poética. Freud é outro ícone porque "simplesmente quer nos dar mais uma nova descrição das coisas [...] um vocabulário a mais, um conjunto a mais de metáforas" e porque a sua "exposição da fantasia inconsciente leva-nos a ver qualquer vida humana como um poema".

Nas justificativas para tais escolhas ou adesões, transparece com clareza a diferença entre a posição hermenêutica e a epistemológica. Um exemplo desta última é dado por Karl Popper, influente filósofo da ciência, que também se empenha em rebater a clássica epistemologia convencionalista, segundo a qual a ciência é um mundo de conceitos definidos pelas leis naturais que construímos logicamente e que se impõe como um sistema autônomo e defensável, sem incoerências. Popper não vê o conhecimento científico fundado em alicerces ou em certezas definitivos, mesmo quando pode ser verificado no confronto com os fatos, mas a sua posição é igualmente epistemológica: Ele concebe o "falsificacionismo" ou a "refutabilidade" como critério para decidir a cientificidade de um sistema teórico qualquer. Científica seria apenas a teoria capaz de ser refutada ou falseada[35].

Assim sendo, enquanto dentro da perspectiva hermenêutica (Rorty) o exame crítico de uma teoria consistiria na avaliação de sua capacidade de modificar a linguagem com formas que tornem a vida mais rica, na perspectiva epistemológica (Popper) o que conta são as tentativas de refutá-la para determinar a sua cientificidade. No que se refere à psicanálise, mesmo classificada como uma "metafísica psicológica interessante", a crítica de Popper incide sobre o que ele chama de "imunização" à refutabilidade: O que impede as teorias de Freud de serem científicas seria simplesmente o fato de que elas não excluem nenhuma conduta humana fisicamente possível, já que qualquer coisa que alguém faça seria explicável, em princípio, em termos freudianos.

Em contrapartida, Rorty rebaixa a suposta "necessidade" argumentativa diante da "contingência" da linguagem para louvar em Freud precisamente a ampliação das metáforas ou do "vocabulário final" de uma pessoa sobre si mesma.

---

35. Ibid., p. 128. Essa ideia não é, aliás, original de Popper: Wittgenstein foi o primeiro a enunciá-la, embora com outras palavras.

A seu modo, ele acompanha a ideia da *reflexividade* – localizada por alguns na própria base da reprodução ideológica dos modernos sistemas sociais –, segundo a qual certos termos seriam capazes de produzir a realidade onde se inserem discursivamente. Na teoria do discurso, esta ideia está contida no conceito de performatividade, ou seja, do enunciado que faz acontecer (ou *pretende* fazer acontecer) aquilo mesmo que enuncia. É uma posição que transita dos pragmatistas americanos a sociólogos ingleses e franceses, mas também encontra guarida no pensamento de Walter Benjamin, para quem as ideias são dadas num movimento de percepção original, em que as palavras, nomeando, geram conhecimento: "Num certo sentido, pode-se perguntar se a teoria platônica das "ideias" teria sido possível se o sentido desta palavra não tivesse levado o filósofo, que só sabia a sua língua materna, a divinizar o conceito de palavra, a divinizar as palavras: as "ideias" de Platão, se é possível arriscar este juízo parcial, não são no fundo nada mais que palavras ou conceitos de palavras divinizadas"[36].

É clara a inflexão sofística (a *apate*, que se traduz como desvio ou sedução) da proposição rortyana sobre Freud: Como predicava o sofista Górgias, a linguagem deveria funcionar mais em função da criação de novas realidades do que da representação de uma realidade já dada. Mas Rorty evita apoiar-se na cultura do antigo grego, assim como não costuma fazer inferências etimológicas para validar a hermenêutica proposta. Ele não é, aliás, conceitual nem metodologicamente claro sobre o que chama de "hermenêutica" (não é nome de disciplina, nem um "paradigma" sucessor da epistemologia), embora a use como uma linha prática (a "expressão de uma esperança", diz) para um modo de filosofar não aferrado às interrogações essencialistas – do tipo "O que é o homem?", "O que é o eu?" etc. – sobre o mundo.

Deste modo, até mesmo um pensador que não se represente como hermenêutico pode ser assim identificado, desde que pratique a filosofia como uma proposta criativa, como provocação a uma nova linguagem metafórica ou poética. O francês Jacques Derrida, que se anuncia como "desconstrutivista", serve aqui de exemplo: Primeiro, por não apresentar nenhum argumento justificativo de seus procedimentos; segundo, por desaguar num esteticismo que acolhe a experiência literária (ele foi ao mesmo tempo professor de Filosofia e de Literatura Comparada), em especial o simbolismo de Mallarmé.

---

36. BENJAMIN, W. *Origine du drame baroque allemand*. Flammarion, 1985, p. 33.

No que diz respeito ao uso de uma linguagem metafórica, paira sobre Derrida, como de resto sobre a maioria dos "hermeneutas", a sombra influente da linguagem espessa do "pensamento poetizante" (*das dichtende Denken*) de Heidegger, para quem faz parte da filosofia "nunca tornar as coisas mais fáceis, e sim apenas mais difíceis". Pensar e realizar uma *performance* de linguagem tornam-se indiscerníveis. Neste posicionamento do pensador alemão, por mais moderno e abstrato que venha a parecer, ressoam, entretanto, os ecos da obscuridade "pré-filosófica" do heleno antigo, traduzida na linguagem dos enigmas – sejam eles gregos, hindus, chineses ou nagôs – e tão bem explicada nos *Upanishads*: "Os deuses gostam de enigmas, e lhes repugna o que é manifesto". Por um lado, na esfera religiosa, a obscuridade do enigma contribui para marcar a distância entre o sagrado e o profano; por outro, na esfera filosófica, o obscuro pode apontar o caminho para uma nova imagem de pensamento.

Com efeito, o que nos parece realmente comum em todos os empenhos marcantes do pensamento filosófico é que cada grande pensador traz um novo modo de ser e procura criar uma nova imagem do pensamento. Isto fica evidente desde Descartes – celebrado por Hegel como *warhafter Anfänger*, "verdadeiro iniciador" do pensamento moderno –, que afirma a sua intenção de "destruir em geral todas as antigas opiniões", isto é, substituir as "opiniões" teológicas pelo pensamento em si mesmo como princípio da filosofia. Já Heidegger nada na contracorrente das indagações de Platão, Descartes e Kant, assentando na questão de *ser* – cujo sentido teria sido esquecido nas peripécias da história – a tarefa da filosofia.

Outras críticas levantam contra a filosofia a suspeita de insensatez ou de alienação: Marx, alienação ideológica; Freud, alienação da consciência; Wittgenstein, alienação lógica da linguagem. De fato, Wittgenstein rejeita como um "indesculpável *nonsense*" não apenas a metafísica tradicional, mas, no limite, de modo quase autodestrutivo, a sua própria filosofia: as suas proposições seriam também um *nonsense* apenas "mais tolerável" (um *nonsense* indispensável, não ocioso) e deveriam ser abandonadas, ao modo de uma escada jogada fora por um usuário que galgou os seus degraus.

Fixamo-nos aqui nestes grandes nomes da história da filosofia, mas a mesma pulsão "destrutiva" pode ser pesquisada em outros, inclusive naqueles que contribuíram para consolidar uma imagem tradicional da filosofia. É como se a destrutividade característica da dialética grega em sua forma original de discussão oral (em que o intento era reduzir a zero pelo exercício do contraditório os argumentos do interlocutor) constituísse um substrato permanente do discurso filosófico. Seria difícil imaginar um grande filósofo, garante Deleuze, do qual não se deva dizer "ele mudou o que significa pensar" ou "ele pensou de outra maneira".

Nesse ponto, Rorty vale como um norte provisório, não com o objetivo de afirmar o universalismo de seus conteúdos, e sim de chamar a atenção para um pensador – politicamente liberal, filosoficamente pragmatista – segundo o qual a filosofia só valeria a pena no caso de tentar fazer "uma versão melhor de nós mesmos". É uma injunção que remonta à Antiguidade, a pensadores como Epicuro, para quem a única meta do exercício filosófico é alcançar a saúde do espírito, tornando feliz o homem que a pratica. Em Rorty, é uma proposição pragmática, de natureza histórica que, acolhendo as circunstâncias sociais e culturais do lugar e do tempo em que se pensa, associa-se também às preocupações heideggerianas com as ressonâncias coletivas e nacionais do pensamento. É outro modo de conceber a filosofia como abertura, como "um pensar que abre o caminho", inclusive para modos de pensar que não dependam das raízes ancestrais da filosofia acadêmica.

Esse outro modo congrega pensadores de latitudes diversas, inclusive notáveis professores de Filosofia que, embora sem reivindicar identidade "profissional" (na trilha de Wittgenstein, Rorty e outros), são reconhecidos por discípulos como "filósofos". Para esses, a questão essencial não é o anunciado "fim da filosofia", mas a abolição da escravatura exercida sobre a filosofia helênica pelas ideologias religiosas, científicas e políticas, que a transformaram em serviçal da Igreja no Medievo e em complemento da tecnocracia na contemporaneidade.

São vários os exemplos, mas pensamos especificamente, por motivos de proximidade acadêmica, no professor brasileiro Emmanuel Carneiro Leão, discípulo direto, arguto explicador e tradutor de Heidegger, cujo ensino espalha-se em livros e artigos, porém ganha vigor socrático em lugares enraizados no cotidiano: nos corredores, nas respostas, nas notas dispersas, nos rascunhos, além dos seminários e das salas de aula. Ele não destoa da "destruição criativa" dos pensadores aqui referidos ao sustentar que "toda definição real de filosofia é um convite à interpretação", uma vez que a sua realidade "contrátil e escorregadia não se deixa prender nas malhas de nenhuma rede, nem de conceitos, nem de modelos, nem de padrões".

Para Carneiro Leão, o caráter interminável de toda questão filosófica vale, sobretudo, para a própria filosofia, posto que esta problematiza apenas uma única questão, a paixão de viver: "Dando sentido às coisas, a paixão de viver torna a vida digna de ser vivida". É preciso aqui entender "paixão" como a pulsão ativa e reflexa na direção do movimento transcendente de continuidade e expansão da existência. Isso vale igualmente para as artes, a poesia, a literatura ou qualquer atividade humana em que se evidencie a transcendência.

Por outro lado, nada disso significa que a filosofia seja um guia para se "aprender a viver". Ao contrário, "[a filosofia] questiona tudo que nos vem ao e de encontro, tanto o que somos como o que não somos, pela radicalidade da paixão de viver". Filósofo, o sujeito agente e paciente dessa pulsão, é "quem, na liberdade da vida, conserva o humor e a ironia diante do espírito de qualquer situação: Uma atitude provocante que Platão comparou certa vez à força criadora da morte: *meléte thanátu* ("empenho da morte"), a filosofia como coragem de morrer na medida e enquanto se vive". Não se trata aqui de um posicionamento idiossincrático, pois remonta a Platão, que está oportuna e corretamente referido, uma vez que a preparação para a morte é parte essencial da possibilidade de pensar depois que o corpo desaparece e deixa a alma, supostamente eterna, como contempladora das ideias.

Na verdade, porém, essa atitude filosófica – aliás, totalmente antitética à promessa cristã de vida eterna e feliz após a morte – existe antes e depois de Platão. Antes, num poema do Tao Te Ching, o mítico alquimista e filósofo chinês Lao Tsé já associa a força do sábio à compreensão da morte: "Os homens chegam e vivem / Os homens partem e morrem / De cada dez, três são companheiros da vida / três são companheiros da morte / e três são os que tanto valorizam a vida / e com isso na morte vão ingressando. / E por que razão? / Por sua ansiedade e tentativas para perpetuar a vida. / Mas ouvi dizer que os que sabem viver viajam na terra / sem ter receio dos rinocerontes nem dos tigres ferozes. / Não necessitam temer as armas aguçadas nem pesadas. / Neles não há lugar onde o rinoceronte possa enviar o chifre / nem o tigre rasgar com suas garras. / Não há lugar onde uma arma possa alojar sua lâmina. / Por quê? / Porque, para ele, não mais existe o reino da morte".

Depois, Epicuro, em sua Carta sobre a felicidade, com o argumento sobre a insignificância da morte – "visto que todo bem e todo mal residem nas sensações, e a morte é justamente a privação das sensações" –, sustenta não haver "nada de terrível na vida para quem está perfeitamente convencido de que não há nada de terrível em deixar de viver. É tolo, portanto, quem diz ter medo da morte, não porque a chegada desta lhe trará sofrimento, mas porque o aflige a própria espera: aquilo que não nos perturba quando presente não deveria afligir-nos enquanto está sendo esperado [...]. A morte não significa nada para nós, justamente porque, quando estamos vivos, é a morte que não está presente; ao contrário, quando a morte está presente, nós é que não estamos. A morte, portanto, não é nada, nem para os vivos, nem para os mortos..."

Claro, a morte como um estado de coisas, morte física ou pessoal, é um impensável. Mas a força criadora a que Platão alude é um fenômeno impessoal implícito na vida como um morrer permanente visível nas muitas mortes dos deuses e, de maneira mais profunda, entre os homens, como a mais radical experiência da vida ou como o que o lírico latino Sexto Propércio chama de *extrema condição*: "Nem os custos das pirâmides, levados aos astros / Nem a morada de Júpiter Eleu, imitando o céu / Nem a grande riqueza do sepulcro de Mausolo / estão livres da extrema condição – morte" ("*Neque Pyramidum sumptus ad sidera ducti / nec Jovis Elei caelum imitata domus / Nec Mausolei dives fortuna sepulcri / mortis ab extrema condicione vacant*" em *Elegias* III, 2). Isto é fundamental na filosofia de Heidegger, para quem a autenticidade do ser reside em sua condição de *ser-para-a-morte*, ou seja, a plenitude existencial se dá no enfrentamento de um "não-ser-mais-aí", que é uma experiência inalienável, mas apreendida através da morte dos outros.

É o reconhecimento do que há de primordial ou crucial nessa experiência que leva um moderno como Deleuze a retrabalhar em *Diferença e repetição* a ideia de Maurice Blanchot, romancista e crítico de literatura (*A parte do fogo, O espaço literário, L'Écriture du désastre*), sobre a face dupla da morte: uma, *pessoal*, em que o *eu* afronta um tempo presente por onde tudo escorre; outra, *impessoal*, sem relação com o *eu*, mas também sem presente nem passado, em que tudo é devir. Neste último caso, a morte é condição transcendental de possibilidade da vida, é um impensável que torna possível o pensamento. Não, portanto, a morte empírica como negação, limitação ou redução material e factual ao inanimado, mas a *morte-sentido* como o acontecimento que dá forma aos problemas e às questões. Em Blanchot, a morte está na base de todo ato de linguagem: o referente é a ausência da coisa, assim como a palavra é a ausência do referente, e o significado é a ausência da palavra. Literária ou não, a linguagem é um vazio pleno assestado contra a estabilidade das coisas como uma potência modeladora do individual e do social.

O *meléte thanátu* platônico corresponde precisamente a esse pensamento de compreensão do processo em que a vida ressurge continuamente na morte, tornando inseparáveis uma e outra. É o mesmo pensamento da finitude presente em Lao Tsé, normalmente citado como um "sábio taoista", uma designação compatível com a expressão grega *sophos aner*, que se entende como homem de sabedoria, capaz de reflexões de longo alcance teórico, mas também de intervenções práticas no cotidiano.

Há, porém, quem estabeleça uma distância entre o sábio e o filósofo "gerador de ciência", porque este último vai localizar a verdade num "todo" conceitual, ou seja, a verdade não é parte e sim totalidade. É o caso de Hegel, para quem o valor de verdade de uma filosofia está num todo que se desdobra dialeticamente a partir do conceito (*Begriff*). Este, como um visgo passarinheiro, consiste na fixação que impede o voo do passarinho – isto é, impede o movimento aleatório ou caótico inerente à vida –, mas funda a ciência, onde a lógica formal domina pela imposição de relações como a implicação, a dedução, a inferência.

Na explicação de Kojève, sábio é "o homem de carne e osso que realiza, por sua ação, a sabedoria ou a ciência" – é uma forma do Espírito (*Gestalt des Geistes*), uma forma concreta. Mas ainda há aqui diferença entre uma pessoa real, uma subjetividade particular, um indivíduo humano, e uma realidade objetiva (*Wirklichkeit*), diferente da realidade subjetiva. Alcançado o conceito, entretanto, a verdade (*Wahrheit*) coincide com a certeza subjetiva (*Gewissheit*), e a totalidade do real é revelada pelo saber, cujo acesso é dado pela sistematicidade do filósofo, portanto, não apenas por um "amante da *sophon*" ou "sábio" – movido pelo "sentimento" da razão –, e sim por alguém que pesquisa o real num elevado plano analítico-racional, acima da determinação das paixões.

Mesmo se sabendo que ciência no sentido moderno não é filosofia, tem sido conveniente para muitos partir da tradução do grego *episteme* (a esfera do *logos*, pensado pelo *nous*, o intelecto) como "ciência", para distingui-la da *phrónesis* (a sabedoria prática, que lida com o particular), à qual se atribui apenas a percepção (*aisthesis*). Entretanto, esta interpretação de uma passagem aristotélica (no terceiro livro da *Ética a Nicômaco*) perde qualquer vezo peremptório quando contraposta a outra que vê na percepção particular (portanto, na *aisthesis*) um meio de *ponderar* o pensamento, isto é, de atribuir-lhe parâmetros maleáveis.

À luz da historiografia conhecida, uma distinção peremptória também não encontra apoio na figura do próprio Sócrates, sábio porque articulava respostas a questões essenciais à *polis* e, embora exaltando a "natureza lógica" do mundo, não reivindicava a posse de nenhuma *episteme*. Aliás, enquanto marco de uma "virada" ou de um limiar, Sócrates não escapava à ambiguidade: o seu antimisticismo pode ser lido como uma mística da racionalidade, assim como deixou claro na véspera de sua morte (conforme a *Apologia*, de Platão) que falava como mensageiro dos deuses e, de fato, preferia morrer a deixar de repercutir no espaço público a voz interna de seu *daimon* ou seu misterioso "demônio", como alguns traduzem. Mas Sócrates é de fato o grande limiar porque antes dele pensadores como Heráclito, Anaximandro, Pitágoras, Parmênides, Zenão e ele, Sócrates, inclusive, são propriamente sábios; depois dele o pensamento torna-se "filosofia", com Platão, que define a sua própria atividade intelectual e pedagógica como "amor à sabedoria". Nesta condição amorosa é que ele se volta para os sábios do passado.

Posteriormente se oblitera o estatuto do sábio. Certo, não se trata apenas de nomes fundantes, mas do que corresponde em vários planos à transição do *ethos* mítico da Hélade antiga à fase lógica do período clássico, em que aparece a questão do domínio da natureza, e o saber encaminha-se para ser concebido apenas por axiomas. O saber como que "se eleva" do plano singular das sensações (*aisthesis*), por meio do conceito (um termo médio, que se pode associar a qualquer uma das partes na demonstração de uma proposição), para se obter um universal. Na raiz dessa redefinição está o princípio da causalidade (causa material, formal, final e eficiente) aristotélico, responsável pela experiência de um novo entendimento da realidade, o da metafísica como a produção de um sistema excludente de oposições – essência/aparência, verdadeiro/falso, inteligível/sensível/necessidade/contingência, uno/múltiplo, bem/mal. Do conceito, portanto, da universalidade viria a compreensão inteira do real.

No limite, filosofia é tão só outro nome para o pensamento que desce às raízes da paixão da vida, portanto, um pensamento *radical*: a paixão da filosofia como espelhamento crítico da paixão da vida. Assim se configura a filosofia apontada por Carneiro Leão, não como um sistema privatista, suscetível de servir ideologicamente à reprodução das formas de produção do sistema em vigor, mas como uma prática de pensar na abertura de um encontro – com o amor, com a arte, com a política e com a vicissitude da vida.

Neste pensamento "radical" está certamente implícita uma crítica a outro tipo de radicalismo (o racionalismo), que não deixa de ser um encontro com a crítica da representação feita por Hume. É que, desde Descartes, quando a razão se torna um todo (não mais uma parte) e, em si mesma, o novo solo da história, a representação é posta no centro absoluto de toda e qualquer experiência que se pretenda "moderna". Deleuze explica: "Fazendo da representação um critério, colocando a ideia na razão, o racionalismo colocou na ideia aquilo que não se deixa constituir no primeiro sentido da experiência [...] ele transferiu a determinação do espírito aos objetos exteriores, suprimindo, para a filosofia, o sentido e a compreensão da prática e do sujeito. De fato o espírito não é razão"[37]. E então, afirmando ser a razão uma espécie de sentimento, cita o *Tratado da natureza humana* (Hume): "A razão é tão somente uma determinação geral e calma das paixões, fundada em uma visão distante ou na reflexão".

Mas nesse mesmo sentido de acolhida do sentimento, Carneiro Leão opta pela filosofia de Heidegger, que ele reconhece, na trilha do mestre, como uma dentre outras experiências de pensamento radical: a vida e a morte, em primeiro lugar; em seguida, o mito, a mística, a arte, a poesia e a política. Nenhuma delas é ociosa ou desvinculada do fator humano, pois cada uma implica a criatividade histórica de uma comunidade de homens. E nenhuma se define como produção de um conhecimento de domínio ou apropriação do mundo (a serviço de uma ciência ou de uma tecnologia), porque aquilo que caracteriza o empenho filosófico é propriamente um *fluxo* de deslocamento do que se conhece para o que se pensa, logo, um permanente movimento de *espanto*, à maneira descrita por Schopenhauer: "Ter espírito filosófico é ser capaz de se espantar com acontecimentos habituais e com coisas de todos os dias, de colocar como objeto de estudo o que há de mais geral e o de mais comum" (cf. *O mundo como vontade e como representação*). Ou então à maneira de Enst Bloch, para quem a filosofia seria "a elaboração concreta do espanto diante do mundo".

---

37. DELEUZE, G. *Empirismo e subjetividade* – Ensaio sobre a natureza humana segundo Hume. Editora 34, 2012, p. 21.

Ora, reduzir esse espírito e seu empenho a procedimentos analíticos ou operações de cálculo seria supor, no limite, que a filosofia acaba onde o pensamento começa. Ironicamente, bem o percebeu Merleau-Ponty: "Assim como antigamente, hoje em dia a filosofia começa com: O que é reflexão? E em primeiro instante se consome inteiramente nisso". No entanto, o fluxo do espanto está inscrito na história e em seu movimento dinâmico. Nas circunstâncias contemporâneas, o *desconstrucionismo* pode ser visto como uma atitude genérica dos pensadores diante do que seria a luta final da filosofia para libertar-se da escravatura teológica ou como "o prelúdio de uma aliança renovada entre elas [filosofia e teologia] no novo milênio, nos papéis familiares de escravo e senhor, respectivamente" (Christos Evangeliou). Este dilema deixa transparecer uma luta inequivocamente política por detrás dos jogos de linguagem e pensamento, principalmente quando se leva em conta a persistência das formações teológicas em novas seitas religiosas e em novas configurações do poder estatal.

Mas, para um exegeta heideggeriano como Carneiro Leão, o "desconstruir" já é inerente a todo esforço filosófico, que viveria de um diálogo contínuo com o passado – inexaurível e sempre vigente – da própria história. Como se pode inferir, a alegada autonomia da filosofia frente à atualidade histórica não se confirma em relação aos filósofos mortos, o que não deixa de insinuar a presença oblíqua de um "culto aos ancestrais" intelectualizado. Na questão levantada por Deleuze sobre a ausência de debates entre os filósofos, a resposta deveria ser buscada não numa aversão subjetivista ao confronto de ideia, e sim na impossibilidade epistêmica de dois filósofos darem a mesma resposta para a mesma pergunta. São várias as filosofias, e cada um de seus criadores, buscando a singularidade de um caminho, enceta o diálogo com antecessores sem depender da caução dos coetâneos.

Em certos casos, entretanto, não se trata apenas de um "diálogo", mas do uso intelectual de uma filosofia como fachada para a experiência de um outro pensamento. É o que se atribui, por exemplo, a Kojève, o mais influente iniciador à leitura de Hegel na Europa, de quem se dizia vender as próprias ideias "sob o pseudônimo de Hegel"[38]. Em carta ao filósofo vietnamita Tran Duc Thao (que combinava fenomenologia com materialismo dialético), Kojève admite:

---

38. Cf. MIDDELAAR, Van L. *Politicídio* – O assassinato da política na filosofia francesa. É Realizações Editora, 2015, p. 62-63.

"Interessou-me relativamente pouco saber o que o próprio Hegel queria dizer no seu livro; eu dava palestras sobre antropologia fenomenológica nas quais fazia uso dos textos de Hegel, mas nisso só me aprofundava naquilo que considerava verdadeiro e deixava tudo de lado que nele me parecia ser equívoco".

O "equívoco" seria o monismo hegeliano – uma mesma ontologia dialética, tanto para o homem como para a natureza. A rigor, esse comentário pode ser tomado como "desconstrutivo" de Hegel por parte de seu grande explicador, sobre o qual paira ainda hoje a hesitação quanto a classificá-lo como filósofo independente, senão como "sábio", inclusive com alguns toques de delírio nada manso, quando se trata de filosofia política. Esta última condição dá guarida a uma retórica notável, que literalmente "medusou" toda uma geração de filósofos franceses durante décadas. Uma ligeira ideia desse fascínio é dada por um depoimento de Georges Bataille: "Quantas vezes o Queneau e eu não saímos sufocados daquela sala – sufocados e paralisados. As palestras de Kojève quebrantaram-me uma dezena de vezes, esmagaram-me, mataram-me".

O pensamento da *Arkhé*

Como se infere, em filosofia, a "desconstrução" tem matizes variados. Resta saber qual é a natureza do dito "empenho filosófico", uma vez que se admita não ser a filosofia nem um sistema cognitivo, nem ideologia, nem concepção de vida. Para Carneiro Leão, ela é "uma experiência de pensamento. Outras experiências, sempre na trilha heideggeriana, são o mito e a mística. Uma outra é a experiência dos deuses e do extraordinário, seja ou não religiosa. Ainda outra é a poesia e a arte. Ainda outra é a *polis* e a *politeia*. A última, por ser no fundo a primeira experiência de pensamento, é a vida e a morte, Eros e Thanatos".

Mas como diagnosticar a vigência desse esforço de pensar a realidade do real em configurações históricas não assimiláveis ao modelo greco-romano de ser? Qual seria, assim, o *sintoma* de presença dessa experiência radical nos modos de pensar de sociedades tradicionais genealogicamente descomprometidos com o modelo dito ocidental?

Não é estranhável o emprego de um termo do vocabulário médico ("sintoma") num contexto de elucidação filosófica, quando se tem em mente que, nos anos de 1970 do século XIX, Nietzsche já pretendia elaborar uma semiologia ao mesmo tempo médica e cultural (donde a prescrição terapêutica da cura pelo alto da montanha, pelos banhos gelados etc.), em que as clássicas antinomias do verdadeiro/falso, justo/injusto e outras fossem substituídas por critérios vitalistas de saúde e doença. Na semiologia médica, sintoma é a marca individual da doença. Um sintoma pode deslocar-se sem que mude a causa. Por outro lado, o foco assinalado como causa da doença pode conter sintomas de naturezas diferentes. Isto é o que a medicina chama de *diátese*, um estado de transição entre uma saudável posição constitucional e a doença, mas também uma predisposição para os sintomas.

A palavra grega *diatasis* reúne uma preposição (*dia*, "através de") e um substantivo (*tasis*, "tensão do músculo ou da voz") para significar tanto a dilatação física quanto a força ou o esforço, a exemplo da tensão de voz ou dos diferentes direcionamentos da tensão verbal. Gramaticalmente, *verbo* é o membro de uma classe de palavras que funcionam como os principais elementos de *predicados*, capazes de expressar ação, estado ou a relação entre duas coisas e modulados por tempo, aspecto, modo, voz, assim como apontar a concordância com o sujeito ou o objeto. O verbo grego *diateino* designa o movimento do sujeito de estender-se para alguma coisa ou para si mesmo.

Ora, na semiologia linguística ou na análise do discurso, *diátese* veio a configurar a posição fundamental do *sujeito discursivo* ou *enunciante* (atividade, passividade, reflexividade) no processo da *voz* verbal. No arcaico indo-europeu, onde o verbo faz referência ao sujeito e não ao objeto, *a oposição não se dá entre o ativo e o passivo, e sim entre o ativo e o médio*. Na voz ativa, o processo verbal realiza-se a partir do sujeito, mas *fora dele*, a exemplo do sacerdote que faz o sacrifício *para outro sujeito*. Na voz média, o processo cumpre-se *dentro do sujeito*, este último é a sede do processo, a exemplo do sujeito que faz o sacrifício *para si mesmo*. Não se trata da voz reflexiva, em que o sujeito completa e sofre a ação, mas de completar a ação a partir de si mesmo.

Transportando-se essa diferença para o ato da criação literária, pode-se conceber um escritor como *ativo* (e não *médio*), pelo predomínio da exterioridade do complemento de objeto (a matéria narrada), o que era bem o caso do autor clássico. O mesmo não se poderia dizer, entretanto, de um ícone ocidental da mística de escrever, como Flaubert, propriamente *médio*, porque nele o ato criativo não é exterior à sua pena ("eu sou um homem-pena, eu sinto por ela, por causa dela"), o que faz da escrita literária uma hipóstase do sujeito: no sentido absoluto, escrever por si mesmo, não por um complemento de objeto ou por uma causa.

Ora, a filosofia, que começa por um retorno (a reflexão) do pensamento ao "si" do sujeito, é originariamente também uma forma literária, ou seja, é a tradução verbal e especulativa de uma reflexão sobre a natureza, supostamente verdadeira, do ser. Aquilo a que o Ocidente habituou-se a chamar de "filosofia" é o nome dado por Platão à sua própria literatura em oposição à *sofia* anterior, logo era a redução platônica da oralidade dialética ao discurso escrito. Filósofo, assim como Platão se identifica, é apenas um "amante da sabedoria", não alguém que a possua, a exemplo de Heráclito, Parmênides, Empédocles e outros da época dos "sábios", que sempre foram mais *implicativos* do que *explicativos*. *Plicare* é "dobrar", em latim. *Explicare* significa propriamente "desdobrar", "estender". De dentro para fora, a partir de uma dada estrutura, amplia-se o enunciado por desdobramento lógico, com vistas ao desvelamento do sentido e ao entendimento por parte do outro. *Implicare*, ao contrário, é dobrar de fora para dentro, portanto, envolver o interlocutor, de modo a levá-lo a participar da produção do sentido.

A dimensão explicativa é típica da escrita: nela existe naturalmente a implicação do outro, mas basicamente no nível das operações racionais do entendimento. O saber aí depende de um autor, de alguém que o tenha produzido enquanto um ser racional, suposto como lugar originário do texto e responsável por suas significações. Predominando a dimensão implicativa, típica do discurso oral dos sábios, não se permanece no mero entendimento cerebral decorrente da posição discursiva do sujeito e sim numa forma espontânea de compreensão, que implica uma concreta atuação subjetiva, ou seja, uma prática existencial por parte do ouvinte.

Outro ângulo dessa mesma questão pode se apresentar nos termos do filósofo inglês J.L. Austin, leitor apurado de Aristóteles e Kant, que desenvolveu a teoria dos "atos de fala", contrapondo-a à postura positivista de valorização linguística apenas das sentenças e asserções com valor de verdade. Para ele, as palavras também *fazem* alguma coisa. Em seus termos, um enunciado é *constatativo* se visa a descrever o mundo como verdadeiro ou falso, portanto, se descreve correta ou incorretamente a realidade. Por outro lado, é *performativo* se, em vez de significar um estado de coisas verdadeiro, faz acontecer algo, por exemplo, quando se *promete* executar determinada ação.

Já fizemos referência a essas duas categorias na distinção entre a postura epistemológica e a hermenêutica, indicando que esta última vai além do modelo da consciência como *cognitiva* e externamente explicativa, portanto, além da imagem descritiva ou lógica do mundo. A hermenêutica demanda uma atitude implicativa, que comporta tanto o conhecimento quanto uma moção criativa de mundo.

A terminologia é moderna, mas o tópico remonta a Platão, que atribui ao exercício da filosofia maiores exigências do que a pura concatenação discursiva, como se pode ver na *Sétima carta* (sobre as suas atribuições na corte de Dionísio, o tirano de Siracusa), em que define o verdadeiro filósofo como um homem que "se entrega, sem dúvida, a suas atividades comuns, mas em tudo e sempre se adequa à *filosofia, este gênero de vida* que lhe confere, junto com a sobriedade, uma inteligência pronta e uma memória tenaz, assim como a capacidade de raciocinar". Em outras palavras, mais do que escrever, a filosofia é "o estado de ânimo" em que o homem "dotado de uma natureza divina" inicia-se no gênero de vida caracterizado como de amor à sabedoria.

Para Platão, a escrita não dá conta da inteireza desse amor, que não é um episódio subjetivo, mas *místico*. Isso é o que transparece na muito conhecida passagem do mito narrado no *Fedro* sobre a invenção da escrita. Esta teria sido dirigida aos homens pelo deus egípcio Theuth, por meio de uma doação feita ao Faraó Thamus. Ante a exaltação por Theuth dos méritos de sua invenção, Thamus responde que a escrita é sem dúvida um instrumento de rememoração, mas apenas extrínseco, porque é prejudicial à capacidade interna da memória. No que se refere à sabedoria, a escrita a restitui de maneira aparente, sem verdade. Em seu comentário, Platão acha uma ingenuidade pensar que se possa transmitir por escrito um conhecimento e uma arte. Pode-se supor que as letras tenham sido animadas pelo pensamento; porém, quando se trata de esclarecer-lhes a significação, elas só exprimirão uma única coisa e sempre a mesma.

Mas é precisamente naquela *Sétima carta* que o filósofo vai ainda mais longe. De fato, ele recusa à escrita a possibilidade de exprimir um pensamento sério, sustentando que "nenhum homem de bom-senso ousará confiar seus pensamentos filosóficos aos discursos" e mais que "todo homem sério evitará em muito tratar por escrito questões sérias e entregar, desta maneira, seus pensamentos à inveja e à falta de inteligência da multidão". É certo que o tom enfático de Platão deve-se em parte às invectivas que ele dirige ao tirano de Siracusa (que havia pretendido passar-se por filósofo por meio de uma obra escrita), mas a sua crítica é uma indicação da existência de "algo mais" no exercício da filosofia, onde não haveria nenhum meio de reduzir questões sérias a fórmulas "como se faz com as demais ciências". Para ele, "quando se frequentou durante muito tempo esses problemas e quando se conviveu com eles, então brota repentinamente a verdade na alma, como da chispa brota a luz e em seguida cresce por si mesma".

Evidentemente, o filósofo faz aqui a defesa de sua doutrina secreta (cujas características expressivas são a oralidade, a interioridade e a epifania), irredutível à expressão básica da diátese ativa, que é a linearidade da escrita. E essa doutrina, domínio específico da sapiência, gira ao redor do *Verbo*, entendido como potência própria da produção do saber. Em latim, *verbum* é o mesmo que *palavra*, mas aqui fazemos referência a um princípio gerativo (depois, identificado a Deus no *Evangelho de São João*, pôde tornar-se tanto palavra como carne) articulado em torno de um *centro paterno*, que é o sábio, comunitariamente autorizado.

Entretanto, a partir de Platão e certamente de Aristóteles, os discursos filosóficos partem gramaticalmente do sujeito, na voz ativa, como o verbo, que está no fundo das línguas correntes, indicando os modos como as coisas agem umas sobre as outras. Na língua, o verbo é pura energia em atividade, desvelando a delimitação e a determinação das coisas. No plano teórico, deslocado das condições enunciativas em que se produz o discurso sapiencial, o verbo faz-se palavra e carne na figura do filósofo: um "eu" verbalmente orientado por uma finalidade exclusiva torna-se o condutor do diálogo socrático. A explicação do mundo (platonismo) e a análise do mundo (aristotelismo) podem mostrar-se como caminhos diferentes, com diferentes pensadores, que se dividem na inclinação para a contingência ou para o necessitarismo, ou seja, determinar se o curso das coisas depende do livre-arbítrio e da responsabilidade moral ou pode ser deduzido *a priori*.

Em ambos os casos, entretanto, é ativa a diátese do filósofo: as coisas postas filosoficamente em questão podem ser os conteúdos singulares de um pensador empenhado na expressão revelatória e ontológica do mundo, mas lhe são forçosamente exteriores porque se definem por um esforço de representação precisa no quadro problemático daquela questão. A questão levantada constitui um dado conteúdo como problemático, porém por mais particular ou idiossincrático que isto possa parecer, o processo verbal do pensamento realiza-se fora da subjetividade do pensador, *no âmbito lógico e ecológico das ideias e dos argumentos*.

Esse âmbito é o mesmo das estruturas de representação, que geralmente se manifestam na forma da linearidade lógico-expositiva típica da escrita e onde as ideias não são inerentes ao mundo dos fenômenos. Aqui não se abre espaço para a mística, como estatui Benjamin: "Se a fraqueza que todo esoterismo comunica à filosofia se manifesta em alguma parte de modo arrasador está bem na "visão" (*Schau*) que todas as doutrinas do paganismo neoplatônico prescrevem a seus adeptos à maneira de atitude filosófica. É absolutamente impossível pensar o ser das ideias como objeto de uma intuição, ainda que fosse uma intuição intelectual"[39]. Para ele, "mesmo em sua formulação mais paradoxal, a do *intellectus archetypus*, a intuição não leva em conta esse caráter próprio da verdade, ou seja, que ela é um dado, que escapa enquanto tal a toda espécie de intenção e, com mais forte razão, ela mesma não aparece como intenção [...]. A verdade é um ser sem intencionalidade, formado a partir das ideias [...]. A verdade é a morte da intenção"[40].

Não é Benjamin quem o diz, mas essas ideias que erigem verdades sem intencionalidade e sem realidade empírica podem também ajustar-se ao âmbito narrativo dos romances, dos contos e dos panfletos exortativos, conforme demonstra a filosofia francesa do século XVIII – geralmente referida como *Iluminismo*, a duvidosa unidade dos pensamentos díspares de pensadores como Montesquieu, Voltaire, Diderot, D'Alembert, Condorcet e outros – polemizada e popularizada, mas incisiva no plano das ideias. Essa característica, aliás, permanece no século XX num pensador como Sartre, que juntou num romance (*A náusea*, 1938) grande parte dos conceitos filosóficos que desenvolveria ao longo de sua vida.

É nesse plano ativo da diátese filosófica que se pode registrar uma afinidade "orgânica" entre o campo estrito da filosofia e o destino universalista, planetário, a que se atribui a civilização europeia em seu sonho de império. O "campo estrito" define-se pela tarefa de pensar racionalmente a natureza e o mundo, buscando princípios e causas primeiras, elaborando conceitos que se querem uni-

---

39. BENJAMIN, W. *Origine du drame baroque allemand*. Op. cit., p. 32.
40. Ibid., p. 32-33.

versais. Filosofar em sentido estrito significa atender a questões levantadas pela própria tradição filosófica europeia e com os jogos de linguagem adequados.

Claro, a possibilidade de uma filosofia americana já foi examinada por vários pensadores, fazendo-se sempre o balanço das opiniões de inautenticidade da especulação filosófica na América Latina, apesar do empenho de intelectuais relevantes como Leopoldo Zea, Arturo Roig e outros. No Brasil, desde o século passado, o que se vem chamando de filosofia (Tobias Barreto, Farias Brito, p. ex.) jamais passou da condição de reflexos de discussões europeias, em geral ecos das doutrinas neokantianas, quando não de posições progressistas do pensamento católico. A exegese marxista, baseada principalmente em setores da intelectualidade paulistana, acompanha o espírito da crítica cerrada que Marx e Engels fizeram ao capitalismo, mas sem ultrapassar as mitologias do crescimento das forças produtivas e do progresso tecnológico como o horizonte salvífico da classe trabalhadora.

Não que esse "reflexo" seja uma característica apenas "americana", pois Nietzsche já mostrava (em *Além do bem e do mal*) que conceitos filosóficos, todos eles, não aparecem espontaneamente nem por acaso, e sim "cresceram numa relação de parentesco uns com os outros [...], pertencem de fato a um sistema tanto quanto os espécimes da fauna de uma região: é o que, em última instância, nos revela a segurança com que os filósofos mais diferentes entre si preenchem sempre um mesmo esquema básico de filosofias possíveis. Na forma de um ditado invisível, todos eles percorrem sempre de novo a mesma órbita [...]. O seu pensamento é, na verdade, muito menos descoberta do que reconhecimento e recordação [...]. Deste modo, filosofar é uma espécie de atavismo no mais alto grau".

Isso não quer dizer que esse "atavismo" deixe de comportar consequências político-sociais interessantes. Por exemplo, a partir dos anos de 1970, a "filosofia da libertação" funcionou em toda a América Latina como uma espécie de rótulo para um diversificado conjunto de posições, mas com duas frentes bastante nítidas: o *historicismo*, que privilegia o acontecimento e a alteridade do ente, em oposição ao formalismo e ao ontologismo; o *eticismo*, que faz da ética um discurso mediador (ainda que a ética possa estar silenciada, como uma espécie de latência, nas exegeses dos intelectuais marxistas), com vistas à transformação e à libertação sociais.

Nenhuma dessas tentativas jamais contemplou a possibilidade de uma filosofia com questões não espelhadas na tradição das universidades europeias e norte-americanas colada à universalidade da ciência e à determinação da verdade como um poder desligado de qualquer realidade empírica. Entretanto, hoje, até mesmo os manuais mais elementares advertem que a filosofia não se limita a uma cultura ou a um continente, ao mesmo tempo em que admitem a categoria "filosofias orientais", relativas aos sistemas de crença e pensamento da Índia (hinduísmo, budismo, jainismo e sikhismo), assim como do Extremo Oriente (confucionismo, taoismo, xintoísmo e amidismo). A realidade é que, em todo retorno à *Arkhé* ou a fontes originárias do conhecimento, a filosofia ocidental reencontra (platonicamente) o fundo permanente das origens, lugar dos mitos e das obscuridades. *A África, porém, não costuma ser mencionada.*

A diferença entre o "oriental" e o "ocidental" é geralmente estabelecida pelo critério de predomínio das preocupações seculares no caso do Ocidente e de conhecimento/salvação no caso do Oriente. É um critério precário, como veremos a partir do lugar ocupado pelo budismo no pensamento europeu. Assim, no início do século XIX, filósofos europeus (Hegel, Schopenhauer, Renan, Nietzsche e outros) descobrem o budismo e o interpretam como um *niilismo*[41]. Niilista, para Nietzsche, "é o homem que julga o mundo tal como ele não deveria ser, e que o mundo tal como deveria ser não existe. Deste modo, a existência (agir, sofrer, querer, sentir) não tem nenhum sentido: o *pathos* do *em vão* é o *pathos* niilista" (cf. *Além do bem e do mal*). Mais: "O instinto niilista diz não; a sua afirmação mais moderada é que não ser é melhor do que ser, que o desejo de nada tem mais valor do que querer-viver".

Para Nietzsche, prevalece no budismo o pensamento: "Todo desejo, tudo o que suscita a emoção, esquenta o sangue, leva a atos – é apenas sob essa relação que ele *previne* contra o mal. Pois agir não tem nenhum sentido; agir nos encadeia à existência – mas nenhuma existência tem sentido". O budismo seria, assim, um "niilismo passivo", ao passo que o niilismo assume uma forma ativa na Europa: "O niilismo não é só uma propensão a considerar o "em vão!", nem só a crença de que tudo vale a pena de ser arruinado: mete-se a mão, arruína-se..." Este é o niilismo dos movimentos insurrecionais ou terroristas desesperados, em que os niilistas "destroem para ser destruídos". Feitas algumas diferenças significativas, tanto o cristianismo quanto o budismo são religiões

---

41. Cf. CONCHE, M. *Nietzsche et le bouddhisme*. Paris: Encre Marine, 1997.

niilistas. A primeira, "religião semítica do *não*", provém das classes "oprimidas", enquanto a segunda, "religião ariana do *não*, é criação das classes "dominantes".

O que se nega? O mundo, em sua dificuldade de ser – o *sofrimento* ou a *dor humana*. No cristianismo, isso é inerente ao *espírito* e decorre da *personalidade*, concebida como o fundamento de toda moral e de toda mística. A salvação ou a redenção encontra-se na esperança de um *além*, fora de qualquer prova de realidade. No budismo, por outro lado, troca-se a palavra salvação por "liberação" (*moksha*), que não carece de nenhum *além*, porque consiste na tomada de consciência de uma liberdade que está sempre aí, pois o espírito (*purusha*) ou o *Si* é intocado. O sofrimento é exterior ao espírito, inerente apenas à personalidade. A essas "sabedorias eufóricas", Nietzsche contrapõe a sua sabedoria "trágica" ou "dionisíaca", que consiste em dizer *sim* ao mundo, aceitando-o tal como é, sem nenhuma correção. Aliás, esta é uma atitude que ele atribui ao bramanismo, diferentemente do budismo.

Parece-nos, entretanto, que a recepção do pensamento europeu ao budismo atém-se prioritariamente ao conhecimento metafísico dos caminhos que levariam à liberação absoluta, tirando consequências apenas etnológicas (psicofísicas) da experiência corporal implicada nas técnicas da ioga. Na realidade, a supressão ióguica dos estados que agitam uma consciência normal é o patamar filosófico de passagem para uma consciência qualitativamente diversa e apta a compreender a verdade metafísica.

De fato, como situar filosoficamente o pensamento atinente a uma cultura, como a hindu antiga, para a qual "*o real situado no coração do universo* está refletido nas infinitas profundidades do *self*" ou do si-mesmo humano? Diz Evangeliou: "Parece que a relação aristotélica entre *Nous* e *nous* [Divindade e intelecto] é análoga à relação hindu entre *Brahman* e *atman* [Ser Absoluto e Si mesmo] de que falam os Upanishads [...]. Traduz-se *vidya* como "ciência". Mas o seu sentido pode ser algo mais do que isso. Uma melhor tradução seria "conhecimento intuitivo" ou "intuição" para capturar o significado de "ver", que está na mesma raiz da palavra indiana *vidya*, assim como está na também bela palavra helênica *idea*"[42].

Idea implica tanto ver quanto deixar-se ver, mas não de forma restrita à visão ótica que, no pensamento de Platão, é uma visão abstrata capaz de enxergar

---

42. EVANGELIOU, C. Op. cit., p. 85.

apenas as sombras do real, onde o visível não dá acesso ao invisível. A visão da *idea* é aquela que intui o invisível no visível. Esse tópico recebe outra consideração de Schelling ao falar da identidade absoluta dos elementos subjetivo e objetivo como o ser-uno total: "Quando pensamos em um instrumento sensorial, por exemplo, no órgão da visão, esse é, em cada ponto de sua essência, um ser e um ver, e é, de qualquer modo, apenas um. O ver e o ser relacionam-se entre si não como dois fatores que se reduzem a zero. E, não obstante, o órgão não é apenas ser, abstraído do ver – se o fosse, ele seria apenas matéria – nem mero ver, abstraído do ser – se o fosse, ele não seria órgão. Ao contrário, ele é totalmente ser e totalmente ver. Ele é, *no* ser, também um ver, e, *no* ver, também um ser"[43].

Estamos querendo mostrar que, numa cultura que não separe o real cósmico do humano – como é o caso dos hindus, dos chineses e dos africanos –, *a diátese filosófica é média* (e não ativa), isto é, o processo verbal de pensamento perfaz-se no interior da pessoa, entendida em sua unidade com a comunidade, o que solicita o *corpo*, tanto individual quanto comunitário (a *corporeidade*) como âncora fundamental. Na realidade, pensamento nenhum emerge exclusivamente das palavras (que devem ser, antes, vistas como *meio de expressão*) e sim principalmente da *espacialidade* instaurada pelo corpo em sua vinculação ao entorno ético e existencial, portanto na relação concreta entre homens e natureza.

Não se trata de um pensamento para dentro do indivíduo, oposto a um pensamento voltado para fora – tal como alguns doutrinadores tentam caracterizar a diferença entre o modo de ser oriental e o ocidental. Trata-se, sim, da recusa de separação absoluta entre o dentro (o corpo) e o fora (o mundo), que leva a uma dimensão transbordante quanto às estruturas da representação restrita a palavras. Nesse transbordamento, o sentido é fortemente *metonímico*, isto é, perfaz-se por contato, por contiguidade, o que remete à abordagem peirceana das *isotopias*, entendidas como redes de signos ou interpretantes que se traduzem e se desenvolvem uns aos outros[44].

Nesta perspectiva, esses interpretantes são prioritariamente *índices*, portanto, um tipo de signo que está em conexão dinâmica (donde a relação metoní-

---

43. SCHELLING, F.W.J. Vorlesungen über die Methode des akademischen Studiums. Apud *Schelling – Aforismos para introdução à filosofia da natureza e aforismos sobre filosofia da natureza*. Coleção Folha de S. Paulo, p. 46-49 [Trad. de Márcia C.F. Gonçalves].
44. Cf. ABRIL, G. *Cultura visual, de la semiótica a la política*. Plaza y Valdez Editores, 2013, p. 98-101.

mica) com o objeto individual, assim como com os sentidos e a memória. Diz Abril: "A interpretação indicial sustenta-se sempre sobre um conjunto complexo de conhecimentos, experiências e representações simbólicas e, por isso, os índices operam no interior de *redes indiciais*"[45].

Na formulação de Ernst Bloch, "o corpo do homem é sempre a metade possível de um atlas universal". Supõe-se, portanto, que o real situado no "coração do universo" seja homólogo ao mesmo que transparece no "coração" do corpo – duas metáforas para planos diversos do real. É uma homologia que nega a suposição de um abismo entre homem e mundo, na linha, aliás, do que Schelling descreve em sua filosofia da natureza como um "equilíbrio absoluto entre forças e consciência", predicando a unidade entre matéria e espírito, senão a transparência do *Ser* na concretude do fenômeno em vez da pura abstração da ideia. A reflexão seria a "doença" de um mundo que perdeu esse equilíbrio.

Seja orientalista ou se configure como *afro*, a solicitação do corpo não implica "primitivismo" algum, como se poderia deduzir de um enunciado do tipo "a cultura das sociedades primitivas, por oposição à maior parte das sociedades históricas, visa a tornar possível a vida do corpo: é uma cultura para o corpo"[46]. Na verdade, a solicitação do corpo não exclui o discurso, apenas diz respeito a outra formação discursiva, em que as proposições e as frases cedem lugar prioritário àquilo que Foucault designou como *enunciados*, embora no contexto metodológico de suas investigações filosóficas[47]. Uma dialética das frases, na explicação deleuzeana, "encontra-se sempre submetida a contradição, mais não seja para ultrapassá-la ou aprofundá-la [...]. Os enunciados, pelo contrário, são inseparáveis de um espaço de raridade no qual se distribuem, segundo um princípio de parcimônia ou mesmo de insuficiência. Não existe possível nem virtual no domínio dos enunciados, tudo aí é real, e toda realidade está aí manifesta: só conta aquilo que foi formulado ali, naquele momento, e com aquelas lacunas, aqueles hiatos"[48]. Mais: "Não é preciso ser-se alguém para se produzir um enunciado, e o enunciado não remete para nenhum cogito ou sujeito transcendental que o torne possível, nem para algum eu que o pronuncie pela

---

45. Ibid.
46. GIL, J. *As metamorfoses do corpo*. Lisboa: A Regra do Jogo, 1980, p. 54.
47. Cf. DELEUZE, G. *Foucault*. Lisboa: Ed.Vega, Col. Perfis, p. 19-43.
48. Ibid., p. 21.

primeira vez (ou o re-comece), nem para o espírito do tempo que o conserve, o propague e o recorte novamente".

O que está propriamente em jogo é outra diátese, também afeita às sutilezas do desvelamento originário do mundo. *Origem*, vale deixar bem claro, não é começo, e sim a atualidade manifestada como expansão e continuidade de um princípio que chamamos de *Arkhé*. Esta é *sentida* como irradiação de uma corporeidade ativa, da qual provém a potência (*axé*) com seus modos de comunhão e diferenciação. É o *sensível* enquanto protodisposição originária do comum que engendra a unidade dos sentidos e a conversão analógica (não dialética) de uns nos outros, desvelando a conaturalidade ou o copertencimento entre corpo e mundo.

Isso pode transparecer individualmente na doença ou coletivamente nos mitos, nos ritos, nas artes e nos aforismos, onde se podem divisar *discursos* (com ou sem palavras) de presença da *Arkhé*. Daí a pertinência da categoria *diátese*, que se refere tanto à doença quanto à posição do sujeito frente ao verbo. Diferentemente da diátese ativa e subjetivista do discurso filosófico ocidental, a diátese média da *Arkhé* não se perfaz no mero circuito da fala – escrita ou oral – entre um locutor e um ouvinte, uma vez que o discurso abrange os vivos e os mortos como parte de um processo que funda e atravessa continuamente os sujeitos, tanto "pessoas" quanto "não pessoas".

É verdade que, na Índia, esse desvelamento originário não tem uma história tranquila quando se considera a diferença entre metafísica e mística, portanto, entre o conhecimento propriamente filosófico e a experiência espiritual dos iogues. Numa tradição particular de pensamento, como a da Escola Nyaya-Vaishesika, faz-se uma distinção entre cognição (*jnana*) como um conceito abrangente e conhecimento (*prama/vidya*) como um dos seus subgrupos. A cognição é considerada uma ação, não um produto, o que a torna temporária, embora capaz de deixar traços (*samskara*). Sentimentos como desejo, prazer etc. não são cognições, mas seus objetos, ao passo que o conhecimento é apenas um tipo de cognição com duas possibilidades: a percepção e a inferência, ou seja, tanto a apreensão direta quanto a lógica.

O fato é que não há no pensamento hindu a homogeneidade de uma posição única. Por exemplo, uma linha determinada de interpretação do texto do Advaita Vedanta de Yogavaistha – provavelmente composto entre os séculos XI e XIII para sintetizar o samkhya, a ioga, o budismo e os Upanishads (textos de meditação e filosofia explicativos do *Vedanta*) – caracteriza-se por uma abordagem pragmatista, com acentos modernizantes e extraordinariamente próximos a figuras exponenciais da filosofia europeia, tais como Hobbes, Schopenhauer e Nietzsche. Isto é particularmente notável no ensino oral de pensadores ou de gurus como Krishnamurti e Svâmi Prajnanpad. Este último, aliás, sem jamais ter escrito nenhum livro, pretendeu operar uma modernização de aspectos da sabedoria hindu pela psicanálise freudiana e muito influenciou intelectuais franceses na primeira metade do século XX.

A ioga é apenas um dos seis sistemas (mimansa, vedanta, samkhya, ioga, nyaiya e vaisheshika) da filosofia hindu, que pode ser vista como uma milenar hermenêutica das revelações dos *Vedas*, as quatro obras basilares do pensamento hinduísta. A relevância mística das técnicas ióguicas faz aparecer o primado atribuído às posturas corporais. Mas nenhum dos outros cinco sistemas é apenas especulativo, todos eles mesclam teoria e prática. Na *Yoga-sutra* (aforismos), de Patânjali, as sutis técnicas de concentração têm como horizonte cognitivo o estado-conhecimento chamado *samadhi*, que é uma autorrevelação do Si (*atman*). O conhecimento não é um fim único, buscado por uma "ideia", mas uma ruptura de nível (do mundo fenomênico) e lugar de passagem para um estado de arrebatamento em que o real, conquistado e assimilado pelo conhecimento, leva à fusão de todas as modalidades do ser. Uma verdade (*sathya*) não é o termo definitivo de um processo e sim um atributo (*guna*) ao lado de outros, como paciência, moderação etc., porque se trata efetivamente de equilíbrio do todo e não de um estrito regime lógico de veridicção.

As técnicas implicadas nessas práticas espirituais sempre estiveram associadas ao estudo dos fenômenos naturais e das leis da vida. Tecnologia, se aqui for cabível esta palavra, é algo voltado para dentro, não para fora. Nem racional, nem irracional, a experiência meditativa do *samadhi* é suprarracional, no sentido de que busca uma coincidência, para além dos sentidos imediatos, entre o conhecimento e o objeto ou uma fusão entre espírito e corpo.

Apesar da tensão inerente à diferença entre os místicos e os especulativos (cujas visões ou percepções opõem-se à mística), ambos convergem, no limite, para a superação do que consideram ontologicamente irreal em favor da entrada no plano transcendental do incondicionado ou do absoluto. Não há nesse modo filosófico lugar para a dicotomia entre um corpo perecível ("O corpo, esse trapo!", na formulação jansenista de Pascal) e uma alma à espera do resgate para a imortalidade por meio da adesão incondicionada a uma divindade mirífica com poderes absolutos, seja Deus ou Alá. *Islam* significa literalmente, em árabe, "submissão", mas tanto no islamismo quanto no cristianismo a expectativa teológica é de submissão (não à fé) ao imperativo da crença.

Na *Yoga-sutra*, trata-se de liberação humana, mais precisamente, de libertação do homem de sua limitativa condição humana, não para levá-lo a aderir ao incondicionado (o divino), mas para ele próprio realizar o incondicionado, isto é, transformar-se ontologicamente por meio da "tomada de posse de si mesmo". Esta é uma perspectiva bastante próxima do homem-deus (o sábio) na filosofia platônica e aristotélica, para a qual o ativo intelecto humano (o *nous*) viabiliza o contato com o *Nous* divino, o que torna o homem *homoousios*, ou seja, da mesma essência da *ousia* como intelecto divino.

Mas esta mesma perspectiva é distante daquilo que veio a se chamar de "filósofo" porque este não tem como o *homoousios* uma relação direta com o "todo" (*holon*): a filosofia pós-socrática consiste numa busca "segundo o todo" (*kat holu*). É isto que, para Aristóteles (na *Metafísica*) distingue Sócrates de seus predecessores por conduzir o espírito da diversidade dos fenômenos à unidade do conceito. Com Sócrates, na visão aristotélica, não mais se trata de refletir sobre o todo ou mesmo sobre a *Arkhé* e sim de pensar "segundo o todo", o que implica conceito e universalidade.

Surge aqui, então, a exigência de alguma clareza quanto à definição de *discurso filosófico*, tal como aparece em Kojève: "É *filosófica* qualquer "ciência" (e, logo, toda "ciência" ou, se quiserem, a "Ciência") que fala não só *disso de que* ela fala, mas também do fato de que ela *fala* disso e que é *ela* quem fala"[49]. Comenta Descombes que esta definição tem o mérito da simplicidade de seu critério, ainda mais exemplificado: "[Aquele que diz]: 'Tudo isso de que eu falo é interação de átomos, jogo de forças' pronunciou um enunciado (verdadeiro ou falso, pouco importa aqui) que pertence a *uma ciência*; mas se o mesmo locutor acaba dizendo 'tudo é jogo de forças' então produziu um enunciado *filosófico*, pois o todo inclui não só isso de que ele falava inicialmente, mas também ele mesmo quem fala, e é preciso que ele assuma o que está implicitamente afirmado em

---

49. KOJÈVE, A. *Essai d'une histoire raisonnée de la philosophie païenne*. Tomo I. Gallimard, 1968, p. 30. Esta citação é retomada com comentários e acréscimos em DESCOMBES, V. *L'inconscient malgré lui*. Minuit, 1977, p. 143.

sua asserção: a natureza *daquilo que é* está dita como jogo de forças ou interação de átomos, logo a própria linguagem e o discurso sobre os átomos são jogo de forças ou interação dos átomos; esta tese é filosófica"[50]. Em outras palavras, o discurso filosófico não se articula com questões específicas de tempo e espaço (afeitas à prova da verdade) e sim com o *jogo teórico-conceitual* de um pensador.

Ora, no plano tido como "elevado" do pensamento e em que se inscreve a filosofia, o aqui e agora da sensação individual que tenta abordar o indizível do discurso (esfera da mística) é posto de lado pela pretensa universalidade da abordagem (discursivamente filosófica) do dizível, embora em ambos os casos se faça presente um sujeito da enunciação (um *quem* fala), diferentemente da ciência positiva, que suprime esse sujeito. Um "profissional" da filosofia como Gianni Vattimo (professor, escritor, jornalista e político) pode até mesmo escrever na primeira pessoa e justificar-se pela realização de um projeto comum de natureza religiosa, assim como seu parceiro Richard Rorty pode "curvar-se sobre a imaginação pessoal" ou fazer da filosofia apenas uma prática textual "para a redefinição de nós mesmos"[51].

Esse tipo de posicionamento, manifestado como liberdade filosófica na direção de um projeto emancipatório, permanece, entretanto, dentro dos limites euroacadêmicos da disciplina, uma vez que Vattimo não consegue reconhecer como tal o que se encontra *extramuros*: "Quando vamos buscar filosofia nos mundos extraocidentais, só a encontramos a preço de um certo forcejamento: Chamar de filosofia o Vedanta, os Vedas, os Upanishads etc.? Eu estou convicto de que a filosofia é uma ciência histórica não apenas no sentido do que se disse, mas também no sentido de que nasceu com uma história da cultura e com uma certa cultura histórica"[52].

Divisa-se aí certo embaraço para o profissional de filosofia (professor, escritor), compelido pelo arbítrio da escrita a dar sua interpretação pessoal dos conteúdos e dos modos históricos de apresentação dos saberes tidos como fundamentais ou primeiros. Diferentemente, no pensamento hindu, além da busca direta do todo pela sensação individual, concorrem aspectos manifestamente "religiosos" ao se constituir uma linha divisória entre a vida sagrada e a profa-

---

50. Ibid.
51. Cf. VATTIMO, G. *Vocazione e responsabilità del filosofo*. Il Melangolo, 2000, p. 113.
52. Ibid., p. 115.

na: Ao contrário do filósofo helênico, o *yogin* regido pela tradição dos *shastras* (livros sacros) é atraído por uma esfera transcendente, afastando-se da vida comum ou societária e buscando uma proximidade com o cosmo, orientada para a unificação do corpo com os ritmos da natureza.

A intensidade existencial da fronteira entre o sagrado e o profano pode variar segundo a diversidade das culturas em que a diátese reflexiva é média, mas elas têm em comum o substrato pregnante de uma *Arkhé*, isto é, a inscrição da origem e do destino dentro do próprio espaço geográfico onde a sociedade moderna pretende garantir-se a todo custo pela dialética da história e pela lei estrutural de organização do mundo, que é o capital. Só que o simbolismo da liturgia e dos mitos permanece, em meio ao império do racionalismo empirista, como uma porta de acesso a imagens originárias e transcendentes.

Essa porta foi implicitamente sugerida pelo poeta americano Ezra Pound em sua conhecida classificação das formas poéticas: *melopeia*, *fanopeia* e *logopeia*. A primeira refere-se à prevalência da musicalidade na poesia, a segunda às imagens, e a terceira à dimensão das palavras. Se a transpusermos para o plano do pensamento, a diátese ativa característica da filosofia platônica e aristotélica tem a ver com a *logopeia* (portanto, com a lógica instrumental do discurso ou dos enunciados), ao passo que a música (como técnica ritualística de agregação de homens entre si e de humanos com divindades) e as imagens (que ensejam o deslocamento do espaço-tempo, temporalizando e espacializando o novo), logo *melopeia* e *fanopeia*, predominam na diátese média típica da filosofia oriental e africana. É em torno desse predomínio diferencial que estamos discorrendo.

2
Filosofia a toque de atabaques

> *Y bien,*
> *ahora*
> *os pregunto:*
> *No véis*
> *estes tambores*
> *en mis ojos?*
> Nicolás Guillén

De modo análogo à atitude hindu, um claro exemplo desse outro tipo de configuração simbólica é oferecido pelo pensamento nagô, que atesta e continuamente confirma a presença na história nacional de um complexo paradigma civilizatório, diferencialmente distante do modelo europeu centrado nos poderes da organização capitalista e da racionalidade dos signos.

Esse paradigma corresponde a um complexo cultural – cujas origens remontam à Nigéria e a Benin (ex-Daomé) – que compreende *nações* conhecidas como Egbá, Egbádo, Ijebu, Ijexá, Ketu, Sabé, Iaba, Anagô e Eyó, incorporando traços dos Adja, Fon, Huedá, Mali, Jegum e outros conhecidos no Brasil com o nome genérico de Jeje. Em termos históricos e geográficos, essas nações provinham da Costa da Mina (área que hoje abrange Benin, Nigéria e Togo) e começaram a chegar ao Porto de Salvador, na Bahia, em fins do século XVIII, como moeda de troca africana para a aquisição de fumo produzido no recôncavo baiano[53]. Já no século XIX, os últimos grupos chegados foram os jejes (de língua *fon*, também conhecidos como ewês) e os nagôs. Nagô tornou-se um nome genérico para a diversidade do complexo cultural, na verdade equivalente à palavra *iorubá*, designativa dos falantes desta língua, que em determinados momentos teve trânsito mais amplo na África. A insistência na denominação

---

53. Cf. VERGER, P. *Fluxo e refluxo do tráfico de escravos entre o Golfo do Benin e a Bahia de todos os Santos:* dos séculos XVII a XIX. Ed. Corrupio, 1987.

"nagô" – mas também "jeje-nagô" – conota, para nós, a pouca familiaridade brasileira com a diversidade étnica dos escravos, mas ao mesmo tempo a preponderância do comércio intenso entre a Bahia e a costa da África Ocidental, portanto, a manutenção do contato permanente entre os nagôs da diáspora escrava e as suas regiões de origem.

Quanto a *Arkhé*, é termo grego a ser por nós acentuado tanto no sentido de "origem" como no sentido (aristotélico) de "princípio material" das coisas. Explana Burnet: "É muito natural que ele tenha sido adotado por Teofrasto e por autores posteriores, pois todos partiram da célebre passagem da *Física* em que Aristóteles classifica seus predecessores conforme eles houvessem postulado uma ou mais *arkhai* (princípios materiais)"[54].

A *Arkhé* africana pode ser dita *igbá iwa axé*, em iorubá. Mas é ritualmente especificada pela palavra *axexê*, a cerimônia em que, por ocasião da morte de um membro da comunidade, são reverenciados os ancestrais, a origem das linhagens. Um poema laudatório (*oriki*) estatui: *Mo juba* (saúdo e venero) / *Gbogbó àsèsè tinu ara* (a todas as origens do corpo comum) / *Bibé bibé lo bi wa* (nascimento do nascimento que traz a existência). Citada pelo pesquisador e fotógrafo Pierre Verger, existe, entretanto, outra grafia – *ipilesê* e *isesê* – própria para "aquilo que se encontra, vindo de nossos ancestrais, quando chegamos ao mundo: *Ipilese enia ni a npe isese*, isto é, segundo os iorubás, 'a origem de alguém é aquilo que denominamos isese'". Mas se estabelecermos uma analogia entre o grego e o nagô, as próprias divindades (*orixás*) são *Arkhai*, isto é, princípios a serem cultuados como *theos* ou como epítetos divinos.

Esse *princípio é propriamente filosófico* (pois não se trata apenas de crença religiosa, mas *principalmente* de pensamento cosmológico e de ética, cuja terminologia é variável) com roupagem religiosa, ou seja, pertencente a uma *filosofia trágica*, que afirma o divino como uma faceta da vida, *mas sem teologia*. Nessa composição complexa – uma metade é claramente humana, a outra pertence à ordem do "suprarracional" ou do "divino" – reencontra-se a posição platônica (no *Banquete*) que faz a filosofia grega equivaler a *Amor*, ou seja, o humano diretamente relacionado a um *daimon* (*Eros*). A outra metade do pensamento nagô é constituída por *orixás* e ancestrais.

---

54. BURNET, J. Op. cit., p. 28.

A esse pensamento se deveram a recriação e a preservação de uma forma social caracterizada por organizações litúrgicas (*egbé*) ou comunidades-terreiros, que se firmaram como polos de irradiação de um complexo sistema simbólico, continuador de uma tradição de culto a divindades ou princípios cosmológicos (*orixás*) e ancestrais ilustres (*egun*). Assim como o *Eros* platônico não é mera entidade religiosa, mas o princípio motor de uma dinâmica que busca compensar por plenitude (*poros*) uma carência ou uma penúria (*penia*), os orixás nagôs são zelados como princípios cosmológicos contemplados no horizonte de restituição de uma soberania existencial. Soberania aqui significa a reelaboração de um pertencimento, que ficou em suspenso por efeito da migração forçada, da escravatura. Apenas viver, apenas ser indivíduo são contingências fracas diante da necessidade existencial do *pertencimento* ao grupo originário, de onde procedem os imperativos cosmológicos e éticos. Dizer "roupagem", portanto, não é atribuir à religiosidade um lugar superficial ou secundário, mas principalmente afirmar que o cerne da questão em jogo é a continuidade de outra forma coletiva de subjetivação, diante de um dilema histórico particular (o da diáspora escrava), para a qual o fenômeno do culto é a roupagem adequada.

Isso vale para muito tempo atrás na história brasileira, mas também para o presente conforme se depreende de pequenos depoimentos de dirigentes mais jovens das comunidades-terreiros: "Quando recebi a incumbência de me tornar um dos líderes desta comunidade, sendo consagrado *Otun Alagbá n'ilê Axipá*, assumi o compromisso de zelar por este terreiro [...]. Diariamente, renovamos, através do Ilê Axipá, a nossa identidade como indivíduos e como grupo, levando adiante o nome e a presença de uma das famílias fundadoras de Ketu [...]. A palavra que cantamos em nosso culto é a mesma palavra que cantam os Axipá de Ketu, lá na África. Ecoa por lá o mesmo toque dos atabaques que batem por aqui. Continuamos, continuaremos"[55].

É perfeitamente aplicável à comunidade litúrgica nagô aquilo que o filósofo Badiou (embora se referindo ao *demos* moderno) entende por *organização* ou *disciplina do acontecimento*: "É a possibilidade de uma fragmentação eficaz da ideia em ações, declarações, invenções, que testemunham uma *fidelidade ao acontecimento*. Uma organização é, em suma, aquilo que se declara coletiva-

---

55. Cf. José Félix dos Santos, liderança de uma comunidade de culto aos ancestrais em Salvador.

mente adequado tanto ao acontecimento quanto à ideia numa duração que se refez como a do mundo"⁵⁶.

De que acontecimento nagô se trata? Em princípio, o acontecimento antitético à *desterritorialização* exercida pelo Ocidente contra a África, responsável pela destruição de estruturas socioeconômicas e pela dessacralização de formas originais de vida. Em termos concretamente historiográficos, o acontecimento da origem africana (imemorial), assim como da resistência (memorial) à sua violação, em consequência da escravidão transatlântica (a primeira a se basear em critérios exclusivamente raciais), portanto, da *diáspora escrava*, responsável pela migração de vários milhões de africanos para o território brasileiro ao longo de séculos: O Brasil foi comprovadamente o maior comprador de escravos das Américas, disseminando-os ao longo de todo o seu território nacional.

A historiografia africana é pródiga no relato das guerras entre etnias – por exemplo, de como a cidade nagô de Ketu foi conquistada e arrasada pelo Rei Ghezo (1818-1858), de Daomé (hoje, Benin), que vendeu levas de cativos aos portugueses em benefício da prosperidade de seu reino – e das incursões guerreiras dos escravagistas naquele continente. A singularidade do processo de africanização de Salvador, Bahia – etapa importante desse acontecimento – foi frisada por vários cronistas estrangeiros do passado. Sabe-se que boa parte dos africanos trazidos como escravos era composta de presos políticos por lutas contra-hegemônicas na África. Muitos deles eram pessoas de alto nível intelectual. Enquanto da Europa vinham degredados, da África vinham príncipes, princesas e sacerdotes, a exemplo de Otampê Ojaró, filha gêmea do Alaketu (rei de Ketu), fundadora do primeiro terreiro de Ketu na Bahia, sucedida por sua filha brasileira Iya Akobiodé. Uma elite africana formou-se aqui por meio de um implícito pacto simbólico entre indivíduos de etnias diferentes, a despeito das hostilidades entre crioulos (nascidos no Brasil) e africanos da Costa da Mina ou Costa dos Escravos.

Nos termos de Badiou, o *acontecimento* originário comporta a ideia do *trauma* (no caso, a diáspora escrava) e da *restauração* (a continuidade da *Arkhé*). Quanto à *organização*, é uma tentativa de "guardar as características do acontecimento (intensificação, contração, localização), na medida em que o acontecimento enquanto tal não tem mais a sua potência de começo. No vazio subjetivo

---

56. Cf. BADIOU, A. *Le réveil de l'histoire*. Nouvelles Éditions Lignes, 2011, p. 105.

em que se mantém a ideia, a organização é a transformação da potência do acontecimento em temporalidade"[57]. Essa "guarda do acontecimento" implica evidentemente uma memória grupal, que pode ser descrita, ao modo do sociólogo Maurice Halbwachs – discípulo de Bergson e de Dürkheim – por traços de *coletivismo* (uma visão sinóptica das memórias individuais), de *presenteísmo* (a representação da origem depende do aqui e agora) e de *espacialidade* (as representações são suscitadas pela construção de um território específico).

Impregnada por uma atmosfera afetiva estruturante, a memória incide principalmente sobre um modo de ser e de pensar afetado pela territorialização que, no caso dos nagôs, dá margem a vínculos comunitários particulares: é o *egbé* ou comunidade litúrgica, ou seja, um local que contrai, por metáfora espacial, o solo mítico da origem e o faz equivaler-se a uma parte do território histórico da diáspora, intensificando ritualmente as crenças e o pensamento próprios. Não se trata exatamente de um espaço "social", no sentido euromoderno do termo, mas ritualístico ou, nos termos de Sayad (sociólogo debruçado sobre os "paradoxos da alteridade" no fenômeno da emigração/imigração), de um "espaço nostálgico". Descarta-se a acepção romântica de "nostalgia" em favor do anterior sentido médico desta palavra, que implicava contaminação de afetos, portanto, o lugar aberto a um largo espectro afetivo, "um espaço vivo, um espaço concreto qualitativa, emocional e passionalmente falando"[58].

Revela-se plena aqui a importância do traço memorial da *espacialidade*. É que todo e qualquer racismo exacerba-se precisamente no instante da proximidade, como esclarece Enriquez a propósito da rejeição ao imigrante: "[...] no momento em que o estrangeiro vive simultaneamente como estrangeiro (com seus costumes, seu comportamento) e como semelhante, no momento em que pode ser acusado de não querer se assimilar e de querer ser assimilado demais, no momento em que a sua diferença é insuportável e sua semelhança intolerável [...]"[59]. Não se trata, portanto, do efeito "natural" de uma identidade étnica do espírito, mas de uma determinada associação de ideias no espírito.

---

57. Ibid.
58. SAYAD, A. Le retour, élément constitutif de la condition de l'immigré. *Migrations et société*, vol. X, n. 57, 1988, p. 9-45.
59. ENRIQUEZ, E. Caminhos para o outro, caminhos para si. *Sociedade e Estado*, IX/l.2, 1994, p. 103. UnB.

Embora em contexto diferente, esse argumento evoca a reflexão de Hume sobre como a natureza humana ultrapassa empiricamente o espírito por meio de regras, como, por exemplo, a da associação. Assim, "quando colocamos corpos em ordem, nunca deixamos de posicionar contíguos uns aos outros aqueles que se assemelham ou que, pelo menos, sejam vistos sob pontos de vista correspondentes. Por que isso? Só pode ser porque experimentamos uma satisfação em unir a relação de contiguidade à de semelhança, ou a semelhança das situações à semelhança das qualidades"[60]. Para o empirista inglês, é a própria natureza humana que associa as ideias por imaginação, por regularidade ou por relação, gerando efeitos de fácil transição de uma ideia a outra e sugerindo uma tendência do espírito.

De fato, a semelhança sugere proximidade de territórios e de corpos, daí implicar sempre o racismo uma desterritorialização – do Mesmo ou do Outro. Abandonando o seu lugar predeterminado, o Outro (o migrante, o diferente) é conotado como o intruso que ameaça dividir o lugar do Mesmo hegemônico. O Outro é aquele que supostamente "não conhece o seu lugar" – assim se expressa o senso comum discriminatório –, isto é, aproxima-se demais, rompendo com a separação dos lugares em todas as configurações possíveis (ego, corpo, vizinhança etc.) e deste modo conspurcando a pureza pressuposta de uma hierarquia territorial. A aversão ao Outro se intensifica com o seu deslocamento territorial: O diferente (o negro, o índio etc.) está ali onde não deveria, assim como o suflê preparado por um grande cozinheiro, antes lindo no prato sobre a toalha da mesa, poderia inspirar aversão se colocado sobre o lençol da cama[61].

Por esse motivo, de acordo com Sayad, na diáspora ou no exílio, o emigrante e o imigrante são a mesma coisa. Em termos sociológicos, isso constituiria um "paradoxo marcante", mas não em termos eventualmente poéticos ou eventualmente filosóficos. Poético, por exemplo, é um texto (1914) de Mário de Sá-Carneiro, expoente do modernismo português, que bem resume essa condi-

---

60. HUME, D. *Traité de la nature humaine*. Aubier, 1946, p. 513. Estamos citando aqui a referência de DELEUZE, G. *Empirismo e subjetividade* – Ensaio sobre a natureza humana segundo Hume. Editora 34, 2001, p. 15.

61. Mas é preciso levar em conta os elementos de estesia implicados no argumento de territorialidade própria. Um exemplo: Em maio de 2016, a propósito do jogador Jérôme Boateng (filho de pai ganês e mãe alemã), do Bayern de Munique e da seleção alemã, o político Alexander Gauland (da extrema-direita alemã) afirmou ao jornal *Frankfurter Allgemeine Sonntagszeitung* que "as pessoas o consideram um bom jogador de futebol, mas não querem um Boateng como vizinho". É que a fenotipia escura costuma ser rejeitada ainda que o indivíduo visado tenha a mesma nacionalidade dos que o rejeitam.

ção: "Eu não sou eu nem o outro / sou qualquer coisa de intermédio... /". Filosófica, por sua vez, é a argumentação heideggeriana (a propósito do "ser presença" em *Ser e tempo*), segundo a qual toda presença é "temporalidade extática" (ou "ek-estática"), o que significa "ser em si mesmo fora de si e para além de si mesmo". Em termos menos abstrusos, uma existência singular qualquer está temporalmente tanto "em casa" quanto fora dela, numa espécie de entre-ser, num permanente exílio.

Isso é certamente por demais abstrato para dar conta do exílio *sentido e vivido* pelo migrante. Daí a ideia sociológica de *tradição* como uma comunicação intergeracional, em que as reminiscências individuais encontram solo propício em formas coletivas como os mitos e os ritos. Deste modo, pode dar-se, como é o caso dos nagôs, que o acontecimento da diáspora escrava – onde o imigrante, aquela "qualquer coisa intermédia" que, diferentemente do imigrante dos tempos recentes, não detinha sequer o estatuto moral de "pessoa" – se transforme historicamente num pacto simbólico em torno da restauração de poderes míticos e representações que se projetam na linguagem – atuada, proferida, cantada – do terreiro e nos modos afetivos (fé, crenças, alegria) de articulação das experiências.

O problema, entretanto, está em se avaliar a natureza dessa projeção na linguagem em face do modelo de pensamento inaugurado por Platão e Aristóteles, que permite separar as especulações racionalistas (inerentes aos filósofos *stricto-sensu*) dos *gnomai* (aforismos, preceitos), inerentes a poetas ou sábios como Homero, Píndaro, Hesíodo, e das *doxai* (opiniões), inerentes aos pensadores pré-socráticos. Este modelo atém-se ao critério da racionalidade metódica dos enunciados filosóficos, mas o critério da diátese aponta para outro caminho diferencial, que desloca a voz ativa de sujeitos de pensamento para a voz média de sujeitos-objetos do ato de *pensar-vivendo* (e não *viver pensando*), isto é, sem intelectualizar ou fazer do pensamento uma esfera cognitiva à parte da vida comum.

Aqui se observa algo comum a um momento da doutrina das ideias na filosofia europeia contemporânea quando Deleuze concebe (em *Diferença e repetição*) a ideia como um complexo de problemas, coexistente com outras ideias problemáticas e gerador de zonas de obscuridade. Diferentemente da ideia imóvel, transcendente e essencial de Platão, a ideia em Deleuze é uma multiplicidade "ao lado dos acontecimentos, das afecções, dos acidentes". Isso quer dizer que o fundamento ontológico ou a identidade de figurações metafísicas como "eu" ou "Deus" desaparece em função dos acontecimentos múltiplos que constituem a condição de um problema. Não sendo essência, mas movimentação do pensamento, a ideia só existe na medida em que se *comunica*, isto é, em que se *vincula* a outras ideias.

Ora, essa complexa argumentação acadêmica, que remete primeiramente a Platão e depois a Kant, encontra uma singular correspondência no modo como os nagôs conhecem um objeto, não apenas como um dado resultante de um desenvolvimento cerebral, mas como fruto da habilidade adquirida nas relações com o mundo, cercando-o de todos os lados possíveis, fazendo-o *circular* e buscando uma síntese capaz de fazer-se ou desfazer-se segundo as circunstâncias práticas em que se desenvolve o pensamento. O princípio dessa movimentação dá nome a uma entidade mítica (*Exu*), cujo transporte de fala e noções não é, entretanto, *dialético* (como no movimento das ideias descrito por Deleuze), por comportar a sustentação do conflito ou da contradição como uma espécie de *tertium datur* que não é superável.

Na expressão oral ou escrita desse contexto se tornam muito significativos os aforismos, geralmente elaborações de valor local, que não pretendem coincidir com uma verdade única, mas abertas a conexões associativas. Isto não significa submeter o pensamento à lógica do senso comum, que apenas reproduz o visível das representações cotidianas, mas fazê-lo refletir e guardar tanto o visível quanto o invisível do tecido simbólico constitutivo do *comum* fundamental e inerente ao grupo. O pensamento da *Arkhé* comunga com toda filosofia do sentido de *reconstrução* das formas de existência. Uma frase favorita do poeta Ferreira Gullar é aqui pertinente: "A vida não basta". Ou seja, é imperioso reconstruí-la, reinventá-la, principalmente por meio da arte.

O círculo discursivo hegemônico chama de "filósofo" o sujeito intelectualizado da diátese ativa (suscetível de ser identificado como "autor", a exemplo de Platão) e de "sábio" o suporte da diátese média, que não individualiza a autoria de seus pensamentos expressos em máximas, aforismos ou nos enunciados da memória mitológica, por sua vez constituída como *sujeito coletivo de pensamento*. Para legitimar-se, o filósofo precisa da escola, seja como agente administrativo de um ensino, seja como fonte de argumentos academicamente reconhecidos. A memória "mitológica", porém, não consiste em um corpo doutrinário articulado, portanto, em nenhuma exposição dogmática nem raciocínios formais, e sim em um repertório cultural de invocações, saudações, cantigas, danças, comidas, lendas, parábolas e símbolos cosmológicos, que se transmite de forma iniciática no quadro litúrgico do terreiro e, no âmbito da sociedade global, expandindo-se nas descrições assim como nas interpretações escritas ou livrescas.

A forma iniciática não é um mero recurso do saber esotérico, mas a opacidade mística que acompanha toda abertura quanto aos modos fundamentais de ser, isto é, quanto à *Arkhé*. Entretanto, diferentemente de outras, a mística *afro* não comporta milenarismo nem eremitismo, por estar visceralmente marcada pela temporalidade do aqui e agora e pela força da diátese média, centrada na corporeidade coletiva. Isso se sintetiza na palavra sul-africana *Ubuntu*, que é um *verbo-substantivo*: significa homem enquanto humanidade, ou seja, para ser percebido como humano, o indivíduo *é, sendo* junto a *Outro*. É uma palavra que resume o conceito de *transcendência* enquanto condição exclusiva do homem: o dirigir-se para algo além de si mesmo, para *Outro*, portanto.

Na verdade, esse conceito comparece em vários outros contextos africanos, quando se afirma a primazia ontológica da comunidade sobre o indivíduo, a exemplo de juízos como "eu sou, porque nós somos; e uma vez que somos, então eu sou" (John Mbiti). Em seu modo de ser, a transcendência não requer o relacionamento empírico com sujeito e objeto, posto que, como estrutura ontológica, ela é inerente ao ser homem por consistir na presença do Outro e suas diferenças. Isto é o que indica radicalmente Aristóteles em *De anima*: "O modo de ser do homem é de alguma maneira todas as realizações".

Na *Arkhé* nagô, o corpo empírico torna-se possível pela corporeidade – transcendental – do grupo. E na diáspora escrava, *Arkhé é a própria continuidade do grupo. Origem é destino, Arkhé é Eskaton, como em Heráclito, a origem transmitida entre as gerações como uma latente mensagem imemorial*. É pertinente a analogia com o pensamento helênico, que não se subsumia a um histórico "começo dos começos", mas ao *valor* da origem, portanto, a *princípios* inaugurais. Mas há outras analogias possíveis, inclusive com o pensamento contemporâneo, quando se trata de conceituar *arqueologia* em oposição a *história*, tal como faz Ebeling: "Enquanto o historiador pesquisa o passado, isto é, aquilo *que surgiu* [*das Entsprungene*], o arqueólogo busca os traços áureos do passado efetivo [*wirksamer*], ou seja, *daquilo que dá a surgir* [*Entspringendem*] ou *codificar* [*Codierendem*]"[62]. Ou seja, a origem ou *Arkhé* constitui a tempo-

---

62. EBELING, K. *Wilde Archaologien I* – Theorien der materiellen Kultur von Kant bis Kittler. Berlim: Kadmos, 2012, p. 13.

ralidade que outorga existência e sentido aos fatos, não como uma fonte inefável de realidades ou como uma estrutura que confirme a validade dos atos existenciais, e sim como uma "disposição" que se constrói historicamente na diáspora. Materialmente, a *Arkhé* não existe, mas é – O quê? Um "coração", uma originária protodisposição afetiva (a *Befindlichkeit* heideggeriana) geradora de tonalidades afetivas ou *Stimmungen*.

Não se trata da nostalgia do antigo, portanto, de nenhuma reminiscência romântica, nenhuma forma de um espírito original, nem de qualquer *apelo* memorial a um começo. Trata-se, sim, de um *eterno retorno* ou um *eterno renascimento*, um *logos* circular (o fim é a origem, a origem é o fim), que se subtrai às tentativas puramente racionais de apreensão enquanto algo de fundamental de que não se recorda nem se fala, mas não falta, pois se simboliza no culto – *naturista*, como na Ásia Oriental e na Índia – aos princípios cosmológicos (os orixás, as divindades) e aos ancestrais.

Cosmológico aqui deve ser entendido a partir do significado grego de *kosmos*, que é o universo ordenado, a "natureza invisível", que Paracelso fazia equivaler à própria filosofia, enquanto que a natureza – concebida como agência ou sujeito – seria "a filosofia tornada visível, manifesta". Natureza, nessa constelação de saber, não é paisagem a ser contemplada ou ser transformada em função da produção, mas a cena dos fenômenos relativos à matéria de que é feito o mundo. Os ancestrais, por outro lado, dizem respeito à ordenação ética do grupo, portanto ao desejo imemorial de continuidade do grupo tal e qual ele existe. Divindades e antepassados fazem um apelo, geralmente obscurecido pelo segredo iniciático, aos princípios inaugurais, logo, a uma *circularidade* que alimenta o pensamento, seja este africano ou ocidental.

O lado ocidental dessa constelação de pensamento pode ser descrito por um episódio da doxografia helênica em que um famoso sofista, retornando a Atenas após uma viagem pela Ásia Menor, depara-se com Sócrates em plena praça pública, perguntando a um sapateiro: "O que é isso, um sapato?" E com ar superior, inquire: "Você sempre aí, Sócrates, no mesmo lugar, dizendo o mesmo sobre a mesma coisa?" Ao que Sócrates retruca ironicamente: "É o que faz sempre o filósofo, amigo da sabedoria, ao passo que o sofista, sendo sábio em todos os lugares por onde passa, nunca diz o mesmo sobre a mesma coisa!"

Subtende-se na resposta socrática não a influência vulgar da "mesmice", mas o vigor da circularidade que sustenta o pensamento, proclamado por Parmênides. De fato, ao identificar o Ser (para ele, o real, imóvel e em puro repouso) a um "coração intrépido" (*atremes etor*), referindo-se ao guerreiro que não "treme" na defesa da *polis*, o pré-socrático Parmênides afirma a identidade como uma verdade que está sempre aí, mas também sempre dita de maneira originária para ser obtida. A verdade está no interior de um círculo ilimitado que incita, se não engendra, o pensamento, *aletheies eukukleos atremes etor*, isto é, a verdade da perfeita circularidade entre o fim e a origem contida na pergunta – "O que é o ser de todo ser?" – da mesma coisa sobre a mesma coisa.

A ocidental provocação à Arkhé é análoga à africana, em que o segredo iniciático obscurece, mas densifica o pensamento.

A analogia pode também estender-se individualmente a filósofos contemporâneos como Wittgenstein e Heidegger, quando a obscuridade (a abordagem da *mysis*, do que se cala) comparece em questões originárias. Wittgenstein dá um raro estatuto ao indizível ou ao místico: "Não é *como* as coisas estão no mundo que é o místico, e sim que ele exista". Ou seja, místico é o fato puro e simples da existência do mundo, donde "o sentido do mundo" e "qualquer valor que tenha valor" tornam-se instâncias do místico, de modo que nada pode ser dito a respeito destas questões – "a ética não pode ser posta em palavras". Existe, assim, para ele, o inexprimível, que é o elemento místico. Apenas o místico não poderia ser identificado *em* palavras, mas *sem* palavras sim, já que é uma *Arkhé* subsistente na linguagem ao modo de um pano de fundo oculto em meio aos protocolos de entendimento.

O que buscam as elucidações propostas por Wittgenstein é, no limite, uma linguagem radicalmente comum capaz de descrever o mundo dos fenômenos. Mas é também uma busca radicalmente antissocrática, porque essa linguagem referida por Wittgenstein reduz a filosofia e todo o seu investimento ético e político à tarefa epistemológica (mesmo sem usar esta palavra) de preparar o caminho para a emergência da ciência natural, à qual caberia o monopólio do conhecimento verdadeiro. Como ele assevera em seu *Tractatus logico-philosophicus*, "o método correto em filosofia seria este: Não dizer nada, exceto o que pode ser dito, isto é, as proposições da ciência natural, isto é, algo que não tem nada a ver com filosofia". E depois nas *Investigações filosóficas*: "Os problemas que emergem da má interpretação de nossas formas de linguagem têm o caráter de *profundidade*. Eles são profundas inquietações; suas raízes são tão profundas em nós como as formas de nossa linguagem, e sua significação é tão grande quanto a importância de nossa linguagem. – Interroguemos a nós mesmos: Por que achamos que uma piada gramatical é *profunda*? (É isto em que consiste a profundidade da filosofia.)" Esta evidente desqualificação da filosofia (em que a metafísica e a teologia não passam de "divagações") dá origem ao Círculo de Viena e ao positivismo lógico, a filosofia austríaca dos anos de 1920 e 1930.

Nada disso repercute em Heidegger, que usa a opacidade da linguagem como um caminho metodológico para o exame do mistério central da existência, o *Ser*. Ele não é certamente o único no círculo filosófico: sabe-se do horror que inspirava a Schopenhauer a possibilidade de que seus textos viessem a ser dissecados por universitários. Mas Heidegger foi descrito certa vez pela filósofa Hannah Arendt como "o rei *secreto* do pensamento". A alusão a "segredo" deixa implícito o requisito de uma "iniciação" a esse pensamento avesso, em última análise, à linearidade argumentativa dos discursos do entendimento habitual. O que esse filósofo adverte quanto à compreensão de Heráclito vale para ele próprio: "O caminho é árduo de percorrer. A obscuridade reina e a escuridão carece de luz. Mas se um iniciado for o vosso guia, o caminho brilhará mais claro do que a luz do sol".

O fato é que, insatisfeito com os legados de Platão e de Aristóteles (tanto as ideias como matrizes de forma perfeita quanto os princípios dinâmicos que fundamentam a ciência e a tecnologia), Heidegger insiste numa forma *mais autêntica* de pensar, em que o *logos* (a linguagem) deixaria transparecer de modo imediato a qualidade e o atributo de ser, o que termina aproximando o pensador da ambiguidade ou da obscuridade típicas do discurso oracular. Por isso, impõe-se que a escuta pertença, por especial vivência, a ouvidos iniciados na vibração poética ou secreta das palavras, supostamente homólogas ao Ser, enquanto ecos de um *logos* originário.

Na verdade, essa obscura vibração está presente, muito antes de Heidegger, na filosofia da natureza de Schelling, por exemplo, quando este, ao escrever sobre a essência da liberdade humana, distingue "o ser na medida em que existe e esse mesmo ser na medida em que é fundamento da existência": o ser não é a ideia de algo "dado", e sim de uma "atividade absoluta" da natureza, de onde proviria a mais originária revelação da verdade. Nessa trilha, para Heidegger, como tudo isso foi deixado de lado na Europa, o *Ser* teria sido *esquecido*. Que "Ser" é este? O mistério existencial latente no modo metafísico-científico de ver o mundo há mais de dois milênios e meio.

Em outras palavras, o Ser é a Arkhé obscurecida pela metafísica, o pensamento dominante. Os filósofos próximos ao pensamento da *Arkhé* são geralmente aqueles que colocam a questão da origem e do destino no centro de sua reflexão.

Evidentemente, a história constrói de maneira diversa os modos de apropriação ou de relacionamento com esse substrato esquecido. O ordenamento social hegemônico atribui "intensidades de existência" aos indivíduos, mas as distribui de maneira diferente, o que leva um grupo determinado à *intensificação* de seu modo próprio de viver, de sua singularidade. Ao mesmo tempo, essa situação pode representar-se metonimicamente como *contração* de um conjunto maior (o espaço originário, p. ex.). Daí a *localização*, que é "a necessidade de construir lugares simbolicamente significativos onde seja visível a capacidade das pessoas de prescrever o seu próprio destino"[63].

A comunidade litúrgica nagô (o *egbé*), o "terreiro de candomblé" é a organização responsável por um tipo de visibilidade, portanto, por aquilo que transforma em existente um suposto inexistente ou algo socialmente conotado como de fraca intensidade existencial. Essa comunidade, que inaugura uma experiência inédita no interior de um ordenamento social hegemônico, implica *um tipo novo de subjetivação*, em que ocupam um primeiro plano *a experiência simbólica do mundo, o primado rítmico do existir, o poder afetivo das palavras e ações, a potência de realização das coisas, as relações interpessoais concretas, a educação para a boa vida e para a boa morte, o paradigma comunitário, a alegria frente ao real e o reconhecimento do aqui e agora da existência.* Este último traço deixa manifesto, principalmente, que essa subjetividade não tem no pescoço a corda teológica, nem os pés fincados na presunção da eternidade.

Ora, essa perspectiva opera decididamente na contramão da etnologia que atribua a esse tipo de comunidade a categoria fechada do tradicionalismo enquanto reserva de sentido de um suposto passado. Na verdade, *a experiência nagô é moderna,* quando se selecionam, dos múltiplos significados do termo *modernidade,* meios de afetação da temporalidade como *inovação* e *insolência.* De que maneira se afeta? Certamente, criando-se *outra comunidade de dados sensíveis* (o *egbè,* o terreiro), onde os modos de percepção e participação apontam para outro tipo de organização social. São meios atuantes em componentes centrais do fenômeno moderno, como transformação, conflito e reelaboração

---

63. Ibid., p. 104.

da subjetividade. Evidentemente, isso também ocorre na modernidade europeia, mas sob a centralidade do progresso econômico e da tecnologia.

O si-mesmo corporal

Que "nova" subjetivação é essa, nagô?

Em princípio, uma diferença radical frente à unificação coercitiva implícita na noção de um sujeito consciente de si e idêntico a si mesmo, o moderno sujeito da consciência (cristã), que deixa perder-se, na hegemonia da representação, a potência da intuição e da comunicação com a diversidade fenomênica. Decorre daí a grande importância outorgada ao corpo, já que não se trata de uma subjetivação ancorada em estruturas lógicas de representação, mas nos posicionamentos de potência corporal inscritos num território. Seja entre nagôs ou entre hindus, o corpo abriga as representações do cosmo e de todos os princípios cosmológicos, portanto, as divindades. Corpo não se entende, portanto, como um receptáculo passivo de forças da alma, da consciência ou da linguagem, a exemplo da síntese teológica, segundo a qual "corpo é a carne possuída pelas palavras que nele habitam".

Bastante conhecido é o episódio bíblico do Monte das Oliveiras em que Jesus, na véspera de sua prisão, pressentindo o fraquejamento de seus seguidores, chama-os e adverte: "Ide, vigiai e orai, porque o espírito é forte, mas a carne é fraca". Sobre esta passagem, Hegel comenta em *Meditação da Sexta-feira*, um texto de juventude (*Quem morreu na Sexta-feira Santa Especulativa*, 1802), que não é exatamente assim como disse Jesus. Fraco mesmo é o espírito, com sua variação de conteúdos e padrões, enquanto que o corpo (a carne) não se modifica no instante, está sempre aí, pronto. Pode-se aceitar ou destruir um corpo, mas não fazê-lo variar, como uma opinião ou um sentimento.

A reflexão hegeliana é pertinente ao se levar em conta que o universalismo cristão, incrustado no universalismo da cultura, construiu-se em nome do espírito e em detrimento do corpo. A separação radical entre um e outro é um fato teológico com grandes consequências políticas ao longo da história: no domínio planetário das terras e dos povos ditos "exóticos", as tropas dos conquistadores pilhavam ouro e corpos humanos, enquanto os evangelizadores (jesuítas, franciscanos), pilhavam almas. A violência *civilizatória* da apropriação material era, na verdade, precedida pela violência *cultural* ou *simbólica* – uma operação de "semiocídio", em que se extermina o sentido do Outro – da catequese monoteísta, para a qual o corpo exótico era destituído de espírito, ao modo de um receptáculo vazio que poderia ser preenchido pelas inscrições representativas do verbo cristão.

O semiocídio ontológico perpetrado pelos evangelizadores foi o pressuposto do genocídio físico.

Entretanto, o fato de ser o corpo um lugar de inscrições da representação não faz dele o objeto inerte de uma posse por palavras. A noção de corpo é, na realidade, complexa. Quando o antigo grego a ela se referia, usava a palavra *soma*, provinda do radical indo-europeu *thm* ou *tphm*, cujo significado básico é "encher" ou "inchar". *Soma* implica a ideia de um receptáculo inflável, mas resistente, de forças, que supõe três momentos integrantes: peso (ideias de gravidade e permanência), elasticidade (pluralidade e variação) e consistência (impermeabilidade e densidade).

Mas Bloom observa que "os primeiros gregos, tanto em linguagem quanto em visualização, não apreendiam o corpo humano como uma unidade, ou, como diria Freud, eles não sabiam que o ego é sempre um ego corpóreo. Conheciam a soma total dos seus membros, mas aquilo que chamamos de "corpo" é uma interpretação posterior do que inicialmente se entendeu como sendo pernas, joelhos, braços, ombros. De modo semelhante, Homero não tem uma única palavra para designar a mente ou a alma. Para ele, psique não é a alma, mas a força vitalista que nos mantém em ação; ela é, por assim dizer, o órgão da vida. Homero utiliza duas outras palavras para aquilo a que chamamos "mente", além de psique. São elas *thymos*, o órgão da emoção, ou o que gera agitação ou movimento, e *nous*, o órgão da percepção, ou causa das imagens e das ideias. *Thymos* nos persuade a comer, ou a desferir golpes em nosso inimigo, ao passo que *nous* permite-nos ver e compreender"[64].

Já os latinos utilizavam *corpus*. É palavra originária do sânscrito *krpa*, com os significados de forma, beleza, mas também de ordenamento e disposição de partes[65]. Disso procede, em grego, a palavra *prapis*, com o sentido de diafragma,

---

64. BLOOM, H. Op. cit., p. 23.
65. Cf. *Indogermanisches etymologisches Wörterbuch*, de Julius Pokorny e *Vergleichendes Wörterbuch der indogermanischen Sprachen*, de Alois Alde.

mas também de coração, ventre, espírito e inteligência. Em *corpus* – mais do que em *soma*, que enfatiza o aspecto externo e expansivo – está dada a ideia de interioridade do corpo e de sua inteligência própria.

A despeito das sutilezas etimológicas, a noção de corpo, caudatária da tradição cultural greco-latina, integra-se na civilização cristã do Ocidente como a ideia – dualista – de um objeto separado da consciência, algo que se tem à parte, dirigido pelo espírito: "Ou não sabeis que o vosso corpo é templo do Espírito Santo, que habita em vós, o qual recebestes de Deus e que, por isso mesmo, já não vos pertenceis?" (1Cor 6,19). No pensamento platônico, o fosso (*chôrismos*) entre o sensível e o inteligível implica esse dualismo ontológico, que obriga o pensamento a ocupar-se das ideias, enquanto o corpo limita-se aos sentidos.

É de fato muito antiga a ideia dessa separação (*apallagé*) que, no entanto, sempre suscitou a questão de como interagem as duas partes, considerando-se que pensamentos não podem surgir do nada. A resposta platônica é dada, como se sabe, pela teoria da reminiscência, em que o objeto sensível evoca na alma, por semelhança ou dessemelhança, a imutável idealidade inteligível, distinta da experiência vivida. No *Fédon*, Platão argumenta a favor da imortalidade da alma, atribuindo-lhe o conhecimento dos universais, das ideias imutáveis, mas também de tudo que se pode experimentar na terra.

Essa concepção, que se pode chamar de *disjuntiva*, permanece na modernidade filosófica, porém não mais independente do pensamento humano, diferentemente da crença platônica na existência objetiva da ideia diante da alma. Descartes sustenta a distinção dos dois domínios – a realidade mental ou "espírito" e o corpo físico, "maquínico" –, afirmando o controle das correntes físicas no sistema nervoso pelo pensamento, só que essa substância mental ou espiritual não é, para ele, algo empírico e, assim, não reside no corpo. A distinção é recusada por Espinosa, para quem a alma e o corpo são duas maneiras de se designar a mesma coisa, que difere apenas no atributo sob o qual é considerada. A alma é, mais precisamente, a ideia ou o pensamento do corpo e, assim, exprime o corpo em suas afecções. Por mais que a tese espinosiana contribua para abalar a suposição racionalista do domínio das paixões pela consciência, o dualismo cartesiano triunfa na teologia e até mesmo persiste em variações conceituais: por exemplo, no monismo cientificista em que implicava o empiriocriticismo de Avenarius e Mach, o corpo resumia-se a um "complexo de sensações" determinado pelo cérebro.

Mas, assim como outras referências fundamentais à representação do humano (alma, consciência etc.), o corpo é modernamente atravessado por uma crise de significação, isto é, como um conceito passível de desestabilização. Já no interior do campo filosófico aparecem concepções de grande força crítica, como a do inglês Gilbert Ryle, para quem constitui um "erro de categoria" falar de corpo e espírito como coisas equivalentes. Num texto hoje clássico para este assunto (*The Concept Of Mind*, 1949), ele sustenta que não existe um "espírito" capaz de transcender o corpo e seus atos, posto que esse termo provém de outra categoria descritiva do funcionamento corporal (por ele chamado de "fantasma da máquina"), o que faz do dualismo cartesiano "um mito". Por outro lado, a *doxa* intelectual vem deixando claro que o corpo é tão só um construto histórico destinado a outra compreensão (e outro tipo de controle) da materialidade da carne. Como um envoltório fabricado segundo as regras da cultura própria, o corpo é continuamente retrabalhado, ainda que disso não se faça plena consciência nas formações sociais modernas. Conceitualmente separado da carne, ele define-se como uma coleção de atributos tanto materiais quanto abstratos, o que libera esse conceito de suas tradicionais determinações biológicas.

Hoje é consensual que, na realidade, nós não "temos" simplesmente um corpo, pois "somos" igualmente corpo: a tentativa de conscientização coletiva dessa realidade orientou grande parte das ditas "contraculturas" dos anos de 1970, teorizadas por autores como Norman O. Brown, Berger e Luckmann e outros. Só que esse corpo ainda conceitualmente preso à ideia cristã de uma singularidade humana em relação privada com Deus acabou sendo interpretado pelos estrategistas de mercado em função do consumo, que "libera" o corpo para torná-lo disponível a ofertas pré-programadas.

Esse é um tipo de conhecimento, entretanto, familiar a outros modos de organização do pensamento. Para além do corpo inerte ou do corpo em movimento, racionalizados pela cultura do consumo, há em culturas tradicionais o "si-mesmo" corporal, que consiste na sua potência afetiva de ação, na dimensão tácita, e não sígnica, de seu funcionamento. Assim é que a língua árabe dispõe para ele de três palavras reveladoras: *jassad* (corpo inerte), *jism* (corpo vivo, em movimento) e *daat*[66], que pode designar o "si corporal", isto

---

66. A palavra árabe *al daat* remete a outras com significados de alma, fragrância e essência/ipseidade, mas ao mesmo tempo conota "corpo humano", "pessoa", "ente" e "espírito".

é, o corpo próprio enquanto componente fenomenológico da experiência singular do homem no mundo, irredutível à instância psíquica e à representação linguística.

Trata-se de uma precisão linguística que deixa ver, nos dois primeiros casos (corpo inerte e corpo vivo), a diferença entre o "si-mesmo" psíquico e o corpo. Deste modo, o corpo é capaz de funcionar e agir corretamente sem que o si-mesmo (enquanto autoconsciência) seja mobilizado. Já que esse corpo não pode perceber-se como um todo (os olhos perdem a percepção de partes internas e externas), a percepção total é privilégio do si-mesmo, ou seja, da autoconsciência – psíquica – supervalorizada pela cultura ocidental cristã, que reduz o saber do corpo à dissecação do cadáver pela medicina ou à mecânica do corpo em movimento, por abordagens as mais diversas.

Conceitualmente, esse "si mesmo" apresenta pontos problemáticos, já que implica um excesso de intensidade, pensável apenas como um "excesso" além do corpo empírico (o corpo-carne), portanto, dentro de uma lógica do virtual (*transcendental*), o que se tenta resolver filosoficamente por meio do conceito deleuzeano de "corpo sem órgãos". Esta expressão é encontrada por Deleuze num poema de Artaud (*Pour en finir avec Le jugement de Dieu*), onde está dito que "o corpo é o corpo, está só e não precisa de órgãos, o corpo nunca é um organismo, os organismos são inimigos do corpo". Debruçado sobre a potência esquizofrênica, que transforma as palavras em corpos, o filósofo faz do corpo sem órgãos o conceito de uma potência ambígua, ao mesmo tempo destrutiva e tônica de forças vitais.

O fato é que, sem um "si mesmo", o corpo torna-se um problema, corroborado tanto pela teologia cristã como pelo desenvolvimento das práticas médicas. "Porque o exercício corporal para pouco aproveita, mas a piedade para tudo é proveitosa", diz o apóstolo (1Tm 4,8). Por outro lado, pensar um "si mesmo corporal" implica rejeitar a noção de corpo como mero habitáculo inflável de forças e abrir-se para a ideia de uma dimensão própria à mecânica inteligente dos movimentos corporais: o corpo seleciona e assimila, de modo análogo ao código linguístico, os estímulos da ordem social e cultural em que está imerso o indivíduo. Nietzsche, segundo observa Jeudy, toma o corpo como um ponto de partida radical, como uma "grande razão" ou como "um sistema muito mais perfeito do que qualquer sistema de pensamentos ou de sentimentos e mesmo muito superior a qualquer obra de arte". Para ele, o Si é a subjetividade do corpo, a subjetividade do organismo, ao modo de uma inteligência originária e misteriosa, embora jamais inteiramente inteligível[67].

O si-mesmo corporal – em que o instinto é figurado como um "centro de interpretação" – dá margem à noção de *corporeidade*. Esta não se refere à substância da carne humana como uma entidade pessoal e interiorizada, mas como uma "máquina" de conexão das intensidades num plano imanente ao grupo. Num *sujeito coletivo*, como é o caso do grupo, corporeidade é a coleção dos atributos de potência e ação, diferente dos atributos individuais, do mesmo modo que um grupo é diferente de seus membros constitutivos. Claro, o grupo pertence ao indivíduo tanto quanto este pertence ao grupo, mas em ação e pensamento, o grupo – pleno de movimentos contidos ou reprimidos – tem mais potência, o que significa pensar coletiva e anonimamente, algo que se poderia designar como *pensamento-corpo*. Esse pensamento traduz-se em intensidades individualmente apropriadas, embora sempre relativas a uma unidade designada num cântico nagô pela aglutinação *faraimará*, ou seja, "todos unidos num só corpo" (noção, aliás, presente em várias passagens da Bíblia, mas sem a autonomização corporal). Essa aglutinação implica o próprio conceito de corporeidade.

A corporeidade é a condição própria do *sensível*, tal como na descrição de Boulaga, filósofo camaron: "O sentir é a comunicação original com o mundo, é o ser no mundo como corpo vivo. O sentir é o modo de presença na totalidade simultânea das coisas e dos seres. O sentir é o corpo humano enquanto compreensão primordial do mundo. O homem não é si mesmo por derivação ou, progressivamente, por etapas. Ele é de vez ele mesmo, estando nele mesmo junto a coisas e a outros, na atualidade do mundo. O sentir é a correspondência a essa presença [...]. Pelo sentir do corpo, o homem não está somente no mundo, mas este está nele. Ele é o mundo"[68].

Encarnando mediações simbólicas e com modos de articulação próprios, o corpo individual age instantaneamente, sem lógica predicativa, em função da corporeidade assimilada. Não há, assim, conceitualismo, mas um "micropensamento" corporal que outorga à dimensão somática uma forma especial de

---

67. Cf. JEUDY, H.-P. *Le corps comme objet d'art*. Armand Colin, 1998, p. 158.
68. BOULAGA, E.F. *La crise Du Muntu* – Authenticité africaine et philosophie. Présence Africaine, 1977, p. 211.

conhecimento, uma intencionalidade, *concretizada em imagens*. O saber não apenas se adquire, incorpora-se. Não à toa, Merleau-Ponty atribui ao corpo um "projeto sobre o mundo", esclarecendo que "somos convidados a reconhecer, entre o movimento como processo na terceira pessoa e o pensamento como representação do movimento, uma antecipação sobre uma apreensão do resultado, assegurada pelo próprio corpo como potência motriz, projeto motor, uma intencionalidade motriz"[69].

Essa antecipação pode ser entendida como uma forma de conhecimento direto, intuitivo sobre o mundo (aliás, uma das acepções do grego *logos*), mais da ordem do "adivinhar" do que propriamente do "saber". E nada disso é estranho à originariedade do pensamento grego, uma vez que o culto a Apolo, o deus de Delfos, era uma prática de celebração da sabedoria advinda da adivinhação. Como esta era um elemento decisivo na vida pública dos gregos, os santuários dedicados à adivinhação espalhavam-se por todo o território helênico.

Igualmente, todo esse fenômeno da geomancia é familiar a um grande número de populações do oeste africano, inclusive ao pensamento nagô, onde Orunmilá, a divindade da sabedoria e da adivinhação, coordena a existência por meio de vários sistemas divinatórios, empiricamente mediados por outra divindade, que é nomeada na prática litúrgica como *Ifá*. À cabeça física (*ori*, feita por Obatalá), corresponde no plano do *orun* a cabeça-destino (também *ori*, feita por Ajalá). Esta última dá a cada indivíduo a possibilidade de escolha de um destino, portanto, um livre-arbítrio que, no entanto, pode ser antecipado ou conhecido pelo sistema divinatório, uma vez que, a escolha se dá no *orun*, o plano suprassensível ou abstrato.

Na verdade, o próprio *ori* é reconhecido como uma divindade pessoal, com culto próprio. Como observa Bastide, "cada ser concreto está implicado em todo um sistema, e a geomância, pela leitura dos signos, define esse sistema de ações e reações recíprocas com o mundo circundante (a doença, a morte, a procriação) e o mundo social (a aliança ou a guerra, a inimizade ou a prosperidade); enquanto ser vivo, ele se encontra sob a dependência do que chama de "seu destino" ou de uma única sucessão de acontecimentos, que são para ele as palavras dos deuses sobre seu ser"[70].

---

69. MERLEAU-PONTY, M. *Phénoménologie de la perception*. Gallimard, p. 128.
70. BASTIDE, R. Op. cit., p. 33-45.

Sob outra forma, comparece aí, para Bastide, "o problema que nós colocamos, na filosofia contemporânea, nos termos da relação entre a substância e os acidentes. Eu digo em outros termos, pois, para nós, ele se coloca em termos de adjetivos qualificativos (ser branco ou negro, ser filho de X ou Y), ao passo que ele se coloca aqui em termos de verbos passivos (tornar-se doente, ser abatido pela morte) ou ativos (viajar, casar-se). Mas o princípio é o mesmo. Acaso os acidentes (ou os acontecimentos) são acrescentados ao sujeito para definir esse último como uma espécie de mosaico? Ou, ao contrário, é o sujeito que unifica os acidentes, reportando, estruturando e individualizando-os? [...] O problema das relações entre substância e acidente torna-se, para os africanos, o problema das relações entre nossa pessoa e nossa biografia"[71].

Essa verdadeira *afetação* do sujeito pelos "corpos" (as divindades) que tecem o seu destino é uma relativização do livre-arbítrio, porém ao mesmo tempo uma ética da plenitude corporal do sujeito, que lhe demanda aumento da capacidade de agir por meio do fortalecimento da potência de ação. Não há como deixar de ver aqui um encontro com a ética espinosista, que privilegia as relações essenciais entre os corpos de conhecimento e de afetação. O conhecimento direto pelo imaginário foi sugerido por Espinosa ao acentuar que o poder do corpo nos é em grande parte desconhecido e que de fato ninguém sabe do que o corpo é capaz.

Disso sempre fez alarde um filósofo singular da Modernidade como Nietzsche que, em vários de seus textos, valoriza o fato de se ter *vivido* algo para realmente entendê-lo ou então sugere pedagogicamente a adivinhação por meio de *Zaratustra* quando este se dirige aos amadores de enigmas: "Pois não quereis tatear segurando numa mão inquieta um fio que vos conduzas; e onde podeis *adivinhar*, detestais ter que *deduzir*". O mesmo se passa com um grande poeta moderno como W.H. Auden, para quem *"guessing is more fun than knowing"*: livre das determinações lógicas, o corpo conhece de modo próprio, antecipando, adivinhando, instruindo. A adivinhação é *somatológica*, uma forma de micropensamento corporal, que vive mais de objetos externos do que internos, embora as duas dimensões não se separem na produção das imagens (*fanopeias*) do real.

Na "adivinhação" do sábio, o destino de algum modo se antecipa. É que, em várias línguas, destino sugere uma ideia de percurso, de travessia, num espaço

---

71. Ibid.

de permanência e de gravidade: a terra, que aí já estava no passado, permanece no presente e prolonga-se no futuro como algo sempre próximo ao homem e resistente à dissolução. "Terra" é, na verdade, a própria materialidade do planeta, cujo sentido não se busca num "além", mas aqui mesmo num modo de ser que afirme a vida, seja na sugestão nietzscheana de um modo de ser denominado "super-homem" ou na *afinação* nagô com o mundo tal e qual se apresenta, por meio de uma protodisposição afetiva, a *alacridade*.

Em sua oscilação entre a segurança da terra e os riscos da travessia, entre o mais próximo e o mais distante, o homem desloca-se e confirma-se em sua condição de viajante. O destino é conhecido não graças a uma descrição metafísica e fatalista dos céus, mas à intuição de uma intenção primordial da vida, voltada aqui e agora para o percurso que se realiza na terra e que se deixa ver no mito, na cerimônia, no ritual, nos domínios do sensível. O destino é a escrita imaginária traçada por essa travessia. É, pois, o imaginário de uma pulsão de partida que, mesmo podendo ser modificado, compromete corporalmente o viajante na dinâmica de seus círculos virtuosos. Não é, porém, o imaginário de algo exterior à própria existência (p. ex., outro mundo capaz de justificar ou gerar sentido para a vida humana), posto que o destino transcorre aí mesmo na materialidade ou na vicissitude do percurso do homem em seu espaço *simples*, onde o mundo é exatamente aquilo que é, voltado para a reprodução e a confirmação de sua própria imagem. À grandiosidade da história contrapõe-se a simplicidade do destino.

Por outro lado, diferente do tempo histórico, a temporalidade em que se inscreve o destino é própria da *ancestralidade*, isto é, da vigência ética do discurso de fundação do grupo, em que se enlaçam origem e fim. Pode-se conceber aí um nível de história, relativo ao conjunto de fatos e feitos humanos, mas elaborado como uma articulação de passado, presente e futuro pelo culto ao ancestral. Predomina, portanto, a vigência de um princípio fundador na sucessão das fases temporais, algo semelhante ao que pensadores árabes designam como "autenticidade e contemporaneidade". Ou então semelhante ao que o pensamento conservador possa chamar de "enraizamento" para justificar nacionalismos, a exemplo de Maurice Barrès, escritor e teórico do pensamento nacionalista francês, para quem se deve obedecer incondicionalmente "às grandes vozes da terra dos mortos", já que seríamos meros produtos de uma coletividade que ressoa dentro de nós.

Apenas semelhante, porém: não se trata aqui exatamente do mesmo implícito na ideia de "autenticidade" por meio da repetição do tradicional, pois o que a tradição viva dá e transmite é a "traição" da igualdade das repetições: só conteúdos, dados, resultados e técnicas de fazer é que se podem repetir e, pela e na repetição, acionar os poderes de diferenciação da ancestralidade. Esta última, para instaurar história, instiga os poderes do "não" das diferenças no "sim" da compulsão de repetir. Não se confina, portanto, à mera repetição "tradicional" de conteúdos (o *tradicionalismo*), pois é propriamente uma forma de regras e hierarquias destinada a atualizar a origem aqui e agora na mutação acelerada da história.

Fora do tradicionalismo e, portanto, longe das ilusões de se encontrar uma *aura de autenticidade* no passado, a tradição inscrita na ancestralidade representa um momento de autonomia grupal enquanto memória continuada e vigilante de um conjunto de regras e de personagens historicamente afinados com uma maneira particular de ordenamento do real. Esse conjunto perfaz uma constelação de valores coletivos (fins compartilhados, bem holístico, comunalismo etc.) historicamente apresentada como um pensamento socioético que reflete as estruturas comunitárias das sociedades africanas tradicionais.

Aqui emerge um aspecto do pensamento afro fortemente antitético ao ocidental, assim resumido por Menkiti: (a) "é a comunidade que define a pessoa como pessoa e não alguma qualidade estática isolada de racionalidade, de vontade ou de memória"; (b) "a noção de pessoa é adquirida"; (c) "essa pessoalidade é algo que tem de ser alcançado e não dado simplesmente porque alguém nasce da semente humana"; (d) "a pessoalidade é algo em que os indivíduos poderiam falhar"[72]. Essas características do processo comunitário de constituição da pessoa posições interpretativas particulares no quadro do que se poderia chamar de uma filosofia política e moral atinente às sociedades africanas. É possível, entretanto, questionar filosoficamente a margem de autodeterminação individual no interior das estruturas comunitárias, pesquisando-se atributos contingentes ou aleatórios na dinâmica societária.

Para outros intérpretes, esse é o "momento" hermenêutico em que transparece com força a dimensão ética do pensamento afro presente nas narrativas ou ensinamentos (*odus*) do *corpus* divinatório de Ifá, o *Odù Ifá* – um clássico

---

72. Cf. MENKITI, I.A. Person and community in African traditional thought. In: WRIGHT, R.A. (ed.). *African philosophy:* An introduction. Washington: University Press of America, 1984, p. 172.

da literatura sacra africana –, tal como interpretado por Karenga, na trilha de Onadene Epega, E.M. Lijadu, A.F. Beyioku e Wande Abimbola, *scholars* africanos que têm se dedicado com relevância acadêmica a essa tarefa[73].

O intérprete segue aqui a exegese denominada *Kawaida* (uma linha de interpretação afro-americana da tradição de Ifá), cujo princípio básico é de que tudo que fazemos deve basear-se na tradição e na razão, o que implica a prática de desviar-se do foco quase exclusivo no processo divinatório para uma visada essencialmente ética. Um exemplo: Num dos textos relativos ao *odu* "Ogbè'Gúndá", está dito que "Ìwa nìkan l'ó soro o [...]. Ori kan kìí, burú l'otù Ifè / Ìwà nìkan l'ó soro o", ou seja, "caráter é tudo que se requer. [...] Nenhum destino precisa ser chamado de infeliz na cidade de Ifé / Caráter é tudo que se requer". Para Karenga, este ensinamento sobre o caráter (*iwa*) como central no destino de uma pessoa é uma "asserção extraordinária" dentro da ética do Odu. É que, mesmo pressupondo a determinação do caráter por entidades espirituais, este *odu* afirma que "nenhum destino é *ipso facto* ou tem de ser mau ou infeliz, *buru*", pois caráter é tudo que se requer para o *bem*[74].

Enfatizamos a palavra "bem", tendo em vista que ela é um vetor de aproximação entre o juízo moral *afro* e o grego, tal como se infere da formulação de Aristóteles no primeiro livro da *Ética*: "*Pasa práxis agathou tinos ephiestai dokei*", isto é, "em toda ação vige o empenho por um bem", portanto, um empenho pelo ponto para onde convergem todas as forças de sustentação e expansão social da comunidade (*to agathon*, o bem). Esse conceito encontra-se, no pensamento nagô, com *iwa*, que pode ser traduzido como "caráter" e como princípio genérico de existência individual, "o fato de ser, viver ou existir", em seu sentido original.

Neste último caso se considera mitologicamente que Iwa (filha de Suuru, por sua vez, filho primogênito de Olodumaré), casada com Orunmilá, era belíssima, mas tinha má conduta, portanto, mau caráter. Este último juízo, entretanto, é humano, baseado em juízos de moralidade, enquanto a existência e a beleza de Iwa são dádivas da divindade ou do mundo suprassensível. A formulação

---

73. Cf. KARENGA, M. *Odù Ifá* – The ethical teachings. Los Angeles: University of Sankore Press, 1999. O autor orienta a sua interpretação de acordo com a filosofia *Kawaida*, que ele define como a síntese do melhor pensamento e prática africanos.

74. Ibid., p. 153-154.

humana de um valor é uma derivação da *Arkhé*, mas, no limite, um fenômeno inferior à manifestação individual da capacidade criadora de Olodumaré. A beleza da criação supera aqui o julgamento moral. Onde, entretanto, buscar o *bem*? A leitura ética do mito aponta para Suuru, que significa "paciência", a personificação do bom caráter. Mais especificamente, o bem consiste na radicalidade da existência, do fato original de ser, enquanto que a virtude (bom/mau) do caráter, embora importante para a convivência humana, deve associar-se a outras virtudes (paciência, tolerância) para ajustar-se a *iwa* como princípio genérico.

Esse princípio, portanto, é maior do que mera expressão de verdade ou do que uma predicação moral, pois provoca a reflexão sobre a própria condição da virtude, de modo análogo à diferença estabelecida por Aristóteles (em *Peri Phýseos*, "Acerca da Natureza") entre as discussões de filósofos (*sophói* ou *philósophoi*) como Xenófanes e Parmênides sobre os princípios como uma questão relativa à natureza e aos predecessores, caracterizados pela linguagem da poesia ou das tradições oraculares. A diferença entre a tradição da poesia sapiencial homérica e esses pensadores – também designados como filósofos poetas ou épicos – assinala o começo do discurso propriamente filosófico.

No universo nagô, a interpenetração da ética com a mística implica uma maior aproximação com as ditas "etnofilosofias", que pertencem em sua maior parte ao gênero persuasivo ou exortativo. Na perspectiva de Karenga, a Kawaida acompanha "as formas do caminho do Ifá que se desenvolveram no Brasil como Candomblé, em Cuba como Likumi, no Haiti como Vodum e em Porto Rico como Lukumi". Nessa abordagem, a tradição seria, assim, continental do mesmo modo que a tradição diaspórica: "Não simplesmente como um contexto ou um processo a que chegamos, mas também como o produto presente de nossos esforços para compreender, comprometer e constantemente enriquecer e expandi-la como um caminho vivo, valioso e instrutivo de ser humano no mundo"[75].

Não há dúvida de que podem ser muito valiosos os aspectos sociopedagógicos da moralidade afro – prescrições de atributos, virtudes, obrigações, respeito, solidariedade e sacrifício – com vistas aos princípios do bem-estar, da integridade pessoal e do meio ambiente e da solidariedade, desde que isso não redunde em ilusões de uma identidade congelada ou eterna. De fato, no *continuum* da ancestralidade, o que entendemos como *ética* não se resume a

---

75. Ibid., p. 5.

um conjunto codificado de regras de conduta (o ajustamento moral dos usos e costumes) em função de um bem, e sim toda a envergadura das realizações transtemporais de um grupo humano guiado pelo brilho de sua verdade própria e pelo apelo de sua *dignidade*, isto é, da regra ancestral instituída ao mesmo tempo em que se fundou o grupo.

Ética – do grego *ethos*, escrito com a letra *eta* inicial (com *épsilon* inicial significa "temperamento" ou "caráter" – diz respeito à radicalidade do ato de morar, portanto, a tudo que implica um destino comum prefigurado pelo *logos* de fundação da comunidade. É a repercussão tácita do desejo ancestral de continuidade do grupo instituído. Isso sugere uma ideia de transcendência, na medida em que esse eco de uma *Arkhé* remota é perpassado por discursos religiosos, míticos ou filosóficos, nos quais parece haver uma distância "super-humana" entre o cotidiano historicamente vivido e o sentido desse cotidiano.

No sagrado, na utopia ou na ciência, tenta-se localizar essa distância. Entretanto, a ética não implica realmente nenhuma transcendência em matéria de valores e normas, e sim uma *imanência dinâmica* comum a toda habitação humana num espaço determinado, ou seja, o que corresponde a *exigências radicais* da própria vida. Isso está explicado por Carneiro Leão: "A vida não se esgota com o que se manifesta no ser vivo. O homem é um ser vivo, mas o que o constitui como vivo está aquém ou além de tudo que perfaz a sua condição de sujeito, seja da consciência ou do inconsciente. Dito com outras palavras: Todo sujeito se sustenta pelo não nascido, pelo não constituído, pelo não existente em tudo que perfaz seu nascimento, sua constituição, sua existência"[76].

A ética é precisamente o movimento de escuta grupal dessa dinâmica abrangente, maior do que os limites da subjetividade instituída, mas imanente a todo e qualquer modo de existir. Dois expoentes filosóficos do século passado, Martin Heidegger e Ludwig Wittgenstein cogitaram da ética, mas basicamente para dizer (1) que ela é da ordem do inominável, quer dizer, não pode sequer ser nominada e (2) não pode ser formulada, quer dizer, não ser posta em fórmulas que levem a uma normatização ou uma codificação.

No entanto, há um entendimento prático e milenar que apresenta a ética como a fonte das normas e das prescrições, o lugar onde se criam direitos e deveres, assim como os parâmetros de avaliação dos atos e dos fatos. Umberto Eco

---

76. Cf. notas de curso na ECO/UFRJ a propósito do mito de Midas.

dizia: "Quando o outro entra em cena, nasce a ética". Dela provêm os padrões de comportamento, os modelos de conduta, isso que costumamos chamar de moral ou de moralidade. É por isso que pode ser arrolada entre os bens transcendentes que o homem preza e cultiva.

Por que então aqueles dois pensadores não apostaram na formulação da ética? Possivelmente porque não concebiam a ética como transcendência, e sim como uma imanência dinâmica, isto é, como algo que é inerente à própria existência do homem, de modo autorreferente, sem necessidade de qualquer instância metassocial. Confinar a ética ao domínio da transcendência é entendê-la apenas como proveniência de valores e normas, o que a faz equivaler à moral. Assim, numa leitura mais "espiritualista" do que filosófica (ou seja, Deus como autor moral do mundo), esses valores e normas, transformados em código de regras para a conduta, redundam em um controle da imanência, que implica muito mais do que norma e lei.

Por outro lado, ater-se à ética como imanência dinâmica é levar em conta a capacidade histórica de uma comunidade de enxergar um destino comum fora dos efeitos de realidade produzidos pelos poderes constituídos. O que hoje se vem chamando de crise moral ou crise da ética não é a simples violação de valores e regras instituídos (a corrupção, a violência institucional, a indiferença do Estado ao território etc.), mas é o obscurecimento do destino comum, esse destino para o qual são cegas as elites políticas, burocráticas, científicas, tecnológicas, enfim, as elites de poder.

A clareza ou a luminosidade aparecem quando escutamos o apelo difuso, mas forte, da dignidade humana. Nos *Fundamentos da metafísica os costumes*, Kant diz que "no reino dos fins, tudo tem um preço ou uma dignidade. O que tem um preço pode ser substituído por qualquer outra coisa, a título de *equivalente*; ao contrário, o que é superior a todo preço e em consequência não admite equivalente, é o que tem uma dignidade". Ou seja, a dignidade é a única condição capaz de fazer com que uma coisa tenha um fim em si mesmo, portanto, um fim intrínseco e não relativo. A dignidade entendida como "valor interior absoluto", gerador de respeito do si-mesmo, é o farol da ética. Não é espiritualmente transcendente, é imanente ao agir do homem.

Na dinâmica nagô, a identidade (o caráter, o temperamento, a personalidade) não é codificadamente substancial, mas compassível ou coerente com uma continuidade lembrada – por mensagens, apelos, respostas – e reinterpretada. É o gesto afirmativo de uma "autenticidade contemporânea", em nada incompatível com o que de "moderno" possa ser predicado em outros contextos. Por isso, é imperativo acolher os paradoxos ou o que se configura como contraditório na pluralidade das versões ou das narrativas historiográficas, porque no universo dos terreiros de culto, onde vigora a atmosfera afetiva da ancestralidade, história e mito andam de mãos dadas, sem que isso atente contra a verdade do grupo. É que o imperativo da memória obsessiva parece ligado a uma cosmovisão cumulativista, que faz do tempo uma contabilidade das sucessões e das passagens, convertendo a história numa numeralização (a datação) do existir. Ora, o tempo do terreiro não é solar, mas litúrgico, como o *kairós* do antigo grego, que diz respeito à ocasião, à oportunidade assim como à realidade dos mitos. Nessa temporalidade, importa muito pouco a data, muito pouco o realismo obsessivo dos fatos, e sim a narrativa de uma experiência existencial veiculada por famílias, vizinhos, conhecidos, toda a gente afim a uma comunidade.

Numa de suas cartas, Mãe Aninha, uma das maiores zeladoras de orixás da tradição nagô, é taxativa: "Nem tudo pode ser escrito". Um episódio teoricamente marcante: Num seminário onde se falava de Mãe Aninha, uma das remanescentes daquela época resumiu assim a sua lembrança: "Ela gostava que as meninas usassem cabelo *balaio*..." E mais não disse. Ficou-se sem saber como era exatamente o cabelo "balaio" ou sem saber como era exatamente Mãe Aninha. Em contrapartida, um pesquisador presente, que não a conhecera pessoalmente, dissertou longamente sobre ela, sobre as datas, sobre seus pertencimentos litúrgicos. Emergia, assim, uma diferença marcante entre modos diversos de falar da mesma coisa. O pesquisador encarnava o saber da escrita, da marcação contábil do tempo, enquanto que a remanescente era a encarnação de uma memória afetiva, cuja força não está no detalhe realista, mas no vigor narrativo de uma experiência, expressa em fragmentos, em imagens do que se viveu. Seu tempo não era o da linearidade histórica, mas o da pregnância ancestral, em que a corporeidade coletiva dos fundadores, os mortos ilustres e significativos, apenas confirma-se, sem discursos, por ações nos corpos vivos de seus descendentes. É neste sentido que o pensamento nagô implica uma *liturgia corporal*.

Nessa corporeidade coletiva em que habitam os mortos, tanto os *pais* fundadores quanto os parentes e os outros que, na comunidade, presidem aos nascimentos e às mortes. Isso é verdade para as sociedades antigas, mas também para as modernas, ocidentais, onde a irreversibilidade da morte dita "natural" ou "acidental" tende a esconder, em sua estrita definição biológica, a reversibilidade simbólica da morte em sua dimensão comunitária, onde o indivíduo não está radicalmente só em face de sua própria finitude, já que esta é partilhada pelo grupo. Nessa partilha, a morte deixa de ser vazia de sentido (como no caso da morte "natural"), porque a ausência corporal de quem se foi repercute no corpo vivo e, se ritualizada, pode transformar-se em linguagem para quem fica.

Em épocas primordiais, antes mesmo do culto aos deuses, havia o culto aos mortos, cujas "vozes" supostamente ressoavam, fora dos mecanismos da consciência, no hemisfério cerebral direito (o mesmo dos sonhos e das analogias) dos vivos. Disso dão prova achados arqueológicos mesopotâmicos e meso-americanos. A evidência comparece igualmente em períodos mais recentes, tanto que Platão (na *República*, 469ª e no *Crátilo*, 398) refere-se a heróis mortos convertidos em espíritos, que dizem às pessoas o que fazer. No caso dos nagôs, o culto aos ancestrais (*egungun*) é precisamente a experiência coletiva de uma representação também coletiva da morte (e não a experiência sobrenatural de contato com o morto individualizado ou "fantasma"), que fala ritualmente à comunidade. O que aí se materializa não é um espectro, mas a própria ética do grupo, porque ética é propriamente a linguagem dos princípios inaugurados pelos pais fundadores, pelos ancestrais.

Essa experiência torna claro filosoficamente o sentido da ética: não é um código normativo nem uma escala de valores a serem impostos às consciências em nome da racionalidade ou no âmbito de um dever ser, e sim um eco da morte ou dos limites necessários ao que humanamente se dá como eterno, o eco dos corpos ausentes, mas constitutivos do grupo. *Ara*, o corpo remanescente é, em si mesmo, o acontecimento da memória, pois a rede de expressões corporais (gestos, posturas, representações, sentimentos etc.) é tributária de uma transmissão impalpável na vida cotidiana, mas claramente visível na esfera dos rituais que atualizam a origem. Com efeito, no interior da diáspora escrava, não apenas no Brasil, mas nas Américas de modo geral, a presença do paradigma africano se atesta pelo posicionamento do corpo no primeiro plano do pensamento cosmológico. Os nagôs vinculam o corpo ao sagrado, que é percebido como uma experiência de apreensão das raízes da existência e da sua contínua renovação até o ponto em que o vivido não é mais do que um conjunto de virtualidades.

De fato, uma coisa é o sagrado, outra a religião[77]. O sagrado implica o princípio de uma realidade "separada" (*sacer*, em latim) que permite um contato imediato com a divindade. Já a religião, que é administração e monopólio intelectualizado da fé monoteísta, visa a superar os transes emotivos e "violentos" (no sentido das experiências de sacrifício e de mobilização de forças cósmicas) do sagrado. A experiência sacra é mais corporal do que intelectual, mais somática do que propriamente psíquica, quando se entende psiquismo como um registro de interioridade não ritualístico.

No sistema nagô, a pessoa é constituída de uma parte material (*ara*, o corpo) e por uma parte imaterial (*emi*, respiração ou princípio vital). Um mito cosmológico atribui à lama enquanto protomatéria a origem do corpo: A sua modelagem humana foi realizada por um princípio criador (*Orixanlá*, *Obatalá*), mas foi outro princípio de criação (*Oludumare*) lhe instilou o sopro da vida (*emi*), materializado na respiração. *Emi olojá ninu ara*, "a respiração é a rainha do corpo", diz-se. O corpo compõe-se de duas partes inseparáveis, que são a cabeça (*ori*) e o suporte (*aperê*). O homem é indivíduo-corpo com elementos singulares e intransferíveis na cabeça, ligados ao seu destino pessoal. No suporte se guardam as forças mobilizadoras e asseguradoras da existência individual, que se diferencia e se desenvolve graças a um princípio cosmológico (*Exu*), alojado no próprio corpo do indivíduo (*Bara-aiê*), com o qual se confunde. *Exu* é ademais o intermediário entre os homens e os orixás, geralmente transportando as oferendas destinadas a apaziguá-los.

Nessa linha de pensamento regida por cosmogonia e ancestralidade, o ser humano constitui-se de materiais coletivos (procedentes das entidades genitoras divinas e dos ancestrais) e de uma combinação individual de materiais, responsáveis por sua singularidade. Nele, o orgânico e o inorgânico convergem para uma ideia de condição natural bastante próxima à concepção de Schelling quanto à *autopoiesis* da "matéria absoluta" (a própria natureza): "Quem quer pesquisar a natureza seguindo apenas o caminho empírico é justamente aquele que carece do conhecimento de sua linguagem para tomá-la em sua verdade. A Terra é um livro montado a partir de fragmentos e rap-

---

77. Cf. SODRÉ, M. *Claros e escuros* – Identidade, povo e mídia no Brasil. Ed. Vozes, 1999.

sódias de épocas muito diferentes. Cada mineral é um problema verdadeiramente filológico"[78]. Na verdade, muito mais do que "filológico", conforme as reiterações no interior da tradição filosófica dos *shastras* ou livros sagrados hindus, onde se verificam assertivas do tipo "uma pedra guarda o extraordinário segredo da energia atômica".

Na concepção nagô, o corpo é configurado como um "objeto ativo", tal como se definem os objetos compostos de um amálgama de elementos heteróclitos (animais, vegetais, minerais). Além de sujeito, o homem é objeto, no sentido de que partilha uma condição comum a animais, minerais e vegetais, assim como às divindades, investidas de idênticos elementos. O corpo possibilita ao homem pensar a matéria, admitindo-se "coisa" em relação com o meio ambiente e com os mortos. Por outro lado, a coisa diz respeito àquilo que resiste a qualquer relacionamento do sujeito (perceber, agir, ver), portanto, àquilo de que o homem não pode prescindir na identificação do mundo, por consistir numa unidade de resistência à variação ou à heterogeneidade, ou seja, uma irredutibilidade que garante a permanência da *Arkhé*.

Ao mesmo tempo, o indivíduo-corpo é *duplo*: parte localiza-se no espaço invisível (*orun*) e parte no visível (*aiê*). É que, para os nagôs, o universo divide-se em dois grandes planos: o mundo terreno (o *aiê*), onde vive a humanidade; o mundo ultra-humano (o *orun*), habitado pelas entidades sobrenaturais, os *orixás*, os ancestrais, todos os seres de espírito, *reais*, embora destituídos de corpo. Mas os dois planos são vividos na cotidianidade dos ritos, o que faz do *duplo* uma categoria relevante: por exemplo, o corpo físico (*ara*) tem o seu duplo espiritual (*enikeji*), que não implica uma outra consciência, e sim a mesma duplicada. Igualmente, *emi*, princípio vital ou "espírito" faz-se representar fisicamente por *ojiji*, que é a sombra da pessoa, enterrada com o morto. Nove dias após a morte do indivíduo, *emi* o abandona para incorporar-se a um recém-nascido – versão nagô da reencarnação hindu ou da transmigração helênica.

A figura do duplo emerge também no pensamento europeu. Em um trecho deste que talvez seja o mais filosófico de seus livros, Baudrillard observa que "toda a nossa cultura é cheia dessa obsessão com o duplo separado, até sob a forma mais sutil que lhe dá Freud em *Das Unheimliche* ("A inquietan-

---

[78]. SCHELLING, F.W.J. *Vorlesungen über die Methode des akademischen Studiums*, apud Schelling – Aforismos para introdução à filosofia da natureza e aforismos sobre filosofia da natureza. Op. cit., p. 25.

te estranheza" ou "A inquietante familiaridade") na angústia que atravessa as coisas mais familiares, aí onde surge com mais intensidade, porque sob a forma mais simples, a *vertigem da separação*"[79]. Para ele, as coisas mais próximas – sombra, espectro, reflexo, imagem, espírito material – inclusive o próprio corpo, caem na separação, "na medida em que interiorizamos esse princípio de subjetividade ideal, que é a alma (ou qualquer outra instância ou abstração equivalente)". O duplo, como a própria morte, sugere a realidade de um *parceiro*, com quem o indivíduo na ordem da *Arkhé* mantém uma relação concreta e dual, ainda que ambivalente.

Do corpo aos incorporais

Agora, a questão: Haveria o ser sem corpo?

A resposta à pergunta requer inicialmente o entendimento do que seja "corpo" (*soma*). Em seu valioso pequeno livro sobre esse tópico (fonte de referência para pensadores contemporâneos como Gilles Deleuze, Vladimir Jankélévitch, Michel Foucault, Maurice Blanchot, Jacques Derrida e outros), Bréhier mostra como, diferentemente de Platão e Aristóteles que buscaram o princípio das coisas nos seres intelectuais derivados do conceito, os estoicos reconhecem como seres verdadeiros apenas a causa ativa (*to poión*) e o ser sobre o qual age essa causa (*to páskhon*). A realidade, portanto, está no corpo – "tudo o que existe é corpo"[80] –, e este (*soma*) define-se como "tudo aquilo que age ou atua", donde "a afirmação de que tudo é corpo quer dizer unicamente que a causa, tal como nós a definimos, é um corpo, e o que sofre a ação dessa causa também é um corpo".

Segundo a ontologia estoica, esse materialismo radical e espiritual (deus e matéria ou *logos* e fogo constituem uma mesma realidade), que concebe o mundo como perfeito e agente a partir de si mesmo, é apenas animado por um princípio universal ativo (o *pneuma* ou sopro vital). Para os estoicos, ainda que toda interação requeira a corporeidade (só o corpo é agente e receptor da ação), é possível que algo além do ser (extrasser) se constitua como *incorporais* ou *acontecimentos* – sejam estes o tempo, o espaço, o vazio ou o dizível (*lekton*) – que pertencem à dimensão dos significados e, assim, prescindem de corpo para

---

79. BAUDRILLARD, J. *L'Échange symbolique et la mort*. Gallimard, 1976, p. 218.
80. Cf. BRÉHIER, É. *A Teoria dos Incorporais no estoicismo antigo*. Autêntica Editora, 2012. As nossas referências à lógica estoica (cuja matéria são os incorporais) procedem deste livro.

existir. O incorporal não se define como o ser (*tò ón*), mas como *algo* (*tò ti, aliquid*). Sem corpo, os significados estão excluídos do fluxo causal dos acontecimentos, mas se tornam condições de possibilidade para a existência dos corpos.

Incorporais/acontecimentos consistem, na visão estoica, de efeitos das únicas coisas realmente existentes, que são os corpos ou as forças, encaradas como causas uns para os outros. Esses efeitos compõem uma multiplicidade de "algos" (nem seres nem "nadas"), sem propriedades (semelhanças ou dessemelhanças, inerentes a um estado corporal), que se repetem nos limites dos corpos, mas sem deles serem agentes nem pacientes.

À primeira vista, os *orixás* poderiam ser chamados etnologicamente de incorporais, *no sentido empregado pelos alexandrinos* "para designar os seres que ultrapassam o mundo sensível". Mas é possível cotejá-los analogicamente com a concepção estoica, que "separa radicalmente o que nenhuma pessoa havia feito antes deles, dois planos de ser: por um lado, o ser profundo e real, a força; por outro lado, o plano dos fatos, que atuam na superfície do ser e constituem uma multiplicidade sem laço e sem fim de seres incorporais".

Também é possível o cotejo, na esfera do pensamento moderno, com construções teóricas ou conceitos, a exemplo de Freud em sua teoria dos instintos e das pulsões, entendendo-se os primeiros como estímulos corporais inatos ou coordenações motoras compulsórias e as segundas no quadro da dinâmica psíquica dos estímulos que se originam no corpo, o que faz delas um conceito situado na fronteira entre o orgânico e o psíquico. Mas o interessante para o cotejo é a admissão freudiana de que a teoria das pulsões é "a nossa mitologia", ou seja, trata-se de "entidades míticas, magníficas na sua indefinição. No nosso trabalho, não podemos nem sequer por um momento negligenciá-las, embora nunca estejamos certos de as estarmos vendo claramente"[81]. Ou seja, o criador da psicanálise está admitindo que algo definido por sua força compulsiva pode contornar a prova científica, mas existe *filosoficamente* como uma hipótese de trabalho, verificável apenas dentro de um determinado contexto, a saber, a *cena* psicanalítica.

No pensamento nagô, os *orixás* são – filosoficamente – *princípios* cosmológicos que se atualizam liturgicamente como incorporais, corporalmente apro-

---

81. FREUD, S. *The Standard Edition of the Complete Psychological Works of Sigmund Freud*. Vol. XXII. The Hogarth Press, 1964.

priados pelos iniciados, portanto, não são idealidades intelectuais, mas princípios que *acontecem* na dinâmica ritualística. A passagem do plano transcendental dos princípios à vivência empírica dos incorporais se dá pelos rituais e pelo transe. Mas os dois planos, embora diversos pelas facetas da visibilidade/invisibilidade, situam-se aqui mesmo *e não em um outro lugar mirífico* (o após-a-morte dos cristãos e dos islamitas) onde o homem supostamente se encontraria com o seu criador. O mundo nagô, visível ou invisível, é o próprio Planeta Terra aqui e agora em sua diversidade geográfica e existencial.

Daí a importância do espaço e de sua ocupação física e simbólica pela corporeidade humana, em franco contraste com a sociedade moderna europeia que, como assinala Foucault, "é, no fundo, indiferente ou relativamente indiferente à pertinência espacial dos indivíduos; ela não se interessa pelo controle espacial dos indivíduos na forma de sua pertinência a uma terra, a um lugar, mas simplesmente na medida em que tem necessidade de que os homens coloquem à sua disposição o seu tempo. É preciso que o tempo dos homens seja oferecido ao aparelho de produção, que o aparelho possa utilizar o tempo de vida, o tempo de existência. É, por isso, desta forma que o controle se exerce"[82].

No interior da configuração simbólica dos nagôs, o corpo humano é permeável a mundo histórico e cosmo mítico, exibindo ritualisticamente esta sua singularidade. A divisão estrutural entre consciente e inconsciente que, na modernidade ocidental, define o psiquismo do sujeito, não é o mesmo que essa abertura originária para outros mundos possíveis ou imagináveis, para a modulação de uma situação existencial a outra, ou seja, da existência propriamente humana para a experiência de contato com a divindade ou com o ancestral. Tal é o significado do *transe* místico: princípios cosmológicos e ancestrais, origem e morte reencontram-se simbolicamente na experiência de deslocamento ritualístico dos corpos num espaço. A expressão corporal é estimulada e solicitada pelo grupo, o que facilita a liberação dos ritmos pulsionais-somáticos e permite a mediação de conflitos psíquicos tanto individuais como grupais. Por outro lado, a encarnação de um princípio cosmológico enseja a que se circunscrevam as relações com um "além" do natural humano.

Esse processo de "encarnação" ou incorporação da divindade pelo iniciado é, para nós, filosoficamente relevante. Na ótica cientificista dos europeus, muito

---

82. FOUCAULT, M. A verdade e as formas jurídicas. Caderno da PUC-Rio, n. 16, 1974, p. 93.

se falou sobre um suposto relacionamento dos fenômenos ditos "de possessão" com crises histéricas. Na nosografia psiquiátrica, são processos de linguagem corporal parecidos ao que Charcot descreveu como histeria: manifestações motoras inusitadas, estados secundários da consciência – em que se alterna a experiência real por outra, alternativa ou mítica –, alterações excepcionais da sensibilidade etc. O transe místico, entretanto, implica uma hiperexpressividade somática, que se exibe ritualmente. Por isso, a etnologia avisada descarta a comparação psiquiátrica, mostrando como, nos cultos africanos, a hiperexpressividade de natureza catártica é coletivamente favorecida e estimulada desde a infância, comportando, muito ao contrário da conversão histérica, tanto a *mediação* de eventuais conflitos psíquicos individuais quanto a *comunicação* essencial com a dimensão suprarracional, desejada pelo grupo.

Na ótica de uma filosofia da linguagem, *o transe pode, assim, ser encarado como uma linguagem* ou como a resultante de "signos de comunicação", se quisermos lançar mão da terminologia pragmatista do filósofo Charles Sanders Peirce, esse sutilíssimo pensador da mediação e da representação, que o linguista Roman Jakobson justamente caracterizou como "o mais inventivo e universal dos pensadores norte-americanos".

O que é exatamente um "signo de comunicação"? Trata-se de um tópico bastante técnico, mas que se pode tentar resumir em algumas formulações peirceanas: "Um signo, ou *representamen*, é algo que, para alguém, representa ou se refere a algo em algum aspecto ou caráter. Dirige-se a alguém, isto é, cria na mente dessa pessoa um signo equivalente, ou, talvez, um signo ainda mais desenvolvido. Este signo criado é o que eu chamo o *interpretante* do primeiro signo. O signo está em lugar de algo, seu *objeto*. Está em lugar desse objeto, não em todos os aspectos, senão com referência a uma espécie de ideia, que às vezes tenho chamado de *fundamento* do *representamen*"[83].

Um exemplo: o signo "casa", que obviamente está em lugar do objeto físico (outra coisa, portanto), mas acentua um aspecto fundamental da ação de habitar, suscita para alguém (não exatamente uma pessoa, mas o próprio sistema lógico da língua atuante na mediação comunicativa) uma interpretação, que

---

83. PEIRCE, C.S. *La ciencia de la Semiotica*. Buenos Aires: Nueva Visión, 1974, p. 22 [Colección de Semiologia y Epistemologia]. A maior parte das citações de Peirce aqui feitas pertence a esse volume. São noções bastante conhecidas pelos estudiosos, mas que é conveniente sempre repetir, devido a seu refinamento teórico e às suas variadas nuances terminológicas.

é por sua vez um outro signo, ou "interpretante". Só que esse objeto denotado pelo signo pode ser perceptível, apenas imaginável, ou ainda inimaginável. "Com efeito, o vocábulo inglês *fast*, que é um signo, não é imaginável, dado que não é *a palavra mesma* a que pode ser escrita em um papel ou pronunciada, mas apenas *uma instância* dela; e dado, ademais, que é exatamente a mesma palavra quando é escrita e quando é pronunciada, mas, pelo contrário, é uma certa palavra quando significa "rapidamente" e outra totalmente distinta quando significa "estável", e ainda uma terceira diferente quando alude à abstinência", precisa Peirce[84].

O filósofo está aí, como se vê, debruçado sobre as questões essenciais da mediação, da comunicação e da representação. Mediação é o ato originário de qualquer cognição, porque implica o trânsito ou a "comunicação" da propriedade de um elemento para outro, por meio de um terceiro termo. Este terceiro é precisamente o signo, um meio de articular dois elementos diversos, por exemplo, um objeto e uma ideia interpretante. O signo é, portanto, um meio (*medium*) de comunicação (termo que aqui não se confunde com os modernos dispositivos de mídia), por tornar possível a partilha de uma experiência: "Um signo, por outro lado, na medida em que cumpre a função de signo, e nenhuma outra, conforma-se perfeitamente à definição de meio de comunicação. Ele é determinado pelo objeto, mas em nenhum outro respeito do que aquele que o capacita a agir sobre a *quase-mente* interpretante; e quanto mais perfeitamente ele cumpre a sua função como signo, menos efeito ele tem sobre essa *quase-mente*, senão a de determiná-la, como se o próprio objeto tivesse agido sobre ela. Assim, depois de uma conversa comum, em que funcione um tipo de signo maravilhosamente perfeito, sabe-se que informação ou sugestão foi transmitida, mas não se é absolutamente capaz de dizer em que palavras ela foi transmitida, e frequentemente se pensará que a transmissão se deu em palavras, quando de fato se deu em tons ou em expressões faciais".

Desta maneira, a mediação é uma complexa operação semiótica – designável também como *semiose* –, que articula relações de *determinação* e de *representação*. Retomando o mesmo exemplo de há pouco, o objeto físico "casa" determina o signo (ou *representamen*) "casa" que, por sua vez, representa o objeto. Para tanto, é preciso um terceiro elemento, o interpretante, suporte lógico da representa-

---

84. Ibid., p. 23.

ção. Trata-se, portanto, de uma tríade que, logicamente articulada, movimenta os componentes do signo, por meio de um processo dinâmico capaz de levar um signo a desdobrar-se em outro e a constituir a ação mediadora da semiose.

A semiose é possibilitada pelo *a priori* de um comum, pela pressuposição de uma dimensão comunitária, habitada por uma *quase-mente*. Este termo é um refinamento teórico peirceano, que visa a descrever não exatamente o falante de carne e osso participante de um ato comunicativo, e sim o "lugar", a configuração topológica na trama das relações de sentido em que se dá a interpretação. Deste modo, o conceito de quase-mente – que não deixa de evocar as regras comunitárias denominadas "jogos de linguagem" por Wittgenstein – converte a determinação pessoal do falante em pura determinação sígnica, de natureza lógico-interpretativa.

Ou seja, trata-se de uma espécie de "mente comunitária", definida por Peirce como um "interpretante comunicacional" ou, mais apuradamente, um commens (abreviação latina de "mente comunitária"). Explica ele: "Há o interpretante intencional, que é uma determinação da mente do falante; o interpretante efetivo, que é uma determinação daquela mente dentro da qual têm de se fundir as mentes do falante e do intérprete, para que ocorra qualquer comunicação. Esta mente pode ser chamada de *commens*. Ela consiste em tudo que é, e deve ser, bem entendido entre falante e intérprete no início, de modo que o signo em questão possa preencher a sua função"[85].

Peirce está aí descrevendo o processo individualizado da comunicação linguística. Mas ao invocar o conceito de comunidade (ação recíproca entre agente e paciente, portanto comunicação enquanto ser-em-comum, vinculação fusional entre um eu e outro), ele dá margem à expansão de seu escopo para a dimensão coletiva, onde a vinculação aparece como a radicalidade da diferenciação e da aproximação entre os seres humanos, e daí como *a estratégia sensível que institui a essência do processo comunicativo*, este que John Dewey chamava de "interação comunal".

Se reinterpretarmos a argumentação peirceana dentro de uma perspectiva genealógica de constituição do grupo social organizado, poderemos inferir que,

---

85. PEIRCE, C.S. Trecho de carta de Peirce à lógica Victoria Lady Welby. In: HARDWICK, C.S. (ed.). *Semiotics and Significs* – The Peirce-Welby correspondence. Bloomington: Indiana University Press, 1977.

da vinculação ou do entrelaçamento econômico, político, cultural e afetivo que constitui o ser social, o *socius* – em outras palavras, a condição de possibilidade do sujeito em sociedade –, surgem as instituições (nação, família etc.) capazes de funcionar tanto como pano de fundo quanto como operadores da identidade humana. São vinculativos os discursos, as ficções e os mitos de fundação da comunidade histórica que preside as identificações – com o Estado-nação, com os valores (comunidade, família, trabalho etc.) e com o *ethos* ou atmosfera emocional coletiva.

Vincular-se (diferentemente de apenas relacionar-se) é muito mais do que um mero processo interativo, porque pressupõe a inserção social e existencial do indivíduo desde a dimensão imaginária (imagens latentes e manifestas) até as deliberações frente às orientações práticas de conduta, isto é, aos valores. A vinculação é propriamente *simbólica*, no sentido de uma exigência radical de partilha da existência com o Outro, portanto dentro de uma lógica profunda de *deveres* para com o *socius* para além de qualquer racionalismo instrumental ou de qualquer funcionalidade societária.

Situando o *commens* ou "mente comunitária" no âmago do processo comunicacional-linguístico, Peirce assinala a radicalidade simbólica da vinculação. Revestido da forma-signo, necessária aos códigos de funcionamento da comunicação humana, o vínculo faz aparecer o sentido, que é algo destacado do "objeto" ou da configuração material, e se converte em realidade intersubjetiva e social. Esta, por sua vez, investida das características do signo (da linguagem, portanto), manifesta-se como um conjunto de instituições e práticas, interligadas por uma rede sutil de sentido, a que se pode dar o nome de cultura.

O que Peirce tem em vista é o signo na acepção do que Kant entende como "faculdade de designação" (*Bezeichnungsvermögen*), isto é, o conjunto das formas linguísticas que possibilitam a compreensão entre os que falam e ouvem. Assim, o interpretante efetivo ou quase-mente, que ele menciona para indicar a fusão entre falante e intérprete, é função do vínculo, marca de uma estrutura originária de compreensão, e não de qualquer interatividade instrumental. O signo, imprescindível à representação, é tanto da ordem do inteligível quanto do sensível, é consciência e corpo, que demandam o sujeito na totalidade de sua vinculação social, na radicalidade de uma comunhão concreta, para que o sentido possa emergir.

Ora, numa filosofia "constitutiva" – a de diátese média, em que a corporeidade é constitutiva de linguagem – o transe pode ser lido como um "conceito" suprarracional (não uma representação abstrata, mas a coleção de traços de um pensamento em ação, no sentido deleuziano de conceito), em que o ato é o seu próprio efeito. O estranhamento quanto à ambiência normal permite falar-se, sem conotação pejorativa, de uma "alienação espaçotemporal", análoga à experiência teatral em que outra temporalidade existencial faz emergirem formas ativas da *Arkhé* comum. É uma experiência mobilizada pela "mente comunitária", tão invisível quanto as pontes que estabelece entre os iniciados e as idealidades incorporais, as divindades. Enquanto "coração" próprio da linguagem, o *commens* pressiona a consciência individual na direção de um estado de vigília (subconsciente) ou de "teatro vivido" (desperto, mas condicionado a um papel), em ambos os casos um fenômeno sacro grupalmente valorizado.

O transe aplica-se tanto ao universo reconhecido como "místico" quanto a momentos singulares da criação literária ou poética no Ocidente, a exemplo das *Elegias de Duíno*, um dos textos mais obscuros e difíceis da literatura alemã, a propósito do qual o poeta Rainer Maria Rilke admitia ter sido atraído e conduzido por uma "força sobrenatural". Qualquer que seja o nome atribuído, essa força é o efeito de uma dinâmica que a consciência não controla por inteiro, logo, é o invisível que faz do criador um lugar móvel na linguagem e faz da criação algo potencialmente maior do que a intencionalidade autoral. Ela não é, entretanto, "sobrenatural", no sentido de algo que vai além dos atributos próprios da natureza criada. Nada, assim, que possa corresponder à ideia europeia de "magia primitiva", e sim um ato de natureza metafísica decorrente da mesma natureza do ser criado, do homem.

Além da dimensão ritualística, o transe é concebível como um trânsito não deliberado entre os planos do visível e do invisível por especial pressão de modulações da já referida mente comunitária ou simplesmente como uma *incontível voz do comum*, que os antigos gregos chamavam de *daimon*. O poeta pode então dizer: "Eu não construí o poema, ele se construiu em mim". Numa carta a Adolfo Casais Monteiro, hoje referida como "famosa", Fernando Pessoa conta como incorporou o heterônimo Alberto Caeiro: "Lembrei-me um dia de fazer uma partida ao Sá-Carneiro inventando um poeta bucólico, de espécie complicada, e apresentar-lho, já não me lembro como, em qualquer espécie de realidade. Levei uns dias a elaborar o poeta, mas nada consegui. Num dia em que finalmente desistira – foi em 8 de março de 1914 – acerquei-me de uma cômoda alta e, tomando de um papel, comecei a escrever, de pé, como escrevo sempre que posso. E escrevi trinta e tantos poemas a fio, numa espécie de êxtase cuja natureza não conseguirei definir [...]. Abri com um título 'O guardador de rebanhos'. E o que se seguiu foi o aparecimento de alguém em mim, a quem dei desde logo o nome de Alberto Caeiro".

Essa perspectiva do transe como um trânsito entre os dois planos aplica-se igualmente a aspectos extraordinários do conhecimento científico, em especial no campo das matemáticas. É o caso do notável matemático indiano Srinivasa Ramanujan (1887-1920) que, sem formação acadêmica, recria sozinho nas duas primeiras décadas do século XX praticamente tudo que tinha sido feito até então em setores das matemáticas como geometria, teoria dos números, séries infinitas etc., assombrando os matemáticos britânicos da época e sendo aceito, apesar de todos os preconceitos, na Royal Society de Ciências. Singular em Ramanujan é a sua própria explicação para os seus aportes científicos: os teoremas e as equações, hoje tidos como importantes para a mecânica quântica e para a teoria física das cordas, lhe foram ditados em sonhos ou sussurrados aos ouvidos pela divindade *Namagiri*, cultuada pelos hinduístas no atual estado de Tamil Nodu, na Índia, e, em particular, por sua família. Uma vez mais, aqui, a categoria peirceana da mente comunitária ou *commens* pode também ser invocada como uma hipótese explicativa plausível, considerando-se a verdadeira organicidade do pensamento matemático na tradição sagrada dos indianos.

Não apenas a poesia e a ciência, mas também a filosofia é abrigo dessa experiência radical, suscetível de acompanhar todo o trajeto de uma existência, como se pode observar num pensador como Nietzsche, que continua mobilizando a consciência pensante em pleno terceiro milênio. É que nele parece incorporar-se o transtemporal da sabedoria (apreensão de passado e "adivinhação" de futuro), detectável em sua descrença, igual à de Platão, de que o impresso pudesse transmitir o seu pensamento; em sua suspeita de que possa haver filosofia além de um sistema construído como tal; em seus aforismos como estilo de escrita; em suas aparências proféticas; em seu ensino mais esotérico do que universitário; em sua transpiração musical; em seu elogio da loucura sagrada: "por toda parte é a loucura que abre o caminho aos novos pensamentos, que quebra o tabu respeitado de um costume ou de uma superstição"; em sua louvação do delírio ou do transe: "algo de tão horrível e imprevisível na voz e nos gestos, como os caprichos da tempestade e do oceano, e que provoca tanto temor e fascínio? Algo que traz tão visivelmente os sinais de que é totalmente involuntário, como as convulsões e a baba do epiléptico" (cf. *Aurora*, 1881).

É certamente possível compor uma história do transe criativo, mas Nietzsche permanece como caso modelar desse fenômeno na criação filosófica. O seu *Zaratustra*, criação poética para uma enunciação filosófica, lhe advém inicialmente como um arrebatamento no desvio de um caminho de montanha perto de Rapallo (vila de Gênova, na Ligúria, de origem grega ou etrusca): "E sobretudo o próprio Zaratustra enquanto tipo: mais exatamente, ele caiu sobre mim" (cf. *Ecce homo*). Zaratustra é, sem dúvida, um personagem a meio caminho entre o mito e a história, mas não constitui mera ficção, uma vez que o filósofo o figura como uma quase super-humanidade – "a forma mais alta de tudo o que é", "a alma mais sábia a quem a loucura persuade mais suavemente" –, portanto, uma prefiguração do super-homem, isto é, da ideia grandiosa do sentido do ser humano. O transe não se revela, entretanto, apenas na "queda sobre si" referida na concepção original do Zaratustra, uma vez que o personagem é, ao mesmo tempo, uma "idealidade" poderosa com a qual Nietzsche se identifica e com cuja sombra se confunde.

Por outro lado, a questão do "invisível" não equivale à ideia ocidental de "inconsciente". No pensamento de *Arkhé*, por exemplo, nada é de fato inconsciente, *porque nada se recalca*, mas o que não se vê inicialmente torna-se visível na dramaticidade do ritual, análoga ao êxtase místico dos xamãs da Ásia Central, dos pajés ameríndios e dos iniciados nos mistérios gregos de Elêusis. Aqui, uma vez mais, a mística nagô é companheira da originariedade helênica, em que o transe ou o *delírio* – ou ainda a *mania*, entendida como loucura sagrada, a mesma a que Nietzsche se refere como "legítima voz de uma divindade" – constituía o fundamento do culto délfico. Quando Sócrates exalta a mania (no *Fedro*), deixa implícita a sua relação com Apolo (não apenas com Dioniso) e uma inferência quanto à "loucura sagrada" como matriz – ou como pressuposto – da sabedoria. O sábio é, na verdade, um mediador entre a esfera humana e a totalidade diversa do mundo.

É que a diversidade de princípios e de mundos tem como pressuposto a *complementaridade*. Um mito de origem nagô fala de um tempo em que não havia a separação entre os dois mundos, o que permitia a passagem livre de um plano para o outro, até o dia em que uma divindade lança o seu cajado ritual para assinalar a divisão dos espaços. Essa divisão reforça a consciência humana de seus próprios limites, especialmente do grande limite, que é a morte. Comparada ao homem, a divindade é uma alteridade – isenta de finitude, mas potente, perfeita. Para o paradigma africano (mas igualmente para a prática religiosa dominante na Grécia antiga, ao lado dos muitos cultos dos mistérios), os deuses não constituem uma diversidade *abscondita* e absoluta, a exemplo do Deus cristão, já que interagem ritualisticamente com os homens. No plano comparativo, entretanto, são de fato uma verdadeira alteridade.

No conjunto ritualizado de procedimentos cosmogônicos, o corpo encontra a sua totalidade, resolvendo a dicotomia entre singular e plural, entre sujeito e objeto ao se integrar no simbolismo coletivo na forma de gestos, posturas, direções do olhar, mas também de signos e inflexões microcorporais, que apontam para outras formas perceptivas. Ao mesmo tempo, a corporeidade enseja um tipo de percepção sensorial, que pode de fato ser concebida como "ecológica", na medida em que vincula o sujeito à natureza íntima do ecossistema circundante e abrangente. Pessoas, animais, plantas compõem uma espécie de paisagem viva e atuante sobre o elemento humano.

O ritual é o lugar próprio à plena expressão e expansão do corpo. Diferentemente da teologia cristã ou da meditação oriental, ele não racionaliza os seus conteúdos, mas constitui, em última análise, o modo de ser reflexivo da comunidade como *uma forma somática de pensar*. É, assim, possível conceber o ritual ou o rito como isso que os gregos chamaram de *techné* e se traduziu resumidamente como *técnica*. Esse resumo a define como a produção de meios para a obtenção de um resultado ou um fim. Se aplicássemos esta definição ao conjunto de procedimentos ou "instrumentos" (signos, toques percussivos, cânticos, danças, invocações etc.) constantes de um rito nagô, também o veríamos como uma "técnica" de natureza mítico-religiosa que se encerraria tão logo terminasse o rito, mas por outro lado estaríamos deixando de fazer a experiência do relacionamento com o essencial nessa execução instrumental do saber mítico. O essencial não reside de fato na capacidade de produzir o começo e o término dessa prática importante para o grupo, e sim na obtenção de um *fim* entendido como *plenitude* de uma experiência existencial. Em iorubá, esse fim se diz *abá*, equivalente ao *telos* grego.

A equivalência justifica-se quando se considera o sentido do instrumental na *techné*, entendido como o plano dos meios, isto é, daquilo pelo que se fabrica ou se obtém alguma coisa. A esse plano, que produz efeitos, chama-se em grego *aition* e, em latim, *causa*, de *cadere*, cair ou acontecer, para significar aquilo que faz acontecer um resultado. No âmbito da causalidade, registram-se, desde o ensino aristotélico, quatro causas: (1) a *causa materialis* ou a matéria de que se faz alguma coisa; (2) a *causa formalis* ou a forma assumida pela matéria; (3) a *causa finalis*, que dá sentido à forma da matéria e (4) a *causa efficiens*, responsável pelo efeito. Entretanto, a causalidade aqui em jogo nada tem a ver com as interpretações posteriores da instrumentalidade técnica, tendentes a sobrevalorizar a produção do efeito e, assim, a pura eficiência da ação.

A técnica inerente ao ritual nagô encontra-se – e, assim, ajuda a esclarecer – com a *technè* grega, que concebe *aition* (causa) como aquilo pelo qual alguém responde, mas a que também, comunitariamente, se obriga. Num mero utensílio, a matéria, a forma, a finalidade e a produção do efeito são solidárias e coerentes com a causa, mas sobretudo responsáveis para com uma força que as antecede e se mantém depois de feito o utensílio, que é o *telos*, o *fim* da produção. Essa unidade coerente pode ocultar-se na produção cotidiana de utensílios, porém se torna mais clara na técnica litúrgica, onde a execução do ritual propõe-se, filosoficamente, a deixar aparecer algo que tem vigência, mas não tem materialidade, ou seja, a Arkhé, – *abá* ou *telos* da comunidade. A técnica é *poiesis* enquanto desvelamento do essencial. O ritual (*orô*, em iorubá), conceito que prescinde da síntese monopolista do nome "religião", é igualmente *poiesis* de desvelamento da Arkhé.

Daí a pregnância do corpo na *techné* ritualística. Em termos extensivos, concebe-se o corpo como um microcosmo do espaço amplo (o cosmo, a região, a aldeia, a casa), igualmente feito de minerais, líquidos, vegetais e proteínas, o que faz da conquista simbólica do espaço uma espécie de tomada de posse da pessoa. Isto é corroborado pelo antropólogo Marc Augé, para quem "se temos exemplos de territórios pensados à imagem do corpo humano, o corpo humano é muito, geralmente, ao contrário, pensado como um território"[86]. Para além da carne, o corpo e suas representações (portanto, a corporeidade) podem ser concebidos como um território onde se entrecruzam elementos físicos e míticos, coletivos e individuais, erigindo-se fronteiras e defesas. Do mesmo modo,

---

86. AUGÉ, M. *Não lugares* – Introdução a uma antropologia da supermodernidade. Papyrus, 1994, p. 59.

partes do copo (cabeça, pernas) podem ser consagradas e cultuadas como entidades suprassensíveis.

Desejo como potência

É Deleuze quem estabelece (cf. *Diferença e repetição*) uma distinção entre as hierarquias dos entes: um primeiro tipo mede-os segundo os seus limites, de acordo com um padrão comparativo; num outro, há singularidades, medidas segundo a sua potência. Neste último caso, escapa-se ao plano das comparações, uma vez que não se comparam singularidades, e cada uma dessas busca o máximo de sua própria potência, tornando ontologicamente iguais todos os entes. Este é o sentido do aforismo nagô "os dedos não são idênticos" (*iká ko dogbá*)[87], mas são *iguais* na medida em que a diversidade formal dos singulares atinge a igualdade, por potência, no envoltório da mão. É a mão que atribui a potência própria à diferença e rege distributivamente as funções dos dedos enquanto pontos singulares.

Num texto curto, mas precioso para o que aqui se discute, Giorgio Aganbem sublinha o lugar fundamental do conceito de *potência* na filosofia ocidental, remontando a uma passagem de *De anima* em que Aristóteles, a propósito da faculdade sensitiva, assinala uma aporia: "Por que não há sensações dos sentidos mesmos? [*tón aistheseon... aisthesis*]. Por que, na ausência de objetos externos, eles não nos oferecem sensações? [...] Isto acontece porque a faculdade sensitiva [*tò aisthetikón*] não está em ato, mas apenas em potência [*dynamei mónon*]"[88].

O que agora sublinhamos, porém, é que esse mesmo conceito (designado em nagô como *axé* e equivocamente traduzido como "poder"), geralmente tornado objeto de descrições etnológicas, é axial no pensamento da *Arkhé* africana. Há uma conhecida abordagem do que poderíamos chamar de *ontologia banto*, que costuma ser relegada ao segundo plano por intelectuais africanos, em virtude tanto das admitidas intenções catequéticas de seu autor, o missionário cristão belga Placide Tempels, quanto pelo excesso de generalizações[89]. En-

---

87. Deixamos de lado a tradução habitual "os dedos não são iguais" para evitar a ambiguidade da palavra "igual", que também contém a ideia de forma e, no caso, perturba a afirmação da potência.
88. Cf. AGANBEM, G. *La potencia del pensamiento*. Buenos Aires: Adriana Hidalgo, 2007, p. 351-368.
89. Cf. TEMPELS, P. *Bantu philosophy*. Présence Africaine, 1969.

tretanto, algumas de suas considerações de natureza filosófica sobre a categoria "força vital" coincidem, *mutatis mutandis*, com a experiência nagô.

Para começar, ao contrário de São Paulo – que vê no *Logos* "o ser, o movimento e a vida" – os bantos descritos pelo padre belga concebem a "força" como elemento necessário e inseparável da noção de ser. Trata-se de "força vital", responsável pela existência vigorosa, cultuada como valor supremo. Deste modo, a divindade é cultuada porque traz a força em si mesma, constituindo-se em fonte da força de cada criatura. E também, como acontece no pensamento nagô, os ancestrais são dotados de força extraordinária por serem os fundadores da espécie humana e propagadores da força transmitida pelas divindades.

Tempels descreve a metafísica cristã como baseada numa concepção estática do ser, concebendo a realidade comum a todos como "o existente" ou "o que é", ao passo que os bantos não separam a noção transcendental do "ser" de seu atributo dinâmico ou "força": sem a força, não há o ser, o ser é a força. Esta é uma categoria que inclui, portanto, todos os seres – homens, divindades, ancestrais, animais, plantas e minerais. É forçoso, entretanto, ponderar a Tempels que, se isso é verdadeiro para a metafísica, não o é certamente para um grande metafísico como Schopenhauer, em cujo pensamento é fundamental a ideia de força. Evidentemente, enquanto pensador que se move no interior do círculo discursivo da filosofia europeia (e não frente a uma "outra" cultura), ele constrói a sua doutrina em oposição profunda ao racionalismo hegeliano e às exacerbações da "razão absoluta" no século XVIII. Mas para ele, assim como para os bantos descritos por Tempels, sob todas as representações do mundo e todos os fenômenos da natureza (minerais, vegetais, animais ou humanos), age um obscuro princípio motor, que é propriamente uma *dynamis* (*Wille*, o querer). Essa força seria impenetrável à razão causal.

É importante assinalar, entretanto, que esse real "dinâmico" dos nagôs não corresponde à ideia de uma *dynamis* ou uma *energeia* universal capaz de animar o universo, como transparece no caso do *mana*, que seria uma noção animista ou fetichista na visão da antropologia ocidental, influenciada pela interpretação reducionista dada por Malinowski ao *mana* dos melanésios. Por isso, insistimos na redescrição de força ou de axé como "potência", problematizada por Aristóteles em *De anima*. Potência (*dynamis*) não é o mesmo que o ato (*energeia*), do qual decorre o *poder*. O que de fundamental emerge no texto de Aristóteles é, para Aganbem, o problema original da potência, enunciado na pergunta "o que significa ter uma faculdade?"

Frisando que a Grécia arcaica não concebia a sensibilidade, a inteligência (ou, menos ainda, a vontade) como "faculdades" de um sujeito e que a mesma palavra *aisthesis* expressa uma atividade real, indaga-se Aganbem: "Como pode, então, existir uma sensação na ausência de sensação, existir uma *aisthesis* em estado de anestesia?" No texto aristotélico, estas perguntas estão referidas a *dynamis*, que significa tanto potência quanto possibilidade. A faculdade de fazer ou não fazer alguma coisa (ver, falar etc.) inscreve-se na esfera da potência como um "hábito" (*héxis*, de *écho*, "ter"): o homem "tem" uma prática vital em que a possibilidade está separada do ato.

A faculdade ou a potência de falar existe sem a sensação real da fala, porque esta, para existir, requer o ato. Na potência está implícita a privação (*stéresis*) de algo que testemunhe a presença do ato, "por isto, a sensação não sente a si mesma, assim como o combustível não se acende por si mesmo". Só que Aristóteles faz uma distinção entre "potência genérica" – ou seja, a possibilidade que se tem de fazer algo, mas sem ter ainda a *héxis* correspondente (a exemplo de uma criança que pode aprender) – e a potência já inscrita na *héxis*.

Agora se referindo tanto à argumentação aristotélica em *De anima* como na *Metafísica*, Aganbem diz que "a potência é definida, assim, essencialmente pela possibilidade de seu não exercício, assim como a *héxis* significa: disponibilidade de uma privação. O arquiteto é potente enquanto pode não construir, e o tocador de cítara é tal porque, diferentemente de quem é chamado potente só no sentido genérico e que simplesmente não pode tocar a cítara, pode não tocar a cítara". Claro, no interior das modernas sociedades históricas, um grupo humano social e economicamente subalterno, mas simbolicamente potente, pode investir-se de poder particular frente ao poder geral do Estado. Isto é o que o teórico da comunicação Niklas Luhmann designou como *autorreferência* e *autopoiesis* dos sistemas sociais, e os sociólogos do ativismo minoritário têm chamado de "empoderamento". Um de seus fatores é o fortalecimento da identidade coletiva.

Mas na corporeidade da *Arkhé* africana, o desejo afirma-se primordialmente como potência – e não como *poder* – de desfrute, gozo e realização. A palavra *axé* dá conta de força e ação, qualidade e estado do corpo e suas faculdades de realização. *Axé* é na verdade um potencial de realização *ou de não realização*, apoiado no corpo. Esse "não realizar", correspondente à noção aristotélica de "privação", implica um conhecimento secreto ou místico da potência presente nos ritos iniciáticos, verdadeiramente geradores e transmissores de *axé*. Em outros termos, *axé* é um princípio de movimentação energética dos seres (divindades, homens e ancestrais) atinente à força contida em substâncias do reino mineral, vegetal e animal.

Guardadas as diferenças de sistemas, é uma noção próxima àquilo que, no budismo tibetano, se valoriza como energia, frequência mental e vibração, apenas se ressalvando que o *axé* é mais "biossimbólico" do que biológico, portanto, não é figurado como um mergulho na instância do psiquismo individual por meio de técnicas como a meditação e outras. Também mantidas as devidas diferenças culturais, tem analogia com o que Espinosa chama na *Ética* de *conatus*, o esforço ou movimento afetivo em favor de tudo que aumente ou facilite as faculdades do corpo, embora ressalvada a aplicação do princípio ao elemento "natural", além do humano. Experienciado como um conteúdo real, acumulável e transmissível pela mediação corporal, o *axé* preside ao ciclo das trocas simbólicas, do dar e receber, fazendo funcionar os códigos comunitários, presidindo às transformações e passagens de uma situação a outra. Por isso, é o conteúdo mais valioso guardado (na realidade, suas representações são fisicamente "plantadas" no chão) nas comunidades litúrgicas.

Seria talvez possível descrever o processo dinâmico do *axé* nos corpos em termos psicanalíticos, como uma multiplicidade pulsional. Mas com a palavra "pulsão", a psicanálise pretende referir-se a uma "arrancada" ou uma pressão somático-simbólica, num corpo individualizado e no sentido de um objeto, onde se completa a sua finalidade. *Axé*, entretanto, é ao mesmo tempo individual e coletivo, mas também ao mesmo tempo pré-individual e impessoal. Há o *axé* dos deuses, dos elementos naturais, dos indivíduos vivos e dos ancestrais, portanto, há um múltiplo de intensidades que se organizam no campo da comunicação de um *comum*. Este é atravessado por um sincretismo de *afetos*, além de práticas de elaboração e absorção, imprescindíveis ao conhecimento iniciático.

A palavra *afeto* é aqui decisiva. É que, nessa ordem dos fenômenos humanos onde tem primado o *sensível* ou a *sensibilidade* (entendida como propriedade de acolher impressões e excitações, a elas reagindo com operações distintas dos processos intelectuais), os conceitos revelam-se imprecisos, a despeito do empenho tradicional da filosofia e, depois, da psicologia e da psicanálise. Os termos podem tocar-se e confundir-se, enquanto os teóricos propõem demarcações para uma sinonímia genericamente relativa aos estados contrastados de dor ou de prazer, que constituem os protótipos ou matrizes psíquicas dos afetos.

Afeto é nome recente para o que antes se designava como *afecção*, a exemplo da doutrina de Espinosa: "Entendo por paixões (*affectus*) as afecções (*affectiones*) do corpo que aumentam e diminuem a potência do agir" (Ética III, def. 3). Registra-se aqui, entretanto, uma sutil diferença entre afecção, como um conceito referido diretamente ao corpo e sua ideia, e afeto (*affectus*), "que implica tanto para o corpo para o espírito *um aumento ou uma diminuição da potência de agir*"[90]. No pensamento espinosiano, o entendimento do que seja a afecção passa pelo de "modo": Para ele, em tudo que é, existe o *ser em si* ou *substância* e o *ser em outra coisa*. O modo, ser em outra coisa, segundo termo da alternativa daquilo que é, define-se como o conjunto das afecções de uma substância ou, "em outras palavras, aquilo que está em outra coisa pela qual também é concebido" (Ética, I, def. 5).

Hoje, a palavra afeto privilegia o significado do exercício de uma *ação* de A no sentido B, em particular sobre a sensibilidade de B, que é um ser necessariamente vivo. A ação de afetar (no latim clássico, podia corresponder a *commuovere*) contém o significado de "emoção", ou seja, de um fenômeno afetivo que, não sendo tendência para um objetivo, nem uma ação de dentro para fora (a sensação, vale lembrar, é de fora para dentro) define-se por um *estado* particular na consciência[91]. Em linhas gerais, afeto pode muito bem equivaler à ideia de energia psíquica, assinalada por uma tensão em campos de consciência contraditórios. Mostra-se, assim, no desejo, na vontade, na disposição psíquica do indivíduo que, em busca de prazer, é provocado pela descarga da tensão[92].

Por meio do que está suposto em afeto, a noção de *axé* aproxima o pensamento da *Arkhé* nagô de algumas das preocupações da filosofia contemporânea (pós-estruturalista), especialmente afetada pela influência nietzscheana no tocante à relação entre pensamento e realidade, mais particularmente, à diferença entre a fixidez dos sistemas conceituais e a fluência do mundo último do "tornar-se" ou devir. Aparecem, então, noções como "energia" e "intensidade" para

---

90. DELEUZE, G. *Espinosa* – Filosofia prática. Editora Escuta, 2002, p. 92.
91. Cf. LALANDE, A. *Vocabulário técnico e crítico de filosofia*. Martins Fontes, 1999.
92. Deleuze e Guattari fazem uma distinção entre *percepções/afecções* (dimensão subjetiva da sensibilidade) e *perceptos/afetos*, entendidos como uma dimensão impessoal, capaz de ultrapassar tanto sujeito como objeto, a exemplo de formas autossuficientes (cf. *Qu'est-ce que la Philosophie?* Paris, 1991).

contornar a ideia de subjetividade como uma caixa fechada da representação. Lyotard, por exemplo, concebe filosoficamente uma "banda libidinal", ao modo de uma "grande película efêmera", composta pelas superfícies expostas do corpo, por sua vez libidinalmente investidas e gerando pontos de "intensidade" ou de pura sensação[93].

As mesmas noções comparecem quando se trata de pensar algo em sua *singularidade*. Este termo tem sido empregado pela física para descrever o estranho fenômeno de um ponto infinitamente denso, onde espaço e tempo se curvam sobre si mesmos, confundindo passado e futuro, no limite, um universo sem ordem nem regras. No campo do pensamento, porém, a singularidade é uma diferença absoluta, isto é, pensada em si mesmo, fora do regime da representação e fora das relações ditas derivadas e contínuas, o que traz à cena a ideia de *caos* para determinar, como num lance de dados, um ponto singular. Isto implica deixar de lado as categorias tradicionais (aristotélicas), que instauram a diferença como negação e, portanto, como desdobramento lógico do conceito de identidade, com vistas a apreender a *diferença real*. Esse "real" que se experimenta não é a unidade macroscópica figurada numa representação, mas as partículas ou fragmentos mínimos, diferenciais, sub-representativos, infraproposicionais, tais como se oferecem, de modo caótico e invisível, numa experiência de afeto.

É esse o jogo proposto, por exemplo, na filosofia de Deleuze, que celebra a perda da identidade (e a fragmentação esquizofrênica da experiência) como uma espécie de libertação do unitário "eu" edipiano. O filósofo começa indagando sobre a natureza do pensamento, logo, sobre a gênese do sentido no pensamento. Este deve nascer, para ele, *sem imagem de pensamento*, coincidente com o conceito nagô de *Arkhé*, que vimos apontando como o sentido do "acontecimento" implícito na diáspora escrava. As intensidades implicadas no *axé* são singulares como todo e qualquer afeto. E, visto que elas presidem à constituição do indivíduo e da pessoa, mas sem a representação dada por uma unidade conceitual, são necessariamente pré-individuais e impessoais como figuras de um *campo transcendental*, onde se organizam. Claro, são contextos e realidades totalmente diferentes, mas fortemente analógicos nos tópicos da reflexão deleuziana sobre os corpos e seus movimentos como definidores de estados de coisas (cf. *A lógica*

---

93. Cf. LYOTARD, J.-F. *Économie libidinale*. Paris, 1974.

do sentido) enquanto as misturas entre corpos são causas, cujos efeitos não se dão na profundidade dos corpos e sim *na superfície* – isto é, na superfície ontológica, onde se situam o pensamento e a linguagem e onde se inscreve o sentido. Os efeitos são *incorporais*, um "extrasser" capaz de exprimir o sentido de um acontecimento. E *sentido* designa as intensidades que fazem existir a linguagem.

Na descrição deleuziana, as intensidades dispõem-se, conforme já enunciamos, num *campo transcendental* – um espaço, sub-representativo e heterogêneo, da experiência real –que recebe denominações diferentes ("superfície metafísica", "plano de consistência", "plano de imanência", "corpo sem órgãos") na sucessão dos livros com seus diferentes títulos. Trata-se de um *campo virtual*, cuja passagem ao *campo atual* se dá pelo agenciamento das singularidades ou, para sermos mais claros, pela mobilização anônima de afetos e não por uma consciência poderosa que restaure essências metafísicas como formas perfeitas da subjetividade. As "singularidades" são formações impessoais (um exemplo nagô: *Exu*, princípio simbólico ou sacro da individuação) que atravessam o corpo coletivo como afetos ou intensidades pré-individuais com potência (*axé*) própria.

Por sua vez, o *axé* supõe igualmente uma virtualidade – o sagrado como um campo *transcendental* – que se atualiza ou se individualiza pela mobilização iniciática. Ele permite que a origem, ao invés de intelectualmente *vista*, seja de fato *vivenciada*, o que faz da celebração ou da interpelação ritualística da *Arkhé* um dispositivo da *identidade existencial* do ser nagô. Por meio dele, homem e coisa, ser vivo e matéria interpenetram-se virtual e realmente, renovando a capacidade de expansão do grupo, o que implica, para cada um e para todos, existência plena (integridade corporal, saúde, realizações etc.) e devir grupal assegurado.

Um pensamento dessa ordem desenvolve sistemas de construção de verdades – *regimes de veridicção*, na terminologia de Michel Foucault – diferentes daqueles implicados nos processos ocidentais correntes. Ao invés de verdade como uma totalidade lógica que anula a força das partes (como no *motto* hegeliano "a verdade é o todo, não a parte") por meio de um fluxo dialético ascendente, o verdadeiro emerge como resultado de um consenso progressivo quanto ao potencial humano e natural. Esta é uma perspectiva próxima ao que ocorre com a ciência contemporânea, particularmente a física, em que os resultados de um experimento complexo podem expressar-se como potencial estatístico (com eventuais efeitos tecnológicos) sem que a questão da verdade seja necessariamente levantada. O que se adota como escolha preferencial não é uma "verdade maior", mas uma "maior potência".

Na comunidade litúrgica, a *autoridade*, isto é, o diferencial afetivo de experiência ética ou sabedoria (valores, conhecimentos práticos e míticos etc.) dos mais velhos é essencial à transmissão da potência renovadora do *axé*: "Recebe-se o *axé* das mãos e do hálito dos mais antigos, de pessoa a pessoa numa relação interpessoal dinâmica e viva. Recebe-se através do corpo e em todos os níveis da personalidade, atingindo os planos mais profundos por sangue, frutos, ervas, oferendas rituais e palavras pronunciadas"[94]. Nessa transmissão, a dimensão racional e semântica da língua é posta em segundo plano pela dinâmica afetiva, mítica e simbólica do *axé*.

Essa questão semântica é extremamente importante para a compreensão do pensamento da *Arkhé*, porque no real-histórico das comunidades litúrgicas a língua nagô abandonou há bastante tempo a sua condição de interlocução cotidiana entre os africanos e seus descendentes, transformando-se em patrimônio mítico e litúrgico. Ainda que se opere uma reconstituição em nomes, em frases e em cânticos, já se esvaziou a semântica original de cada palavra, suscitando a reinterpretação do sentido por sua função na trama simbólica do culto. Investida pelo *axé*, a palavra é ao mesmo tempo emoção e conceito, induzindo à ação ritualística capaz de interpelar a origem em função da eterna renovação da vida.

A indução ao ato é a função *performativa* da linguagem, inerente à instituição de diferenças simbólicas pelo ritual. Isto já foi observado por antropólogos ou socioantropólogos, a exemplo de Bourdieu em sua análise sobre instituição e consagração, quando acentua o caráter performativo do ritual enquanto produção simbólica[95]. Enfatizando a construção da realidade social pelo simbólico, ele assinala o caráter positivo e performativo do ritual, fazendo ver que não se trata de uma forma neutra preenchida pela retranscrição de relações preexistentes e sim de um operador capaz de instituir o real, transformando-o.

No rito nagô, a palavra é, assim, mais performativa do que semântico-referencial, ou seja, não é puro signo linguístico com um significado, mas, ao modo de uma poesia originária, o traço singular de uma origem e um destino, à espera de apreensão como frase musical, isto é, por ressonância e não por literalidade

---

94. SANTOS, J.E. *Os nagô e a morte*. Vozes, 1976, p. 46.
95. Cf. BOURDIEU, P. *Ce que parler veut dire*. Fayard, 1982.

semântica – é imagem e música. Sendo símbolo proferido, logo, mais opaco e vital do que um significado estrito, a palavra é um terceiro elemento, resultante da interação de dois genitores.

A palavra em nagô implica a unicidade corporal de uma presença indissociável de seus tons e gestos. Em termos estritamente semânticos, nenhuma tradução consegue captar esse sentido, porque não se trata mais de pura língua e sim de uma "maternagem" das línguas, que é o *logos* originário – ou *linguagem*, diriam os epígonos heideggerianos, para designar uma ordem de acolhimento de todas as diferenças, acima da particularidade das línguas. De fato, há uma área de sombra entre a *Arkhé* da palavra e a sua reapropriação histórica, que ultrapassa a pura e simples etimologia e, por tração do *axé*, outorga ao sentido uma conformação musical.

Por isso, de toda essa dinâmica é parte necessária a música, recurso vital de transcendência da dualidade mente/corpo, que converte a filosofia numa estética de revelação do substrato fundamental e afetivo do homem. Isso não é certamente algo exclusivo de africanos. Basta pensar na divinização da música pela filosofia hindu, que qualifica a sua suprema "trindade" mística (Brahma, Vishnu e Shiva) como feita de músicos e presume ter descoberto a correspondência entre os sons e a natureza: A música indiana é feita para ser tocada em correspondência com as diferentes partes do dia, participando, assim, da força ou do dinamismo inerente a determinadas formas naturais. O *Sama Veda* é o livro mais antigo sobre teoria musical que se conhece.

Uma vez mais, esse ponto evoca Schopenhauer – conhecedor e admirador da filosofia hindu, especialmente dos *Upanishads* – e sua tese de que o substrato para os fenômenos, as causas físicas e as representações do mundo é a *força (O querer)*, o inexplicável princípio dinâmico que, em sua forma global, não se refere a uma função premeditada da consciência, e sim a uma força vital subjacente à universalidade dos fenômenos humanos (conscientes e inconscientes) e naturais.

À luz desta genealogia semântica se deve entender a adoção desse termo por Schopenhauer (e inclusive a sua retomada por Nietzsche). Trata-se de uma noção bastante familiar ao pensamento tradicional africano, que concebe o universo inteiro como um campo de forças, relativas à natureza, aos ancestrais e ao próprio homem. O querer ou força significa o primado do afetivo sobre o intelectual, ou seja, o condicionamento do espírito pelo domínio do que, no século XIX, se concebiam como "paixões", na realidade outra maneira de designar aquilo a que já nos referimos como o *sensível*, a "lógica do coração" ou mesmo a "tonalidade afetiva" heideggeriana. Para Schopenhauer, uma manifestação concreta desse estado afetivo radicalmente oposto à representação, a mais pura expressão dessa força é a música. Esta ofereceria a tradução mais profunda da interioridade das coisas, porque, revelando-se como temporalidade pura do *vir-a-ser*, não se deixa afetar pelo mundo do espaço. Copiando o mundo, mas sem realmente representá-lo, a música seria manifestação radical do *querer*.

Por isso, na constelação simbólica dos nagôs, a filosofia – em que a música é central como manifestação radical do *axé* – se expressa esteticamente, ancorada no sensível como fundamento da *Arkhé*. Poderia ser redundante afirmar que uma filosofia da música só pode ser uma filosofia do sensível. Não é, todavia, uma redundância frisar que, no domínio do sensível, a musicalidade nagô encontra-se com toda e qualquer outra música. A potência do *axé* afina-se com a sua energia polissêmica, cujos elementos básicos (melodia, harmonia, ritmo, timbre, tessitura etc.) produzem matizes e matrizes de som, contempláveis pela imaginação e passíveis de absorção pelo corpo. As imagens sonoras são tanto auditivas quanto táteis.

Numa dinâmica regida pelo *axé*, como é o caso da liturgia afro, a música é *primordialmente vibratória*, orientando-se pelas modalidades da execução rítmica, do canto e da dança, em que a percussão é fundamental. Na Europa, a música douta, regida pelo universo ascendente da escrita desde fins da Idade Média, orientou-se pela melodia e pela harmonia, deixando em plano secundário o timbre e o ritmo, que predominam no universo mítico da oralidade. Se o rito é a expressão corporal e afetiva do mito, *o ritmo é um rito* suscetível de realimentar a potência existencial do grupo. Corpo e tempo comparecem na apreensão rítmica em variadas modulações da existência.

O ritmo integra o campo dos dinamismos espaçotemporais, que muito interessa a Deleuze e Guattari em seus *Mil platôs*, no empenho de restituir filosófica ou conceitualmente a gênese do mundo. Fazendo da figura do *ritornelo* (um refrão ou uma célula musical que se repete) um agente do "eterno retorno", eles querem mostrar como esta figura, transformada em conceito de criação de tempo não cronológico, além de engendrar territórios artísticos, transforma os sons em música. A organização de sons que regularmente retorna ao mesmo ponto concentra forças do corpo e da terra, mas também as deixa escapar, sem direções fixas, rumo a novas intensidades do movimento. Na realidade, não se trata apenas de sons: o ritornelo pode ser visual, gestual, respiratório, ao sabor da improvisação, que leva à abertura e à conexão de "blocos de espaço-tempo" com "forças cósmicas" (as forças do caos e da terra).

Nada disso é caótico, entretanto, devido à intervenção do *ritmo*, que é uma máquina de captura das forças, um operador da passagem de um espaço-tempo a outro. *Rhýtmos* parece derivar, em grego (esta etimologia é matéria controvertida), de *rheim*, que significa fluir, escorrer. É uma modalidade do movimento ("ordem do movimento", define Platão em *Leis*, II, 665ª) investida pelo fluxo temporal, portanto um esquema cíclico de transformação e reprodução das coisas. Trata-se, como diz Benveniste, da "forma no instante em que é assumida pelo movente, móbil, fluida, a forma do que não tem consistência orgânica [...]. É a forma improvisada, momentânea, modificável"[96].

Em termos estritamente técnicos, pode-se pensar no *melos* (de melodia) como tudo que concerne as diferenças *qualitativas* dos tons, enquanto que o *rhýtmos* diz respeito às diferenças *quantitativas* de tempo dos tons numa determinada sequência. Antes de tudo, porém, ritmo é ordenação e contenção do movimento, tal como foi vivenciado pelos gregos na Antiguidade. Não é *cadência* (o mecanismo das batidas de um metrônomo, p. ex.), como observa Deleuze, porque não se regula por uma métrica externa, e sim por uma medida interna em constante transformação. O ritmo perfaz-se da diferença entre duas bordas ou duas margens – a expansão e o recomeço do tempo que "escorre" – mas tendo no meio um espaço vazio ou virtual aberto às marcações de outro tempo.

A periodicidade do movimento de passagem de uma coisa a outra revela, apesar das transformações de superfície, a eternidade da potência da *Arkhé*. Para Boulaga, "a periodicidade é o tempo substancial das coisas, o modo como nela o imutável se mobiliza. A periodicidade revela o tempo como fundado na eternidade, como sagrado; é a partir daí que ele se torna razoável, que as coisas podem ser conhecidas, orientadas e fundadas [...]. Os polos que se opunham intercambiam-se, neutralizam-se e desvelam a sua identidade. A causa torna-se efeito, o antecedente o consequente, precisamente pela supressão da anterioridade e da posteridade [...]. Isso é verdadeiro nas estações do ano. A

---

96. BENVENISTE, É. La notion de rhytme dans son expression linguistique. In: *Problèmes de linguistique génerale*. PUF, p. 337.

vida também tem as suas estações. Ela nasce da morte e vai até a morte. A morte surge da vida e a vida da morte"[97]. A vital alternância rítmica engendra a condição harmonizadora dos contrários, porém diversa da temporalidade cronológica, devido ao movimento do vaivém. O ritmo cria, assim, um espaço próprio e suscita um imaginário específico, o que implica uma reflexão prática, corporal, sobre a duração. Isto quer dizer que não se trata apenas de um artifício técnico no contexto da musicalidade, mas de uma configuração simbólica do tempo vivido que, conjugada à dança, constitui ela própria um contexto, uma espécie de "lugar", ou de cenário sinestésico e sinergético, onde ritualisticamente algo acontece[98].

Em algumas línguas africanas (o *kimeru*, p. ex., falada numa região do Quênia), a palavra para dizer "música" tem o mesmo sentido de canto e dança. Algo fortemente vital acontece na dança em sua originariedade. Primeiramente, a reatualização dos saberes do culto simultânea à inscrição do corpo do indivíduo num território, para que se lhe realmente a força cósmica, isto é, o poder de pertencimento a uma totalidade integrada. Além disso, graças à intensificação dos movimentos do dançarino na festa – todo um complexo que abrange ação, voz, gestos, cânticos e afetos –, espaço e tempo tornam-se um único valor (o da sacralização) e, assim, se tornam autônomos, passando a independer daquele que ocupa individualmente o espaço.

Propriamente uma integração rítmica do movimento ao espaço e ao tempo, a dança cria ou "inventa" as ações a partir do fluxo temporal do imaginário coletivo e, deste modo, produz um agir autônomo do dançarino frente às técnicas particulares de cada ação (caçada, combate, amor etc.). Mas é uma autonomia que se comunica, tanto com clareza quanto pela força latente de uma incitação aos espectadores do grupo, ao modo de uma mensagem apenas sentida (a linguagem secreta da percussão), inerente à alacridade que os libera de si mesmos. Não se traduz nem se explica a dança – ou seja, ela não é um duplo do teatro, da mímica, da literatura ou da história –, pois a ação do dançarino é projetiva, induzindo a uma experiência não redutível ao conceito.

---

97. BOULAGA, F.E. Op. cit., p. 55.
98. Para melhor desenvolvimento deste tópico, cf. o nosso *O terreiro e a cidade* (Ed. Imago), assim como STOKES, M. *Ethnicity, Identity and Music:* The musical construction of place. Berg. Publishers, 1994.

As ações da dança são geralmente executadas no interior de figuras geométricas variadas (espiral, triângulo, quadrado etc.), mas o círculo ou a *roda* – a mais antiga formação do movimento rítmico em grupo – é a mais frequente não apenas na constelação simbólica dos nagôs, mas também dos africanos de um modo geral. Evocativo do sol, o círculo está na origem de toda dança sacra no continente africano. Na região de Duekué (oeste da Costa do Marfim), as mulheres dançam em círculo, marcando o ritmo com paus; em Dabu, ao sul, as mulheres adiukru cantam e dançam numa roda; os bambus, no Toto, dançam em círculo. Na Guiné, no Alto Volta, no Mali, no Senegal, no Benin, no Zaire, a roda estrutura a maior parte das danças. Simbolizando a dança cósmica (o movimento aparente do sol e da lua), orientando-se da direita para a esquerda, a roda dançante é sentida como um meio de intensificar as vibrações até o ritmo suposto da natureza. Se na África a configuração abrange o corpo coletivo, na tradição hindu isso se concebe em termos de corpo individual, uma vez que a sabedoria iogue opera com a hipótese dos *chakras* ("rodas", em sânscrito), definidos como centros de força irradiadora de energia vibratória de fora para dentro.

Os exemplos são numerosos, mas é forçoso assinalar que a potência simbólica do círculo amplia as fronteiras de influência e realização dessa forma geométrica, o que se comprova nas rodas dançantes dos hebreus, mencionadas, por exemplo, em Ex 32: Ao descer do Monte Sinai, Moisés depara-se com seu povo dançando ao redor do Bezerro de Ouro. Mas também no Sl 26,6: "Iavhé, eu giro em roda em torno de teu altar". Circulares ou não, no Oriente (assim como na Grécia antiga), as cerimônias rítmicas sempre se colocaram no centro dos ritos mítico-religiosos, mas também das comemorações cívicas e dos jogos de guerra. Tanto os romanos quanto os gregos viram na dança uma forma estratégica de combate, o que se fazia particularmente evidente na dança pírrica, definida por Platão como "a imitação exata do ataque e da defesa". O próprio Sócrates, já idoso, teria tomado aulas de dança com Aspásia, sábia e famosa cortesã.

Os africanos não constituíram nenhuma exceção a esse aspecto bélico da dança, como bem se sabe, as tradicionais falanges guerreiras eletrizavam-se ritmicamente: podia-se mesmo dançar no campo de batalha. Mais tarde, entretanto, é na comunidade litúrgica africana que o ritmo se afirma como uma verdadeira tecnologia de agregação humana. Por meio da dança e da festa, ele reelabora simbolicamente o espaço, na medida em que modifica, ainda que momentaneamente, as hierarquias territoriais, estimulando o poder expressivo do corpo até o ponto de produção de imagens próprias de liberação e autorrealização.

Pela dança, veículo rítmico, ponte suposta de acesso às forças cósmicas, a potência humana revitaliza-se. Tanto que Nietzsche afirma no *Zaratustra*: "Eu só acreditaria num deus que soubesse dançar". E que risse, pode-se acrescentar, já que, nessa mesma obra, ele observa: "O riso reúne em si toda a maldade do mundo, mas santificada e libertada por sua própria felicidade e se o alfa e o ômega de minha sabedoria é que tudo que pesa deve tornar-se mais leve, todo corpo tornar-se dançarino, todo espírito tornar-se ave – está efetivamente aqui o alfa e o ômega de minha sabedoria" (*Zaratustra*, III). E nessa mesma trilha, Deleuze sustenta: "A dança afirma o devir e o ser do devir; o rir, a risada, afirmam o múltiplo e o uno do múltiplo; o jogo afirma o acaso e a necessidade do acaso"[99].

É até mesmo concebível a identificação da própria vida à experiência musical, tal como aparece na fala do personagem negro de uma narrativa norte-americana, explicando como conseguira suportar décadas numa prisão: "Descobri que viver é como música. Você me entende? Como quando a gente anda, sabe? Cada passo, sempre com a mesma extensão. Cada um sempre demorando o mesmo tempo para a gente dar. E também o seu coração. Mesmo quando os seus olhos piscam, as piscadas são sempre iguais, a não ser que algo atrapalhe [...] se você conseguir manter a batida no mesmo ritmo não tem razão para tomar um porre, nem para fazer uma loucura" (*Sempre em desvantagem*, de Walter Mosley).

Na experiência dita *afro* há igualmente uma inesgotável reconfiguração da *Arkhé* pelo ritmo: o espaço litúrgico cria ritmicamente os saberes da festa, isto é, os cânticos, os toques percussivos, os gestos e os passos coreográficos de base. É como se a vida encontrasse no movimento sonoro e corporal a sua forma originária de liberação. Nisto parece mesmo haver uma universalidade, como sugere Shakespeare em sua comédia *Muito barulho por nada*, ao falar do arrebatamento da alma pela música produzida por tripa de ovelha: "Agora, divina vibração, agora a alma lhe foi arrebatada. Não é estranho que tripa de ovelha arranque as almas do corpo dos homens?" (Ato 2, cena 3).

---

99. DELEUZE, G. *Nietzsche et la philosophie*. Paris: PUF, 1962.

Há nessa escuta vigor ontológico, assim como em vários outros contextos há também margem para que se vislumbre na música uma espécie de *filosofia social em ação*, tal como aconteceu nos Estados Unidos quando o *jazz* transformou o modo estabelecido de sentir, dando-lhe uma nova forma. Não se trata simplesmente de um extraordinário fenômeno musical, mas do próprio *jazz* como uma *fenomenologia do sentir*, isto é, como fenômeno e pensamento simultâneos, na medida em que "suspende" a consciência do sensível corriqueiro ou normalizado, por uma melancolia envolvente suscetível de fazer viajarem músico e ouvinte para um *sentido* de nostalgia e revolta.

Claro, a evocação aqui da fenomenologia não implica uma inscrição forçada (e certamente absurda) do *jazz* na história europeia dessa escola filosófica, mas a incitação a uma analogia entre aspectos pré-reflexivos ou antepredicativos da experiência, evidenciada por categorias fenomenológicas como *intencionalidade* e *redução*. Diz Lyotard: "Reduzir é, no fundo, transformar todo o dado em face a face, em fenômeno, e revelar assim os caracteres essenciais do Eu: fundamento radical ou absoluto, fonte de toda a significação ou potência constituinte, nexo de intencionalidade com o objeto [...]. Husserl distingue diversos tipos de atos intencionais: imaginações, representações, experiências alheias, intuições sensíveis e categoriais, atos da receptividade e da espontaneidade etc.; em resumo, todos os conteúdos da enumeração cartesiana: *Quem sou eu, eu, que penso? Uma coisa que duvida, que ouve, que concebe, que afirma, que nega, que quer, que não quer, que imagina também e que sente*"[100]. Na fenomenologia husserliana da percepção, a experiência de uma coisa qualquer centra-se na essência (*eidos*), mas a *visão das essências*, como observa Lyotard, não tem qualquer caráter metafísico: "a essência é apenas aquilo em que a própria coisa se me revelou numa doação originária".

Na experiência musical não são coisas ou objetos que se revelam, mas o próprio *real* que se produz como originário. Com o *jazz*, o mundo reduz-se *eideticamente* ao sentido de algo *inobservável, apenas vivido como intuição*, embora na dimensão melancólica de uma sombra que torna inesgotável a experiência e aponta para o *absoluto* implícito na liberação das amarras à Terra (a alacridade), embora não certamente para um improvável *sujeito do saber absoluto*, como predicava a fenomenologia francesa, centrada na representação pela ficção do

---

100. LYOTARD, J.-F. *A fenomenologia*. Edições 70, p. 33.

sujeito. De qualquer maneira, aqui se está na antípoda da hipótese de W.E.B. Dubois (famoso escritor e pensador afro-norte-americano) sobre uma suposta "dupla consciência" do negro: ver-se através dos olhos do outro, presumido "sujeito verdadeiro", que o contempla com indiferença ou desprezo. Na fenomenologia jazzística, desenha-se, a partir do incerto ou do inesgotável da experiência, apenas outra consciência, não pretensiosamente "absoluta", mas *outra*.

Na América dos anos de 1950, músicos de vanguarda como John Coltrane, Miles Davis, Charlie Parker, Thelonius Monk e Ornette Coleman elevaram-se a um plano extraordinário de qualidade, marcando uma distância cultural identificada como "afro" (catarse coletiva, recurso a soluções da oralidade, improvisação etc.) frente às convenções ocidentalizadas. Dizia Coltrane: "A música de Monk é como verdades simples". Ou então Coleman, sugerindo que os padrões rítmicos deveriam ser mais ou menos naturais como os padrões respiratórios, admitia: "Eu gostaria que a seção de ritmo fosse tão livre quanto estou tentando ser". Em termos filosóficos, "livre" significa o reconhecimento da contingência histórica em oposição à suposta "necessidade" de formas dadas como eternas, portanto, a busca de novas fontes de estrutura e de organização, na distância das formas ocidentalizadas. Por exemplo, as formas orientais ganharam influência porque provinham de posturas espirituais com uma aplicação secular. Os negros americanos eram atraídos pelas faculdades humanas que os cultos orientais atribuíam às suas divindades, exatamente como os cultos africanos atribuíam às suas.

A corporeidade está no centro disso tudo. No *jazz* e em outras formas musicais diaspóricas, origina-se da organização rítmica e gestual uma matriz corporal que se desterritorializa e que viaja, acionada pela alegria. Em seu interior, a palavra é sempre *som*, isto é, uma presença física singular, que se expressa na intenção do Outro, para desaparecer logo em seguida e renascer, renovada, na repetição em que implica o ritual. Essa palavra-som é basicamente ação, análoga ao que Deleuze descreve como potência esquizofrênica: "A palavra deixou de exprimir um atributo de estado de coisas, os seus pedaços confundem-se com qualidades sonoras insuportáveis, irrompem por efração no corpo, onde formam uma mistura, um novo estado de coisas" (cf. *Lógica do sentido*). A potência de movimentação e transformação característica do *axé* aciona a palavra-som e emerge grupalmente como alegria, onde a música está virtualmente implicada (mesmo quando não se faça materialmente presente), por partilhar com o ritual a característica de uma direta intensidade sensível na celebração do real.

A música pode, assim, apresentar-se como real ou como virtual: "Por música virtual é preciso entender todas as primícias físicas, corporais, de um canto. Ora, descendo para dentro de nós mesmos, são os grandes movimentos cósmicos que nós encontramos e que nós esposamos"[101]. Na verdade, não se trata de opostos, pois virtual não é o contrário de real (todo real tem o virtual em sua dinâmica), mas ainda é propositivo, incompleto do ponto de vista eidético. Virtual denota potência de ser. No caso, o acolhimento por mecanismos sensoriais/perceptivos de um jogo de linguagem que se espacializa no corpo.

Essa virtualidade é atestada na *doxa* historiográfica dos grandes compositores, conforme o relatado, por exemplo, a propósito do prodigioso jovem Mozart que, depois de ter escutado uma única vez um coral executado pelos cantores do Vaticano, foi capaz de reescrevê-lo inteiramente sem o mínimo erro. Ante o espanto dos presentes, o jovem explicou que tinha "diante dos olhos" todos os compassos da composição. A excepcionalidade do episódio dá a boa medida do que seja a inscrição de uma *Gestalt* espaçotemporal no corpo. Outro tipo de experiência "eidética" – essa que opera com imagens mentais ou físicas do fenômeno – comprova-se nos casos de hipersensibilidade corporal, a exemplo do relato de Lou Salomé (a mesma com quem Nietzsche desejou casar-se) de que não conseguia escutar música porque esta a "transtornava profundamente", como se a "espancasse".

A música permite-nos descortinar, pela pura sensibilidade, um cósmico e um biológico que carregamos em camadas profundas, inapreensíveis pela racionalidade instrumental e pela semântica. Disto sabe a filosofia, mas também o pensamento frequentemente expresso na literatura, até mesmo em narrativas popularescas, de grande consumo, a exemplo de uma passagem na novela sobre um herói do faroeste americano: "Wyatt escutava sem exatamente ouvir o que ela dizia. Ele estava escutando a voz dela, do jeito como ele poderia escutar música, e o que ele sentia, ouvindo a voz, tornava irrelevante o conteúdo" (Robert Parker em *Gunman's Rhapsody*). É que a visceral afinidade da música com a alegria está precisamente nessa partilha do sensível e da condição de uma realização que se autoengendra.

A música pode certamente ser expressiva, mas não representativa, isto é, não duplica, nem copia ou imita uma referência qualquer situada na realidade

---

101. LEDRUT, R. *La révolution cachée*. Casterman, 1979, p. 64.

imediata, ainda que se dê como "programática" e tenha suas linhas melódicas semantizadas verbalmente pelos compositores. Por isso, tende ao absolutismo. Ela "é, assim, criação de real em estado selvagem, sem comentário nem réplica; e o único objeto de arte a apresentar um real como tal. Isto por uma razão muito simples: a música não imita, esgota a sua realidade só em sua produção, tal como o *ens realissimum* – realidade suprema – pelo qual os metafísicos caracterizam a essência, por ser modelo possível para toda coisa, mas não ser ela mesma modelada por nada"[102].

Entretanto, nessa potência de automodelagem, a música faz-se de algum modo *mimese* – não na acepção platônica de "cópia", e sim no entendimento aristotélico de "jogo" – da alegria, em que esta pode ser experimentada também, analogicamente, como "pensamento". Ou então, mesmo fora do predomínio da dimensão semântica, é possível encontrar propriedades semióticas em composições musicais que abrigam colagens ou citações de outras obras, na busca de novos efeitos. Isso acontece ao longo da história da grande música clássica europeia, mas também nos grandes momentos da criação musical dos afrodescendentes norte-americanos. Assim é que, referindo-se às composições e à regência de Duke Ellington (que manteve a sua orquestra por quase cinquenta anos, mais tempo do que qualquer outro músico ocidental, Haydn inclusive no século XVIII), um crítico fala de "retratos tonais" do Harlem nova-iorquino "pintados" pela harmonia do *blues*. Para ele, a música de Ellington adquiria tinturas pictóricas, festivas, épicas, nas quais se escutaria "a rocha, o cristal e o aço industrial evocados pelos instrumentos de metal, de lingueta e de percussão. Nenhuma outra música captou com tanta agudeza a energia agridoce da vida moderna"[103].

A força dessa captação *expressiva* (e não *representativa*) levou grandes nomes do *blues* e do *jazz* à produção de efeitos vocais (as "falas" no sax soprano de Sidney Bechet, o "grunhido" musical de King Oliver, a surdina como eco dos tambores falantes no trompete de Bubber Miley etc.), o fraseado "quase verbal" nos solos de guitarra de B.B. King, que puderam ser ouvidos como inflexões e padrões de fala dos negros norte-americanos. Claro, a melodia pode certamente comportar as mais variadas afecções, mas é a temporalidade rítmica em sua

---

102. ROSSET, C. *L'Objet singulier*. Minuit, 1979, p. 63.
103. CROUCH, S. *New Yorker*, 29/04/2006.

fluidez instantânea, assim como o aqui e agora da palavra cantada, que se comunica aos corpos, liberando-os das referências que os encadeiam à gravidade da terra (*acer, ager*) e propiciando-lhes a asa (*ala*) da flutuação, da leveza. *Alacer*, alegre (uma regência lúcida, jamais um descontrole emotivo) é a realidade dessa experiência musical. Nesse jogo, "mais do que uma aprovação irrestrita do real" (a palavra "aprovação", presente no texto filosófico de Clement Rosset, ainda guarda traços de um exame intelectual ou de um juízo), *a alacridade aparece como uma afinação acabada com o mundo*, algo assim como as cordas ou as teclas de um instrumento musical perfeitamente afinado.

Nada disso é realmente incompatível com a dor humana ou o sofrimento – de onde parte a filosofia hindu para aspirar à *liberdade absoluta* –, mas diferentemente da metafísica budista, segundo a qual essa liberdade não pode ser obtida na condição humana real, a experiência álacre leva ao estado de si mesmo como absolutamente livre. Esse é um posicionamento bastante próximo ao que Nietzsche chama de "sabedoria alciônica" (*alcião* é o pássaro mítico que amaina as tempestades), isto é, aquele que supera a infelicidade trágica, mas sem negá-la.

Na alacridade, de fato, não se inscreve nenhum pessimismo da sensibilidade, movida que é por uma afirmação radical da vida, o que não deixa de evocar a crítica nietzscheana da seriedade pesada dos budistas: "Nós ['nós', quer dizer, o tipo de homem do qual eu sou porta-voz], nós não levamos a doença, a infelicidade, a velhice, a morte, suficientemente a sério – e, sobretudo não, com a seriedade dos budistas – para acreditar nas objeções contra a vida".

A alacridade como regência e potência

A alacridade/alegria (*ayó*, em iorubá) como modo fundamental da existência nagô é antitética ao *agapismo* crístico ou paulino (Rm 13,10), isto é, ao amor universal e humano como vetor da crença. Na experiência religiosa de natureza cristã, o Deus verticalmente transcendente e onipotente do Antigo Testamento cede lugar ao Deus do amor universal. Mas para tanto esse amor tem de ser abstrato frente a um objeto amado em particular, como se vê na interpretação feita por Hanna Arendt da concepção de Santo Agostinho, segundo a qual o próximo que se deve amar não é uma determinada pessoa e sim alguém posto em relação com Deus: "O cristão pode amar a todas as pessoas porque cada uma delas é somente um motivo, [...] o inimigo e até o pecador

[...] meros motivos para o amor. Não é realmente o próximo que é amado em seu amor ao próximo – é o próprio amor"[104].

Essa faceta cristã do amor – ao lado do ódio – subjaz à concepção de Heidegger sobre as paixões (*Leidenschaften*) fundamentais, que ele distingue de afetos (*Affekten*) como a alegria e a cólera, meras tonalidades afetivas (*Stimmungen*) por considerá-los circunstanciais, enquanto o amor e o ódio teriam um estatuto original na existência humana. É cristã, demasiadamente cristã, a pregnância desta concepção, que faz partir do mais íntimo o destino pessoal de todos os homens, por mais singulares que sejam. Em seu curso sobre Nietzsche (*Der Wille zur Macht als Kunst*, 1936), Heidegger atribui ao amor uma abertura de longo alcance, mas também ao ódio, em que chega a ver uma "clarividência", diferente da cólera: "só a cólera é cega". Enquanto *Grundweisen* ou modos fundamentais, o amor e o ódio enraízam o homem na *facticidade* (ser de acordo com seus modos de ser) em que ele foi lançado. Ambos são, assim, constitutivos da paixão, que o filósofo vê como "potência passiva" ou "força imóvel do possível", uma força que abrange tanto a potência quanto a impotência.

Entretanto, a *alacridade/alegria* enquanto modo fundamental da *Arkhé nagô* não é um afeto circunstancial – portanto, nada que nasça e morra ocasionalmente – porque, como regime concreto e estável de relacionamento com o real, é uma *potência ativa*. Embora diversa do amor cristão, a alacridade não é incompatível com a ideia de *amor de si mesmo* (diferente das noções de "amor-próprio" e "egotismo"), que se pode entender como a tração da consciência na direção dos objetos que a integram harmonicamente consigo própria com o grupo que lhe é constitutivo, um sentimento positivo descrito por Rousseau como "amável e terno". É o que transparece de modo notável num verso do poeta português Guerra Junqueiro: "A alegria é uma alavanca".

A vivência álacre não é uma "experiência", no sentido tradicional de um contato espontâneo com a surpresa ou o inesperado (esta mesma experiência que, como assinalou Walter Benjamin, falta à Modernidade), mas é certamente o que a possibilita, qualquer que seja o seu nível – na tragédia, no ritual, na narrativa etc. – por ser um evento da "espontaneidade" que, num nível primal, é análoga à liberdade política, entendida em termos positivos, isto é, não li-

---

104. Cf. SENNETT, R. *Respeito* – A formação do caráter em um mundo desigual. Record, 2004, p. 163.

bertar-se de algo que aprisiona, mas estar positivamente aberto a todas as suas condições de ser e de realizar.

Por isto, não existe propriamente o *sujeito* da alegria. Há, sim, o sujeito da emoção, o objeto da sensação, até mesmo o sujeito de um sentimento, mas *alegria é regência*, algo que possibilita experiências e sujeitos. Até mesmo o sofrimento pode integrar essa regência, na medida em que se admita a aceitação da vida em sua totalidade, "sem nada dela reviver ou suprimir", como sublinha Nietzsche. Para este, é fácil entender: "O problema é o sentido do sofrimento, isto é, se ele tem um sentido cristão ou um sentido trágico. No primeiro caso, ele deve ser o caminho que leva a uma existência santificada; no segundo caso, a existência é considerada como *suficientemente santificada* para justificar a monstruosidade do sofrimento" (*Fragmentos póstumos* 14 [89], tomo XIV, p. 69 (primavera de 1888).

É a alacridade singular e concreta (e não um abstrato amor universal) que norteia a prática litúrgica da *Arkhé* negra. Alacridade é algo paradoxalmente sério – pode modular-se em sensualidade e contenção – por ser a condição de possibilidade da comunicação, da prolação da palavra. E esta não se descola jamais da ação, ou seja, o indivíduo não é conduzido por abstrações, mas por signos ou palavras que induzem à ação. É imprescindível o concurso do poder-fazer, da potência de realização em que consiste o *axé*. Mas diferentemente da *felicidade* buscada como um fim pela subjetividade do sujeito desejante, a alacridade transcende o querer ser feliz, pois não resulta de moções internas passivas, do arrebatamento cego do desejo, e sim do arrebatamento que corresponde a uma pulsão. Uma vez convicto de ter agido ao encontro da pulsão sem o ressentimento da incompletude ou da falta, o indivíduo sente-se pleno e uno com o objeto ou com o real, liberando-se momentaneamente de qualquer álibi intelectual e assim vivenciando a alacridade.

No *ethos* mítico e afetivo dos cultos afro-brasileiros, os ritos de renovação do axé, portanto da dinâmica de continuidade da existência, estão estreitamente associados à experiência dessa alacridade ou alegria, conforme o étimo nagô – *ayó*. Isto fica explícito na prática ritual, mas também em aforismos, invocações, narrativas e cânticos, a exemplo de alguns daqueles que celebram o poder feminino nas comunidades de culto. Cultuadas e invocadas como ancestrais, as "grandes mães" (*Iya*) representam personalidades femininas de linhagens e comunidades liturgicamente importantes, razão por que são fortes transmissoras de valores comunitários e do *axé* imprescindível à continuidade da existência física.

São ditas *Ialaxé*, zeladoras da potência mítica, do poder de realização. No culto, elas se modulam miticamente em divindades genitoras associadas a elementos da natureza (água, lama etc.) e simbolizadas por pássaro e peixe – penas e escamas aludem simbolicamente a pedaços do corpo materno, ao poder de reprodução do corpo humano. Por isso, como relata Juana Elbein, "um longo poema, composto de uma série de cantigas, celebra nas comunidades a primeira *Ialaxé* do mais antigo terreiro da Bahia, Marcelina da Silva, *Oba-Tosi*, sacerdotisa de Xangô, filha da legendária *Ialuso Odanadana*, da tradicional linhagem dos *Axipá*, cujo "oriki" *Axipá Borogum Elese Kan Gongo* é invocado depois de cinco gerações por seus descendentes e por todos os integrantes dos *egbé* tradicionais. Essa homenagem se estende a todas as Iya fundadoras e transmissoras da *Arkhé* nagô. O canto expande seu *axé*, os vínculos se renovam e renascem"[105].

Oriki é um cântico de celebração, mas também uma "janela" de memória que se abre sobre o passado coletivo. Aqui nos interessa particularmente o seu início: "*Ìya o bogunde* (a guerra trouxe a Mãe), / *Omo Afonja o bogunde* (filha de Xangô, que chegou com a guerra). / *E ma be ru já* (mas não tema a batalha), / *Iya asa o* (Pois a Mãe perdeu o medo). / *Eni ma be òrìsà* (Roguemos aos orixás), / *Aiye b'ode*. (Para que a alegria se expanda no mundo)". É também particularmente relevante um outro trecho: "*Awa de tere tere* (Chegamos e estamos aqui alegremente) / *Awa de t'ayo* (Estamos aqui com muita alegria)"[106].

Como se percebe, o cântico começa falando da vicissitude da diáspora escrava, em razão das guerras entre os reinos africanos, e a consequente chegada à Bahia. Mas ao invés de um discurso lamentoso, de vitimização ou mesmo de recalcamento de tudo o que aconteceu, a liturgia negra reconhece a realidade da mudança, de modo análogo à *prajnâna* (sabedoria) hindu que, diz: "tudo é *samsâra*, tudo muda". O antigo príncipe, o antigo guerreiro, o antigo sacerdote, o antigo artesão e o antigo agricultor tornaram-se escravos em terra alheia. É imperativo aceitar o real dessa transformação, na linha do que Nietzsche apon-

---

105. SANTOS, J.E Texto mimeografado. Salvador, s.d.

106. A tradução é de Juana Elbein dos Santos, que adverte tratar-se de uma aproximação: "Destituídos de suas nuanças melódicas, da variedade e superposições rítmicas e, ainda mais, desse algo essencial que a escrita retira, os versos refletem palidamente a emoção e a convicção com que são evocados".

ta: "A própria vida, sua eterna fecundidade e renovação, supõe o tormento, a destruição, a vontade de aniquilamento".

Não é, porém, uma consciência resignada. Muito pelo contrário, é a consciência de quem *vê* tudo o que lhe acontece, ou seja, o fluxo de uma mudança que comporta união e separação, nascimento e morte, sorte e azar, satisfação e insatisfação. Não se trata de assumir tristemente o seu destino, já que a luta ou a guerra podem fazer parte do processo, e sim de afirmar que, uma vez perdido o controle do curso dos acontecimentos exteriores ("A guerra trouxe a mãe) é preciso perder o medo ("Pois a Mãe perdeu o medo...") para se ter o "controle" interior, isto é, a abertura lúcida para o novo, que não exclui absolutamente a possibilidade de nova luta ("Não tema a batalha"). A afirmação é ao mesmo tempo um sentimento, uma sensibilidade lúcida, o que implica um afeto ligado a uma ação positiva, não emocionalmente reativa.

Entoa-se afirmativamente um sentimento. É o que também significa, além de falar e arrazoar, o grego *logos*: "entoação", "canção". Na voz e no canto, proclamava Santo Agostinho, encontram-se "todos os afetos de minha alma". O cântico é, assim, uma celebração e um convite a que se faça a experiência vital das coisas, isto a que a filosofia hindu chama de *bhoga*, ou seja, a experiência completa e gozosa do real, porque demanda ao mesmo tempo corpo e espírito. Diferentemente da calma alegria hindu, que é mais próxima da tranquila felicidade dos sábios orientais, a africana é exuberante, sempre tendente a fazer, agir e exibir por meio de aparências fortes a existência de um segredo iniciático.

Em qualquer dos dois casos, porém, a completude e o gozo fazem parte de uma "regência" ou de uma "maneira" – do alemão *Manier*, que significa forma ou estilo, mas também um relacionamento que extrai a sua força de si mesmo, e não de uma causa exterior, apresentando-se em Kant como outro nome para o modo estético de apreensão do mundo. Aceitando o real tal e qual se apresenta aos sentidos, esta *maneira*, promove o acordo harmônico dos afetos, isto é, a *alegria*, a *alacridade*. Não se trata, por conseguinte, de emoções nem de sensações específicas, mas de uma *regência*, ou uma subordinação de sentimentos a uma maneira, resultante de um dinamismo (garantido pelo *axé*) em que a linguagem é indissociavelmente semântica, afetiva e cósmica. Ou seja, cada palavra, cada som e cada gesto carregam não apenas as convenções de toda língua, mas também a experiência histórica e a *Arkhé* do grupo.

Alegria não é então o mero registro incidental ou episódico de um estado de ânimo, tal como o regozijo ou o júbilo característicos das formas rituais das multidões festivas ou das festas populares, em que determinados analistas acadêmicos, embasados em sociologia ou em antropologia, costumam registrar como expressões lúdicas de uma inversão da ordem ou como uma efervescência "dionisíaca". Não se trata de nenhuma busca lúdica de prazer na dissolução generalizada das diferenças sociais, mas a *acmé* (em grego, ponta de um sistema ou ponto culminante de um processo) da afetividade litúrgico-comunitária, um regime autoengendrado, à maneira da própria vida que, irredutível a qualquer exterioridade, se autoexplica e se expande. É, portanto, um princípio ético, de natureza filosófica, empiricamente comprovado na liturgia dos terreiros, onde se encontra um *egun* (o morto reverenciado como uma qualidade específica de ancestral), relacionado a Iemanjá, nomeado como "Babá Ayó", isto é, o ancestral da alegria, celebrado com cânticos específicos. Expandir a vida a partir da própria morte equivale a expandir o *axé*, a potência transformadora, por um movimento de intensificação de seu fluxo.

Mesmo com outra terminologia, isso é análogo ao que se passa num pensamento também apoiado na corporeidade, como o hindu, em que o sânscrito *brih* ("expandir") é verbo de tal densidade simbólica que se coloca na raiz do nome designativo da divindade suprema – *Brahman*. A essência ou a unidade oculta das coisas não é a concentração do uno, mas a sua vastidão expansiva. Essa unidade é doutrinariamente inalterável, mas não se coloca como uma dimensão onipotente, acima da dinâmica vital dos homens, uma vez que necessita de sua energia para confirmar-se continuadamente como essência.

Para os nagôs, a expansão do axé, que visa a assegurar a continuidade física dos descendentes de africanos e a territorializar os processos de pensamento afros, acompanha a expansão da alacridade na direção da heterogeneidade das sensações e da potência dos corpos. É significativo que, em meio ao poder estatal originado da estrutura paternalista do patrimonialismo luso – politicamente reproduzida pela oligarquia patriarcal brasileira –, essa expansão tenha acento predominantemente feminino, simbolizado pela imagem do pássaro, à qual os mitos associam as *Iya-mi-laawa*, poderosas mães ancestrais que se desdobram em divindades (*orixás*) femininas.

Uma abordagem puramente etnológica poderia cingir-se à interpretação arquetipal do símbolo, mas uma aproximação analógica entre diferentes maneiras filosóficas de conceber "superfícies" de energia e tensão pode pôr em contato a *Arkhé* com um "moderno" como Deleuze ao ligar a descrição de uma zona erógena a um ponto de vista aéreo: "A altura, com efeito, tem um estranho poder de reação sobre a profundidade. Parece que, do ponto de vista da altura, a profundidade gira, orienta-se de um novo modo e se estende: *vista de cima pela ave de rapina*, ela não é senão uma dobra facilmente desdobrável, ou um orifício local rodeado, bordejado de superfície" (cf. *Lógica do sentido*).

Claro, o pensador europeu não está se referindo a nada do que temos indicado como *Arkhé*, pois a sua interpretação do corpo fantasmático (psicanalítico) diz respeito à formação do autoerotismo por autonomização das zonas erógenas no corpo. Para descrever a conexão de zonas erógenas, ampliando as superfícies obtidas até o ponto de formação da zona genital, ele se atém ao desdobramento das superfícies visto a partir de cima. No ponto de vista "aéreo", o que é "profundo" desdobra-se em superfície, expandindo-se até outras zonas, na construção de um corpo uno a partir da genitalidade.

Na *Arkhé* afro, a associação das mães ancestrais às aves é também a adoção de uma perspectiva do "alto", que privilegia o desdobramento das superfícies do corpo coletivo, com vistas à expansão e à proteção de sua unidade. Figurado na altura, acima da flecha do tempo, o pássaro representa, por meio de uma entidade feminina (*Oyá Igbalé*), o controle simbólico dos ancestrais e dos contemporâneos. Trata-se, portanto, de uma figura conceitual do campo transcendental (o sagrado) do grupo, complementada pela figuração do peixe com suas escamas, representativas da prole ou filiação. Assim, as zeladoras (sacerdotisas) dessas divindades partilham o poder dos pássaros, que foi celebrado em outros sistemas místicos na Antiguidade como o poder de ultrapassar limites, simbolizando a liberdade.

São vários os nomes dos grandes pássaros simbolizadores. *Iya-Nassô*, a sacerdotisa fundadora do culto de Xangô na Bahia, conforme relata Juana Elbein, é assim proclamada como o venerável pássaro *Akalá* de *Olodumaré*. Muito ao contrário da posição deprimida ou subordinada do feminino nos sistemas de crenças universalistas (no cristianismo, porém de forma mais intensa no islamismo), o feminino nagô projeta-se como a superfície metafísica ou ontológica do corpo coletivo em que se opera a síntese conectiva dos sujeitos-suportes da *Arkhé*. A afirmação consciente dessa corporeidade aparece em cânticos como aquele que saúda "Alaketu" (o rei de Ketu) com a expressão *Faraimará* ("todos unidos num só corpo"). O "alto" das Grandes Mães projetadas como pássaros é, no limite, uma espécie de patamar contemplativo, onde se cristalizam progressivamente a ontologia e a ética do culto.

Dialética e analogia

Um pequeno episódio: "Eu nada posso fazer com a dialética", observa um professor de antropologia. Visando indiretamente a ortodoxia marxista, ele apontava a ineficácia metodológica da dialética em sua atividade acadêmica. Não haveria como lhe recusar razão, considerando-se que o método estruturalista produziria os resultados por ele desejados em seus estudos e análises de sociedades indígenas. Mas também não haveria como deixar de esclarecer que a dialética não é exatamente um método, e sim, prioritariamente, um modo discursivo. Qual é esse? Um modo em que as proposições, diferentemente de quaisquer outras, são dialéticas, isto é, o pensamento do sujeito do enunciado e a coisa pensada, que seriam opostos numa proposição positiva, tornam-se dialeticamente idênticos no discurso filosófico. Aliás, isto se diz desde Aristóteles, o primeiro a observar que a dialética platônica não era método e sim um exercício mental.

Mas a "dialética" presta-se a confusões. No âmbito dos estudos marxistas, essa palavra tem elevado estatuto universalista, como o caminho para estabelecer a relação entre o lógico e o histórico. Provém de Hegel o fio dessa argumentação: já que o valor de verdade de um pensamento não está nas partes e sim no todo, a verdade desenvolve-se dialeticamente num fluxo de crescimento por contradição, que é o próprio curso da história. É o que ratifica Lenin, ao caracterizar a "lógica dialética" como uma generalização da história, o que implica a unidade interna entre a abordagem lógica e a histórica, como se a lógica fosse "história condensada".

Na realidade, a dialética não é apenas um instrumento lógico, mas também uma ideia quase teológica que resgata, em última análise, o marxismo das esquematizações reducionistas e dos dogmatismos políticos. A originalidade dos pensadores que sustentaram o chamado "marxismo ocidental" em oposição ao "marxismo soviético" (Georg Lukács, Karl Korsch, Antonio Gramsci e outros) apoia-se na autenticidade hegeliana do conceito de dialética, tal como se apresenta em *Ciência da lógica*. Isso, que Nietzsche entendeu (e atacou) como uma linha direta entre o socratismo e o hegelianismo, resulta no otimismo teórico e no finalismo, garantidos pela presença de um *sujeito* poderoso da técnica dialética – chamado *Ocidente*. A contingência e a historicidade têm sempre assegurado a defesa da dialética como uma filosofia da história em que o sentido do vir-a-ser humano seria irretorquivelmente ocidental.

Na cultura helênica, o nome teve sem dúvida muita importância, embora sem o peso esmagador da modernidade intelectual. Assim é que apenas progressivamente – passando de Sócrates para Platão sob a forma de um diálogo que procede por perguntas e respostas – a palavra "dialética" assume o lugar outrora destinado ao *enigma*, que primeiro foi um modo de trazer à esfera humana o obscuro discurso dos deuses. Um modo, aliás, de transparência da crueldade que marcava a distância entre deuses e homens, como deixa ver o famoso enigma ("Qual o ser que pela manhã tem quatro pés, ao meio-dia tem dois e à noite tem três?") da Esfinge: o viajante que não conseguisse responder era devorado ou estrangulado por aquele monstro híbrido, enviado a Tebas por Apolo ou Hera. Mas no desenvolvimento comunicativo do enigma, o conhecimento era mais "visão" do que discurso, tal como se registra em Dioniso, divindade da contradição e regente dos mistérios de Elêusis, que encarna a "pretensão de conhecer" na experiência da visão e no êxtase da saída de si mesmo. Em Dioniso, o transe (ou *mania*, ou ainda "loucura sagrada") pode ser descrito como "gozo simultâneo dos opostos" (Giorgio Colli).

Em toda a Antiguidade, grega ou não, o contexto do enigma era sempre religioso, diretamente ligado à adivinhação. Igualmente, no sistema oracular nagô, as respostas da divindade (*Ifá*) – contidas em signos reveladores de mensagens, denominados *odus* – são dadas ainda hoje em forma de sentenças, geralmente enigmáticas, a exemplo de "o sabão se dissolve sobre a cabeça e desaparece, mas a cabeça continua no mesmo lugar" (no *odu* "Ofun Meji"), para indicar que o consulente conhecerá a velhice.

Entre os gregos, foi realmente muito grande a influência do enigma, que depois se tornaria um elementar exercício intelectual, praticado como "jogo de sociedade" durante os banquetes ou no relacionamento de adultos com crianças. Mas é possível rastreá-lo em alguns textos clássicos e até mesmo reprisar metaforicamente a condição do "viajante" frente à Esfinge quando se atenta para o enigma das últimas palavras de Sócrates, registradas no *Fédon*, de Platão: "Críton", exclamou, "devemos um galo a Asclépio. Não te esqueças de saldar essa dívida!" De fato, até hoje, leitor nenhum conseguiu saber do que Sócrates estava falando.

Esse nexo entre sistema divinatório e dialética é enfatizado por Colli em sua história da gênese do pensamento filosófico[107], onde afirma que o enigma tem ressonâncias nos textos platônicos. Dele fala Aristóteles na *Retórica* e na *Poética*, definindo-o como "ligação de coisas reais com coisas impossíveis". Embora esteja fora do contexto da tradição religiosa, a definição aristotélica é preciosa por tornar evidente a analogia entre a contradição (a ligação de coisas reais com coisas impossíveis) e o enigma. Ou seja, a contradição não aponta para o vazio, e sim para algo de real, necessariamente por meio de uma metáfora, que era o original recurso linguístico dos sábios.

Mas esvaziado de seu *pathos* mítico, o enigma converte-se em dialética – no sistema aristotélico – como pura forma lógica. Tanto assim que Hegel, o corifeu do pensamento moderno, não limita à esfera individual do pensador o poder criativo da dialética, estendendo-a à própria realidade. Assumindo a contradição como o recurso próprio ou "natural" do pensamento, ele argumenta retrospectivamente para erigir Heráclito como o primeiro dialético da história. O que antes pareceria obscuro por ser demais contraditório (ou mesmo um sintoma de suposta afecção "melancólica" do pensador, segundo Teofrasto, o sucessor de Aristóteles no Peripato) é por ele proclamado como procedimento lógico. Assim, se um fragmento afirma que "o emergir da realidade nunca se esconde", e outro sustenta que "o emergir da realidade favorece o esconder-se", Hegel não vê obscuridade nenhuma, mas justamente uma contradição, que pertence à dinâmica de realização da verdade na história. Em sua *Ciência da lógica*, a contradição não é problema, e sim prova de vitalidade do pensamento.

Antes de sua plena conversão à lógica na Antiguidade, porém, a dialética realiza um percurso diferenciado através das especulações sobre a *Arkhé* como origem e princípio de todas as coisas. Isso remonta à forma do jogo dos opostos na pesquisa da natureza praticada pelos pensadores jônicos. Entre os pitagóricos, os números mantêm entre si uma relação de contrários: o um opõe-se ao dois, cuja síntese é o três. O três, ímpar, é mais perfeito, porque contém a

---

107. Cf. COLLI, G. *Histoire de la naissance de la philosophie*. Paris: Éditions de l'Éclat, 2004. Cf. tb. COLLI, G. *La sagesse grecque* – Vol. I: Dyonisos, Apollon, Eleusis, Orphée, Musée, Hyperboréens, Enigme. Éditions de l'Éclat, 1990.

síntese. Depois dos números, as substâncias elementares (ímpar/par, limitado/ilimitado, macho/fêmea, luz/trevas etc.), ou um conjunto de protoformas dos elementos que constituem tudo o que existe, são figuradas como uma tabela básica de contrários.

Posteriormente, os opostos fundamentais são imaginados como dois – Ser e Não ser –, em torno dos quais pensadores como Parmênides, Zenão de Eleia, Anaxágoras, Leucipo, Demócrito constroem explicações sistemáticas sobre a natureza real das coisas, sobre a unidade da razão e do ser – tudo é uno. Para Heráclito, porém, a realidade é tanto ser quanto não ser, tanto tese quanto antítese, que constituem o ser em movimento – tudo está dialeticamente em movimento.

Com os sofistas, mais debruçados sobre o povo e a cidade, o jogo dos opostos assume a forma metódica de pensar e agir – em pensadores como Górgias, Protágoras e Pródico – estabelecendo a dialética como um modo discursivo no campo das relações humanas. Na aplicação da justiça, surge a exigência do "contraditório", de se ouvir a outra parte; na política, o que se chamou "democracia" é precisamente a força dos opostos nas assembleias de cidadãos. O poder das diferenças se exerce no contraditório, por meio do diálogo e do debate, das opiniões e das vontades.

Com Sócrates, crítico acerbo dos desvirtuamentos sofísticos (a defesa retórica da tese ou da antítese sem a superação pela síntese), a dialética apresenta-se como a "boa retórica" e dá forma dialógica à atividade de pensar, cujo fim é a busca da "grande síntese". Esta é a forma adotada por Platão, discípulo de Sócrates, que, embora sem chegar a grandes sínteses, afirma a dialética (em O sofista) como o método específico da filosofia. Caberia a Aristóteles, discípulo de Platão, distanciar-se do jogo dos opostos e desenvolver a Analítica, que se baseia na análise da proposição e no sistema silogístico da argumentação. Os pensadores que desde o início da Modernidade até hoje perseguem dialeticamente a grande síntese para uma explicação geral do mundo (Hegel é o grande nome por excelência) podem ser ditos neoplatônicos. Por outro lado, aqueles que se mantiveram analiticamente, à sombra da lógica e da matemática (de Descartes a Wittgenstein), podem ser ditos aristotélicos. Evidentemente, esta é uma divisão apenas esquemática, pois é o culto da razão, iniciado por Sócrates/Platão, que encaminha a cultura helênica para a triunfante ciência alexandrina dos séculos XVI e XVII.

Mas toda essa história conceitual seria necessária ou contingente no interior da filosofia? Para um pensador de forte inspiração nietzscheana e claro admirador do pensamento deleuziano como Foucault, essa história é contingente se pretendermos abordar radicalmente a diferença. Assim, "para libertar a diferença, precisamos de um pensamento sem contradição, sem dialética, sem negação: um pensamento afirmativo cujo instrumento seja a disjunção; um pensamento do múltiplo – da multiplicidade dispersa e nômada que não limite nem reagrupe nenhuma das coações do mesmo; um pensamento que não obedeça ao modelo escolar, mas que se dirija a problemas insolúveis"[108].

Com efeito, nada disso comparece nas filosofias de diátese média, a não ser nas formações primeiras do jogo dos opostos, em que as dicotomias aparecem como princípios em luta ou como dualidades a serem superadas. Nessas, ganha primado o conceito de *analogia*, que jamais teve destaque nas hostes da dialética, mas que o jovem Heidegger, em sua tese sobre Duns Scotus, assinalava como "princípio que domina a esfera categorial da realidade sensível e suprassensível, contém a expressão conceitual do mundo vivido, plenamente qualificado e valoroso, referido à transcendência, do homem medieval"[109]. Evidentemente, este posicionamento opõe-se a toda filosofia que se aferre, em termos absolutos, ao domínio da dialética e, consequentemente, do conceito, a exemplo de Giannotti em sua crítica a Adorno: "Pensar contra o conceito não abre as portas para toda sorte de analogia, muito próxima da 'bricolagem', característica do pensamento primitivo?"[110]

Assim é que, em seu instrutivo ensaio sobre a analogia, Secretan apresenta a *analética* como projeto de mostrar "um regime de pensamento distinto da dialética, e contudo solidário ao *logos* e responsável pelo sentido". Mais precisamente, distinto também da Analítica aristotélica. Esclarece ele que, em grego (*analogos*), analogia significa aquilo que os latinos traduziram como proporção (*proportio*), ou seja, a relação das partes entre si e com o seu todo. Tanto nas matemáticas como na geometria, trata-se de uma relação de quantidades ou de uma igualdade de duas relações. "Mas referida a elementos desse todo que é o mundo, a analogia apresenta muito rapidamente um outro aspecto, que é o

---

108. FOUCAULT, M. *Theatrum philosoficum*. Ed. Anagrama, 1980.
109. Cf. SECRETAN, P. *L'analogie*. PUF, 1984, p. 5 [Col. Que sais-je?].
110. GIANNOTTI, J.A. *Certa herança marxista*. Companhia das Letras, 2000, p. 173.

de uma relação entre coisas dessemelhantes, não só em quantidade e em qualidade, mas diferentes de natureza, como o humano e o divino, ou uma cidade e o corpo humano quando se trata de artérias e de circulação"[111].

Em grego, a primeira sílaba do termo – *ana* – significa "no alto" ou "para o alto" e conota passagem ou ultrapasse de uma ordem para outra. Por exemplo, do animal ao humano ou do humano ao divino, os limites, materialmente intransponíveis, são ultrapassados pela analogia, que transgride as linhas divisórias para apontar uma semelhança formal entre as dessemelhanças materiais. Trata-se de um momento específico da racionalidade, em que o *logos*, a razão harmônica do conjunto, opera a conciliação com o dessemelhante. Como enfatiza Secretan: "A analogia diz a razão como relação proporcionada, como semântica do semelhante e como escuta do sentido nos harmônicos contrastados do que se dá a pensar"[112].

Noções como *correspondência* (relação de complementaridade) e *transposição* (deslocamento de algo de uma região para outra) podem ser ditas próximas ou vizinhas, mas não equivalem à de analogia, que tanto mantém uma tensão entre as duas vertentes de uma dimensão determinada (logo, não se presta à complementação) quanto difere da transposição por não permanecer idêntica no caso de duas versões de uma mesma coisa. Assim, numa forma que complementa um conteúdo – a exemplo da imagem de uma caveira na festa mexicana do Dia dos Mortos – pode haver semelhança, não analogia; num discurso consagrado como culto, mas adaptado a uma forma popular – por exemplo, o *Hamlet* encenado no teatro de bonecos – há transposição, não analogia.

Agora vejamos a abordagem nagô de uma situação local em que Jesus Cristo, designado como Senhor do Bonfim, é cultuado em Salvador-Bahia. Numa ponta extrema da parte baixa da cidade, localizada numa colina, a Basílica do Senhor do Bonfim é interpretada pelo candomblé baiano como santuário de Oxalá (princípio masculino da existência pelo ar, também designado como Orixalá e Obatalá), simbolizado por um grande cetro (*opaxorô*) e pela cor branca. Na interpretação religiosa se trataria de um *sincretismo*. Esta palavra vem do grego *sigkretikos*, originada de *syn-kerami*, isto é, misturar, hibridizar ou amal-

---

111. SECRETAN, P. Op. cit., p. 7. As informações subsequentes sobre a analogia procedem desta fonte.
112. Ibid., p. 9.

gamar. Em termos teológicos, o que se mistura? Em princípio, ideias, doutrinas e crenças diferentes, que em certos casos são tidas como irreconciliáveis.

No sentido amplo, o amálgama sincrético pertence ao fenômeno da interculturalidade, que se tornou mais característico nas religiões universais: ao se expandir, o cristianismo, por exemplo, incorporou crenças locais, assim como fez o islamismo com relação ao judaismo e ao cristianismo. Muitos séculos antes disso, os cultos africanos também se constituíram a partir de uma linhagem sincrética de sistemas de crenças egípcios, indianos e outros. O sincretismo comporta aspectos tanto espontâneos quanto estratégicos. No caso dos cultos afro-brasileiros, pode-se falar de uma estratégia de natureza religiosa, mítica e histórica, destinada a assegurar a continuidade dos africanos e seus descendentes nas condições adversas da diáspora escrava.

A reinterpretação nagô do Senhor do Bonfim como Oxalá pode ser a resultante de uma *política* com estratégia sincrética, mas filosoficamente é uma analogia possibilitada por semelhanças entre os dois termos: altura da basílica (situada numa colina/dominância das nuvens, Senhor dos cristãos/Senhor dos nagôs, Filho do Deus da criação/Cor branca da criação etc. Isso corresponde ao que Foucault chamou de conveniência e emulação: "Velho conceito já familiar à ciência grega e ao pensamento medieval". A analogia como a *convenientia* "assegura o maravilhoso afrontamento das semelhanças através do espaço" e como a *aemulatio* "fala de ajustamentos, de laços, de junções. Seu poder é imenso, pois as similitudes de que trata não são aquelas, visíveis, maciças, das próprias coisas; basta que sejam as semelhanças mais sutis das relações"[113].

Nessa sutileza, que em geral acompanha a dimensão da religião e do mito, é possível também falar da analogia como uma *isomorfia*, isto é, as propriedades comuns às duas relações significadas pelas palavras análogas são as propriedades formais dessas relações, entendendo-se por essas propriedades aquelas "que podem ser expressas por termos puramente lógicos, por exemplo, a reflexividade, a simetria, a transitividade". Assim, ao invés das antinomias do tipo verdadeiro/falso, bem/mal etc., típicas da separação ontológica no pensamento ocidental e características do binarismo inerente às categorias dialéticas que tentam organizar o mundo à base de escolhas ético-intelectuais, o procedimento analógico orienta-se pela adesão a critérios de *comunicabilidade* de uma realidade a outra.

---

113. FOUCAULT, M. *Les mots et les choses*, apud SECRETAN, P. Op. cit., p. 14-15.

Essa é uma característica da comunicação enquanto proveniência do comum não como um *fundo* estabelecido de normas, mas como uma capacidade ou um potencial das faculdades humanas. Na doutrina kantiana, trata-se da comunicabilidade (*Mittelbarkeit*) universal, a ser entendida como a potência de conhecimentos e juízos no sentido de uma comunicação ou de uma partilha. No humano, o comum – o "para além" das diferenças entre culturas ou modos de existência – advém no processo de inteligibilidade de um sentido potencialmente partilhável. É a diversidade dos processos de compreensão e inteligibilidade que faz aparecer as coerências internas de cada cultura para em seguida torná-las comunicáveis.

Um aspecto relevante dessa comunicabilidade é a não redução dos dados da realidade imediata à condição de "objetos" lançados à frente de um "sujeito" dominante, o que em contrapartida acarreta a tomada em consideração *do próprio dado como sujeito*, posto que não se trata de adaptá-lo a modelos preconcebidos e sim deixar-se arrebatar por ele, no âmbito de uma ecologia cognitiva, a ser descrita como uma capacidade intuitiva (a *Einfühlung* ou "empatia" das teorias do organicismo intersubjetivo) que, em termos coletivos, implica uma atitude globalmente participativa. Para Leo Frobenius, a compreensão de uma cultura não poderia reduzir-se a fórmulas analíticas desligadas da vivência do contexto, e sim contemplar uma participação empática da totalidade vital. Desta maneira, o famoso antropólogo e explorador alemão contribuiu para revelar aos europeus aspectos fortes do refinamento cultural da África.

No tocante ao refinamento *afro* na diáspora escrava, a analogia revela-se *um recurso propriamente filosófico* para conquistar "igualdades" ou semelhanças em relações dessemelhantes, o que é historicamente dado na conjuntura do domínio escravagista de uma cultura sobre outra. De fato, como assevera Secretan, "a igualdade matemática, enquanto quantitativa, é unívoca; a igualdade filosófica, enquanto qualitativa, é análoga", donde "a analogia só é analógica aí onde a filosofia ou a metafísica transcende a ordem das quantidades construtíveis, ou a ordem dos encadeamentos cujos termos são todos cognoscíveis"[114].

De fato, na filosofia platônica, a analogia aparece como relevante no interior dos modelos ditos paradigmáticos em que se registra um entrelaçamento de coisas heterogêneas ou uma consonância de realidades ligadas por parentes-

---

114. Ibid., 58-59.

cos múltiplos. É assim que Platão pode ver na tecelagem um paradigma para a arte política (cf. *Político*). A analogia lhe aparece como uma comunidade de relações, onde a diversidade das aparências é reduzida pela força do parentesco à proximidade familiar implícita nas múltiplas afinidades que atravessam ontologicamente as variadas realizações do ser. Posteriormente, como derivação histórica, a analogia platônica aparece como o princípio formal presente no pensamento teológico cristão e atravessado por um verticalismo de semelhança-dessemelhança entre Deus e os homens.

Aqui, entretanto, trata-se de apresentar o processo analógico como um meio de conhecimento do que não se conhece, assim como um caminho – não dialético e também sem "princípio da não contradição" – entre duas dimensões sem medida comum. Por que "não dialético"? Porque a síntese eventualmente realizada pela analogia não resulta da superação de um oposto pelo outro e sim da sua conciliação.

Por que "sem princípio da não contradição"? Porque este princípio diz ser impossível que um determinado material de cor branca seja ao mesmo tempo não branco, preto, digamos. A menos que o sujeito lógico comporte aspectos diversos (o material mudaria de cor segundo a gradação da luz solar), um predicado elimina necessariamente o seu oposto (ou seja, como estatuía o pré-socrático Parmênides, o ser é, o não ser não é). Neste modo de ser, é irrecusável o princípio da não contradição.

Analogicamente, entretanto, o material preto pode ocupar de maneira *mimética* o *lugar* do branco e fazer *como se* fosse o mesmo em determinadas funções. A analogia, portanto, confina o princípio lógico da não contradição a posições já marcadas na dinâmica do conhecimento. Por outro lado, na música, os signos sonoros são diferentes, mas não contraditórios, já que se aproximam ou se conciliam por afinidades sensíveis. Uma peça musical é, no limite, uma *negociação* sensível de diferenças.

Seria plausível aproximar do procedimento analógico a perspectiva da "filosofia genealógica" no sentido inicialmente impulsionado por Schopenhauer e depois por Nietzsche, Marx e Freud, ou seja, a perspectiva de um pensamento empenhado em relacionar dois termos de um mesmo fenômeno, mas além de qualquer pressuposto histórico ou dialético. Aquilo que poderíamos chamar de "vetor genealógico" consiste em deixar de lado a ascendência cronológica para buscar, numa manifestação filosófica qualquer, a sua vinculação secreta e profunda com outro fenômeno expressivo. Deste modo se poderia conceber uma motivação originária, aquém da expressão verbal, entre contextos e formas diferentes de pensar.

Naturalmente, essa perspectiva avançada por Nietzsche visa apenas ao círculo discursivo estabelecido para a filosofia ocidental, ao passo que a perspectiva analógica aqui atribuída à filosofia *afro* mobiliza a interpenetração (a comunicação transcultural) de contextos e regimes de pensamento diversos. Nessa interpenetração, a vertente afro apresenta formas de pensamento (por diátese média) que não se exprimem dentro da unidade das leis de construção do discurso e, portanto, não restringem os seus modos enunciativos à lógica das proposições e das frases.

Por isso, é filosoficamente instigante mobilizar o conceito de *enunciado*, tal como o faz Foucault, opondo-o às proposições ou às frases atinentes à língua enquanto estrutura. Para ele, o que a linguística chama de "frase" designa apenas o conteúdo de uma proposição e seus valores lógicos expressos na relação entre sujeito e predicado, enquanto que o "enunciado" refere-se ao dito, mas com atenção ao sentido, portanto, com atenção a leis de possibilidades ou a regras de existência para os objetos descritos, em vez de referências como "coisas" ou "fatos".

Foucault desapropria o corriqueiro conceito linguístico de enunciado, retirando-o da dialética das frases, portanto, da abstração e da contradição, para defini-lo como uma *multiplicidade*, sem qualquer construção linguística regular[115]. Exemplos: "Quando se encontra numa gramática latina uma série de palavras dispostas em coluna: *amo, amas, ama*, não se trata de uma frase e sim do enunciado das diferentes flexões pessoais do presente do indicatico [...]. Um quadro de classificações das espécies botânicas está constituído por enunciados, não está feito de frases [...] uma árvore genealógica, um livro de contabilidade, as avaliações de um balanço comercial são enunciados"[116]. Ou então, "o teclado de uma máquina de escrever não é um enunciado; mas essa mesma série de letras, Q, W, E, R, T, enumerada num manual de datilografia, é o enunciado da ordem alfabética adotada pelas máquinas". Ou seja, o enunciado é condição de possibilidade do discurso e pode constituir-se por uma série de probabilidade mínima, sem construção regular de língua, o que equivale a dizer

---

115. Cf. FOUCAULT, M. *La arqueologia del saber*. México: Siglo Veinteuno Editores, 1970.
116. Cf. ibid., p. 32-45.

que não nasce a partir dos mesmos critérios que uma frase, uma proposição ou um ato de linguagem.

Na realidade, o empreendimento filosófico de Foucault é o de explicitar o seu caminho investigativo de objetos históricos (a loucura, a prisão, a sexualidade etc.), afastando-se do campo metodológico da história acadêmica, essa mesma que, para ele, se apresenta como "contínua e correlato indispensável da função fundadora do sujeito: a garantia de que tudo quanto lhe escapou poderá ser-lhe devolvido; a certeza de que o tempo não dispersará nada sem restituí-lo em uma unidade recomposta". O enunciado aparece, assim, como um conceito seu (sem coincidência com as unidades elementares do discurso) referente a um modo de ser singular, "indispensável para que se possa dizer se há ou não frase, proposição, ato de linguagem", porque é uma "função de existência", sem sujeito e sem correlato linguísticos, mais precisamente "uma função que cruza um domínio de estruturas e de unidades possíveis e que as faz aparecer, com conteúdos concretos, no tempo e no espaço".

Outro modo de expressar essa linha argumentativa é conceber o dizer do discurso como algo alimentado pela relação de uma dimensão pré-discursiva com uma experiência originária, fonte de inteligibilidade e compreensão. Isso está posto aquém das articulações manifestas da língua, como a articulação funcional entre significante e significado. Além ou aquém do discurso, essa dimensão – que pôde ser vista por mais de um pensador como a esfera do indizível ou do silêncio para o qual se retrai a linguagem – abriga uma diversidade rica de modos e possibilidades. Pois bem, o que Foucault chama de enunciado é precisamente a função de desvelamento vertical do processo enunciativo do discurso, mas a partir do pré-discursivo, sem se reduzir a qualquer uma das unidades do nível lógico ou gramatical. Por isso, o enunciado não tem sujeito (a não ser ele próprio) nem um correlato linguístico determinado e sim um campo de coexistência com outros enunciados, assim como um estatuto material, seja uma voz, seja um corpo físico concreto.

O que tem isso a ver com a filosofia afro? É que nessa vertente de pensamento a analogia dá margem a uma aproximação baseada na coincidência de visões da história como devir e dinamismo interno em vez de história como estrutura resultante da consciência humana de um sujeito originário. Nela, o enunciado não tem sujeito equivalente a um autor individualizado de frases ou proposições, mas tem um suporte e um lugar, onde se constitui a sua materialidade enunciativa, que é o ritual. É uma materialidade que se repete nas condições estritas do pensamento nagô, ora para pôr em relevo a *Arkhé* no âmbito das comunidades litúrgicas, ora como estratégia identitária que faz apelo às analogias no confronto agonístico das relações raciais.

Fora do escopo *afro*, encontra-se o trabalho da analogia no contexto das "negociações" interculturais realizadas desde o século XVII entre missionários cristãos e lideranças indígenas tanto na Amazônia como em São Paulo. Naquilo que pesquisadores descrevem como "barganha espiritual" emergia uma espécie de "cristianismo híbrido" resultante das analogias pelas quais os nativos assimilavam conceitos cristãos, mas atribuindo significados alheios às noções originais[117]. Assim, se um missionário era visto com alguém dotado de capacidade suficiente para manipular forças espirituais, tornava-se análogo à capacidade atribuída pelos indígenas aos xamãs, o que levava ao fracasso das tentativas jesuísticas de eliminação do lugar dos xamãs na intermediação com o mundo espiritual. A própria ideia de demonização das práticas indígenas não raro levou apenas a que os indígenas reinterpretassem o demônio cristão como uma deidade a mais em seu panteão de crenças.

Mas também fora do escopo *indigenista* ou de qualquer outra atribuição característica dos costumeiros objetos teóricos da etnologia, o trabalho da analogia comparece na universalidade da *linguagem*, isto é, na face original da realidade onde quer que se manifeste a dinâmica do ser e não ser, do haver e não haver. "Linguagem" não é aqui, evidentemente, fenômeno de discurso, mas formulação filosófica de mundo como potência primária de ação e inação, a exemplo da visão global construída por Pitágoras de Samos (o primeiro a conceber a forma esférica da Terra e de outros planetas) a partir da natureza harmônica de uma realidade fundada em *proporções musicais*.

Na concepção pitagórica, desenvolvida por Platão, Aristóteles e, depois, Ptolomeu, o universo é constituído de esferas superpostas, que se movimentam de acordo com uma harmonia análoga à musical, o que gerou modernamente a ideia de "música das esferas". Global, abrangendo tanto da realidade do cosmo quanto a humana, essa concepção postula que as vibrações inerentes às coisas e aos seres compõem um concerto harmônico, apreendido pela sabedoria sensí-

---

117. Cf. CARVALHO, F.A.L. Imagens do demônio nas missões jesuíticas da Amazônia espanhola. *Varia Historia*, vol. 31, n. 57, set.-dez./2015, p. 1-45.

vel que perpassa universalmente todas as percepções e intuições. Os números, as proporções e o próprio pensamento nascem – por meio da analogia, que permite falar-se de interação, participação ou inclusão mútua entre *physis* e cosmo, natureza e homem – dentro do processo de elaboração dessa potência do sensível, portanto, do poder de ser ou de não ser aquilo que já está dado na harmonia universal de tudo. É a mesma harmonia a que se refere Heráclito como *kreiton*, vigorosa e invisível na manifestação do vital.

Daí a pregnância filosófica da expressão da potência vital pelo ritmo, como já assinalamos a propósito da *Arkhé* nagô, onde a existência é afim às vibrações do ser em sintonia com as harmonias cósmicas. Nessa esfera, a analogia, e não a dialética, é o caminho primordial de compreensão. Isso deixa claro que a dialética é pautada por um único e exclusivo modelo de razão, quando é possível conceber outros não encerrados na disciplina do raciocínio formal intitulado "lógica", por mais que esta seja útil, no interior do modelo racionalista, às operações formais de distinção entre o verdadeiro e o falso ou entre o essencial e o secundário.

Não há dúvida de que o primado da lógica responde pelo triunfalismo tecnológico, pelo agigantamento do domínio maquinal e pela entronização das abstrações do "Espírito" que correspondem às operações vazias ou idênticas a si mesmo em todas as realizações do humanismo ocidental. É um quadro que, "aplicado à filosofia, pode encerrá-la no universo escolar, e o retorno à experiência é o retorno aos textos, aos *corpus* filosóficos", como diz Boulaga[118]. Essa é uma operação pedagógica da representação, isto é, do modo narrativo e descritivo ocidental em que a história já está configurada antes de assumir uma forma qualquer de linguagem.

Entretanto, fora da reanimação escolar de textos mortos – que mantém a "filosofia perene" como um zumbi, cujo fim foi anunciado por mais de um grande "mestre de pensar" europeu – a teoria persiste, no sentido original e helênico do termo, como a potência do contemplar e do ver dentro dos transes da paixão de compreensão do mundo e do cosmo e de relacionamento da vida com a morte. Por isso, para além do fechamento lógico dos enunciados dialéticos, a analogia configura-se primeiramente como caminho plausível para a transcrição acadêmica de "um mesmo processo lógico ou filosófico em sistemas conceituais equivalentes quanto a suas significações profundas" (Bastide).

---

118. Cf. BOULAGA, E.F. Op. cit, p. 184.

Isso significa fazer interpenetrarem-se dialogicamente determinados sistemas de pensamento euro-americanos com os modos de pensar ou filosofias outras, mediadas pela corporeidade. Esse "dialogismo" não é nenhum "diálogo" entre modos diferentes de pensar, portanto, nenhuma metafísica de uma solidariedade profunda ou comum do diverso (ou seja, nenhum paralelismo metafísico) característica da platônica visão sinóptica em que a diversidade é abolida pela unidade, mas propriamente uma aproximação analógica por equivalências, dando margem à irrupção do Outro no Mesmo. Não se trata, assim, da perspectiva genealógica sugerida por Nietzsche, que evidencia as relações entre dois termos de um mesmo fenômeno, sem embasamento histórico ou dialético, porém no interior de um mesmo sistema de pensamento, que é o ocidental. Ao mesmo tempo, não é a mesma coisa que a *tradução cultural*, metodologicamente proposta por antropólogos e ensaístas dos estudos pós-coloniais, descontentes com a perspectiva estrutural-funcionalista na abordagem do relacionamento entre diferentes formas de crença.

É que a analogia configura-se de fato como o recurso por excelência da "força pragmática" que leva, no Ocidente, no Oriente e na África, o discurso filosófico a comprometer-se com atitudes e posições, na linha da imanência ontológica do pensamento à vida. Como gênero de vida e não apenas um puro trabalho da razão, a filosofia continua viva na diversidade das formas de se comportar frente ao que se apresenta como "real". A sua vitalidade consiste em seus posicionamentos na dinâmica universal da *expansão* do homem enquanto agente de continuidade vital.

Um poeta espanhol amplia a compreensão do que estamos designando como expansão: "Nós sabemos de onde viemos e para onde vamos; entre duas obscuridades, um clarão". Isto é do sevilhano Vicente Aleixandre, Prêmio Nobel de Literatura em 1977, pouco lido entre nós. O clarão é evidentemente a vida, que se trata de expandir em sua luminosidade essencial no plano da matéria e que abrange tanto a dimensão física quanto a energética. Pensada como sistemática indeterminação ou como abertura infinita da vida, a luz define-se como aquilo que o poeta romeno (de língua alemã) Paul Celan chamou de *u-topia*, não a busca de outro lugar sonhado, mas a própria busca como condição expansiva da vida. A expansão ocupa o cerne do pensamento nagô, assim como do pensamento hindu, onde *brih* (expandir-se) está na raiz de Brahman, princípio indiferenciado da existência.

Com essas veredas, a filosofia – da qual disse Heidegger estar-se "dissolvendo nas ciências, na lógica, semântica, psicologia, antropologia, politologia, poetologia, tecnologia e assim por diante" – pode vislumbrar um horizonte diferente para sobreviver ao transe de sua decadência ou, ao menos, de sua provação histórica. O caminho que hoje leva à filosofia não passa pelo conhecimento da ciência ou da técnica, mas, ao que nos parece, pela instauração de modos novos de especular, novos jogos com os mitos, as crenças, as artes, a política e a poesia capazes de instaurar o que no pensamento se afigura como essencial, isto é, a radicalidade luminosa.

Isso deve ser entendido como a experiência de ir à raiz das coisas, na tração irresistível do brilho projetado pelo real sobre a vida. Esse "brilho", a "chispa de onde brota a luz" (no dito de Platão), diferentemente da permanência produtivista do conhecimento, tem a ver com fenômenos de "*rara hora et parva mora*" ("oportunidade rara e pouca duração") tal como predica Saint Bernard de Clairvaux num de seus sermões ou tal como se afirma no fulgor da alacridade. É o que sempre buscou o sábio – o que ainda impulsiona o pensamento capaz de revigorar-se.

É o real da *Arkhé*.

3
Exu inventa o seu tempo

"Exu matou um pássaro ontem com a pedra que atirou hoje" (aforismo nagô).

Embora pretendamos outra abordagem, não seria estranho que a leitura compreensiva deste provérbio/aforismo acolhesse uma perspectiva ética, uma vez que normalmente provérbios, aforismos, máximas, apotegmas e ditados pautam-se pela enunciação de regras morais. Também é normal que formações discursivas de natureza mística codifiquem regras de moralidade em seus sistemas de crença. O enunciado em tela referente a Exu bem poderia ser interpretado como um axioma moral que busca no presente a chave motriz das ações desencadeadas no passado em contraposição reflexiva à lei de causa e efeito ou à ideia ocidental de progresso como efeito de ações passadas. Seria, portanto, uma valorização do passado, do vigor de fundação do grupo.

É que a reinterpretação brasileira (quando não colonial) do legado simbólico africano sempre foi, predominantemente, ético-religiosa e, mais raramente, política. Quando consegue, por intermédio de elaborações intelectivas e afirmativas, a tradição negra insere-se historicamente na formação social brasileira para oferecer, em termos éticos ou religiosos, outra cosmovisão da vicissitude civilizatória do escravo e seus descendentes. Dos símbolos, dos desdobramentos culturais de um paradigma (a *Arkhé* africana, manifestada num sistema axiológico em que se articulam valores éticos, cerimônias, sacrifícios e hierarquia), emergem representações capazes de atuar como instrumentos dinâmicos no jogo social de estratos historicamente à margem da cidadania plena.

A política pode ser parceira nesse jogo. Não certamente a política que se define como fenômeno de Estado (política partidária, política social etc.) e sim a prática de organização da reciprocidade dos seres diferentes em comunidade, ou seja, política como prática de estar junto, ao lado da luta pela inclusão, no mundo comum, de excluídos históricos. Um agir político grupal lastreia o pacto simbólico implícito nas formas de organização comunitária dos descendentes de africanos. É uma política que não costuma aparecer nas lentes etnológicas e se faz visível na mobilização dos recursos para a consolidação das alianças internas ao grupo e nas táticas de aproximação com a sociedade global hegemônica.

Há mesmo um singular agir político na transmissão patrimonial da liturgia negra, que é a luta para instituir e fazer aceitar a realidade interpretada ou traduzida e que se identifica na fé em princípios cosmológicos, em entidades sagradas ou em ancestrais ilustres. Nessa realidade, o dever político para com a comunidade litúrgica (a *obrigação*) e os valores éticos (a continuidade dos princípios fundadores) revelam-se cruciais e, além disso, suscetíveis de transformação segundo a variação espaçotemporal dos cultos.

Entretanto, nós nos dispomos aqui a suspender estrategicamente o primado da interpretação ético-política, ou até mesmo literária, do provérbio. Por quê? Em primeiro lugar, porque esse enunciado provém de uma comunidade que se define originariamente pelo comum dos corpos e por uma filiação ao mesmo tempo humana e divina, o que o coloca num plano de antecedência do que se poderia chamar de comunidade política. Por outro lado, uma mirada "literária" poderia alinhá-lo na vizinhança de uma intencionalidade poética afim ao desencontro entre palavras e ideias, algo aparentado a versos do tipo "choveu ontem no futuro" (Manoel de Barros).

Entretanto, sem qualquer conotação literária nem explicitação de autoria filosófica, esse provérbio resvala da moralidade prática, típica dos enunciados anônimos da cultura dita "popular", para um nível heurístico que o transforma em *aforismo*. Isso não faz dele um "fato" filosófico propriamente dito ou *stricto-sensu*, pois, apesar dos exemplos notáveis de pensadores como Heráclito, Schelling, Nietzsche, o aforismo pode descambar numa filosofia de "meia-sola" ou a meio-pau, como observam alguns exegetas dos fragmentos pré-socráticos, sustentando que "não é seguro encarar um aforismo como evidência". Mas certamente transforma-o em fato de conhecimento, sinalizado junto a uma particular comunidade interpretativa como *índice* de um modo coletivo de pensamento fragmentário. Como aforismo, o enunciado está e não está isolado: há um contexto alusivo maior, do qual ele é figura indiciária. Só a compreensão (prévia) ontológica do "ser nagô" autoriza a compreensão ("ôntica", na terminologia heideggeriana) ou o conhecimento semântico do enunciado.

Daí a suspensão da visada ética, com vistas a introduzir a perspectiva do que nos parece fundamental no princípio simbólico (ou entidade sagrada) nomeado como *Exu*, logo, a perspectiva de sua lógica existencial – inscrita no círculo discursivo da filosofia ocidental como *ontologia*, mas também na perspectiva aristotélica (e menos platônica) como *ousiologia*, isto é, uma indagação sobre a *ousia* (a substância, o ser essencial que revela a textura do real), a mais importante das dez categorias aristotélicas do ser. Isso significa procurar na lógica de ser dessa entidade, litúrgica e antropologicamente descrita, os seus traços essenciais, isto é, aqueles capazes de responder à indagação ontológica "o que é Exu?" Nada impede que ontologia e antropologia se superponham. Mais ainda: superpõe-se a essas perspectivas a cosmologia, aqui entendida como indagação mítica e filosófica sobre a estrutura do universo material. As divindades nagôs são de fato princípios cosmológicos.

Impõe-se primeiramente algum esclarecimento litúrgico sobre Exu que, como enfatiza Juana Elbein, "é imprescindível para a compreensão da ação ritual e do sistema como totalidade"[119]. É que se trata do princípio dinâmico do sistema simbólico inteiro, relacionando-se, portanto, com tudo o que existe, desde as divindades (os *orixás*) até os entes vivos e mortos. O dinamismo mítico pode também ser lido como a própria natureza do inesperado, da penetração nas fissuras do universo ordenado, para bem ou para mal.

Isso não deixa de evocar a mitologia grega, onde Hermes, mensageiro dos deuses, divindade da magia e da adivinhação, é o mestre do inesperado e da capacidade de encurtar os caminhos e cruzar fronteiras como um pivô simbólico das transformações, gerador de uma "tradição hermética" na antiga gnose. Segundo uma das leis dessa tradição (dos árabes para os ocidentais), "nada está em repouso, tudo se move, tudo vibra". É uma ideia igualmente próxima à noção hindu de *jagat*, uma entidade em que o movimento é constitutivamente inerente.

---

119. SANTOS, J.E. *Os nagô e a morte*. Vozes, 1975, p. 130. Na realidade, são muitos os autores nacionais e estrangeiros (Nina Rodrigues, Edison Carneiro, Deoscóredes M. dos Santos, René Ribeiro, Roger Bastide, Pierre Verger, Le Hérissé, Maupoil, Frobenius e outros) relevantes no que se refere a Exu, mas particularmente interessa-nos a visão sistêmica de Juana Elbein dos Santos, apresentada no livro aqui citado, assim como em *Exu*. Ed. Corrupio, 2014.

Ao afastar-se excessivamente dos mitos (um dos temas trágicos de Sófocles é, aliás, o "afastamento excessivo dos deuses"), o racionalismo filosófico dos europeus concorre para o apagamento da relevância existencial de símbolos fortes como esses implicados na dinâmica da vida, o que não ocorre no sistema nagô. Sem Exu, diz Elbein, "todos os elementos do sistema e seu devir ficariam imobilizados, a vida não se desenvolveria". Mais: "Cada ser humano tem seu Exu individual, cada cidade, cada casa (linhagem), cada entidade, cada coisa e cada ser tem seu próprio Exu... [Se alguém não tivesse seu Exu em seu corpo, não poderia existir, não saberia que estava vivo, porque é compulsório que cada um tenha o seu Exu individual]... Exu é o princípio da existência diferenciada, que o leva a propulsionar, a desenvolver, a mobilizar, a crescer, a transformar, a *comunicar*"[120]. Numa aproximação filosoficamente transcultural, vale cotejar com *Diferença e repetição*, onde Deleuze estabelece uma distinção entre o Eu (*Je*) como uma *especificação* propriamente psíquica da espécie – um agenciamento ativo, unitário e universal da individuação – e o "eu-mim" (*moi*), o *organismo* psíquico enquanto instância unitária, mas passiva do indivíduo. O "eu-mim" é matéria investida pelo Eu.

Até mesmo os animais, os peixes, as árvores têm seu próprio elemento dinâmico, ou seja, seu Exu. Embora seja explicitada apenas por nagôs, essa amplitude aproxima a questão de outras recorrentes no círculo da filosofia ocidental, uma vez que coloca esse princípio simbólico no centro de um pensamento voltado para a gênese da diferença ou do movimento – pois se trata de um dinamismo espaçotemporal – que preside aos elementos diferenciais em seu sentido pré-individual ou infraproposicional.

O que isto quer dizer? Literariamente, acorre-nos um trecho de crônica do moçambicano José Eduardo Agualusa sobre o desejo de anterioridade à condição de pessoa: "Uma nostalgia de um tempo anterior a ser pessoa. Vontade de não ser coisa alguma, uma pedra alta, cercada de capim, um rio indiferente, uma árvore se erguendo no meio da floresta" (*O Globo*, 23/01/2017). Mas antropológica ou filosoficamente, atemo-nos primeiro à evidência de que o pensamento nagô não toma o "eu" como figura de fundamento da subjetividade e sim como uma unidade diferencial e pré-individual (*Exu*) investida de uma potência (*axé*) cuja intensidade se desdobra no desenvolvimento ontogenético

---

120. Ibid., p. 131. Igualmente em *Èxù*, p. 26, onde a autora confirma o relato feito pelo *babalaô* (sacerdote de Ifá) Ifatoogun, de Ilobu, na Nigéria.

do indivíduo; segundo, que as representações não são absolutas, mas "infraproposicionais", posto que inscritas num movimento aleatório e não determinista.

No quadro de uma arqueologia da subjetividade, Exu implica uma concepção não subjetivista da personalidade, portanto, algo distante da "individualização" (tornar-se sujeito dentro do isolamento de uma particularidade) típica das culturas que abriram mão de seu enraizamento holístico em favor da atomização social. Uma concepção mais próxima, portanto, do conceito junguiano (também alquímico e schopenhaueriano) de "individuação", em que a personalidade se desenvolve por aportes de qualidades coletivas, trazendo a si o cosmos ou o mundo. Na matéria originária (*ipori*, a placenta) que Exu transfere do espaço suprassensível (*orun*) para o natural (*aiê*), estão contidos os elementos desprendidos da "matéria-massa" cósmica (os *orixás*, assim como os ancestrais míticos e familiais).

É, assim, uma explicação cosmológica e ontológica da existência diferenciada, com numerosos aspectos, correspondentes a fatores de crescimento. Aqui não se está distante da concepção nietzscheana de corpo como "uma construção coletiva de numerosas almas". Nesse mesmo patamar, aparece o problema da conexão dos elementos heterogêneos, que remete ao plano da comunicação. Em Exu, são essenciais as funções da boca tanto nas ações de introjeção e restituição (daí as representações do dedo chupado, do cachimbo fumado, da flauta soprada etc.) quanto nas ações de comunicação[121].

A descrição litúrgica ou mesmo etnográfica dessa simbologia é complexa, como mostram os valiosos estudos de Juana Elbein, mas o esclarecimento aqui apresentado é sumário por ser apenas o introito ao problema da comunicação nesse princípio da vida individualizada, que deve ser entendido como o problema do "limite do ser" no âmbito da comunidade. Bataille esclarece: "A 'comunicação' não pode acontecer a partir de um ser pleno e intacto para um outro: ela precisa estar naquele ponto em que se encontre posto em jogo o ser – em si mesmo – no limite da morte, do nada (*néant*)"[122].

---

121. A alusão a essas funções comparece, por meio de um "deslocamento" conceitual, numa derivação lúdica e guerreira do *ethos* afro conhecida como o *jogo da capoeira*, uma combinação de arte marcial com toques, cânticos e passos específicos, articulada pela improvisação de movimentos e pela epifania corporal. Trata-se da definição do jogo por um dos principais "antigos" baianos nessa arte, o famoso Mestre Pastinha: "Capoeira é tudo que a boca come, é tudo que o corpo dá". Exu não está aí nomeado, mas conceitualmente presente.

122. BATAILLE, G. *Su Nietzsche*. Milão, 1970, p. 51.

Nesse nada, lugar inabitável da comunidade, o ser (individual) não mais existe e dá lugar ao comum, que faz acontecer a comunicação enquanto dimensão vinculativa ou relacional. Primeiro, a comunicação inerente à relação entre deuses e homens, portanto, nos termos da cosmogonia iorubá, entre o espaço suprassensível (*orun*) e o natural (*aiê*). Isto é o que os antigos romanos chamavam de *communicatio*, dedicando a essa relação um dia ritualístico, *dies communicarius*.

Exu pertence visceralmente à comunicação, uma vez que resulta, enquanto filho prototípico na criação do ser humano, da interação de água (elemento masculino) e terra (elemento feminino), sendo assim o portador mítico do sêmen e do útero ancestral. Esta segunda acepção comunicacional refere-se a uma *simbolização* (a interação originária de duas metades, implicada no par masculino/feminino) que estrutura o organismo social. Mas em qualquer acepção – inclusive naquela atinente à verbalização ou à fala – a comunicação implicada refere-se primordialmente a um comportamento ou à ação simbólica de vincular ou pôr em comum partes diferentes no interior de um sistema.

Uma ordem simbólica transcende o campo semântico (território dos signos) por implicar a estruturação originária. Para Ortigues – teólogo exegético e filósofo voltado para os problemas da origem da consciência – o símbolo é um material ordenador, uma lei de organização: "*Os símbolos são os elementos formadores de uma linguagem, considerados uns com relação aos outros enquanto constituam um sistema de comunicação ou de aliança, uma lei de reciprocidade entre os sujeitos*"[123]. Faz-se oportuno aqui o correto entendimento de *símbolo*. Já é clássica a explicação desse termo pela junção de duas partes (*syn-ballein*, em grego). Um homem encomenda a outro a execução de uma tarefa, dando-lhe como sinal de pagamento a metade de uma moeda: a outra metade lhe será entregue após o cumprimento do trato. Juntas, as duas partes encontram algo de comum, um equivalente geral ou um *valor*, que é o símbolo.

Ao contrário do signo, o símbolo em sua originariedade não significa nada, isto é, não remete a nada além dele mesmo, porque sua função primeira é a de *organizar* elementos, pondo-os em interação tanto opositiva quanto combinatória. É, assim, uma abstração que, uma vez constituída em textura própria, funciona como *mediação* ou *equivalência* para objetos diversos e esparsos num

---

123. ORTIGUES, E. *Le discours et le symbole*. Aubier, 1962, p. 45.

mesmo nível de realização de trocas ou numa mesma forma assumida pelo valor. A mediação é uma representação ou, no limite, um *texto*, que pode concretizar-se em palavras ou em imagens. Vale a lição de Ricoeur quando este afirma que "antes de se tornar texto, a mediação simbólica tem uma textura"[124]. Em outras palavras, antes de converter-se em algo que *signifique*, a mediação é só o resultado do ato de vincular partes ou *tecer*, portanto, a superfície ou a "pele" de uma forma, algo apenas visualizável ou tocável.

Como se infere, a "textura" organizativa não se adequa a uma concepção psicologista em que o símbolo é pensado como um guia para orientar a ação humana, pertencente ao plano do imaginário. Mas a narrativa comunitária expressa nos contos, nos ritos, nos aforismos e nos objetos – decorrente da ontologia inerente aos axiomas do mito fundacional – pode articular por meio de muitas representações uma simbologia derivativa (assim, cada aspecto funcional de Exu tem uma representação própria) com estratos semânticos complexos, cuja decifração jamais os esgota, a exemplo das camadas descascadas de uma cebola, que redundam em zero.

Ao nascimento dos elementos cósmicos corresponde uma representação específica, que lhe atribui o lugar de primogênito (*Exu Yangui*). Sendo assim, torna-se evidente a sua relação com o número *um* (número que rompe a imobilidade dos pares e permite a multiplicação), mas ao mesmo tempo com o número *três*, que não é primeiro e sim *primordial*: a dinâmica de reunião do terceiro constitui um e dois. Segundo os matemáticos, os números progridem do um ao dois, do dois ao três e do três ao infinito.

É o número três, portanto, que abre a possibilidade do infinito diverso. Mas é também aquele que possibilita a linguagem, uma vez que cada som verbal aparece como um terceiro elemento, resultante da interação de dois elementos genitores – entidade transcendente e ser humano. Descrito pela filosofia hindu, o três "é uma onda, uma curva senoidal, uma vibração semelhante à luz ou ao som. Quando duas ondas colidem, um novo fenômeno é criado. Essa é a criatividade inerente da natureza. Mesmo no nível mais sutil da vibração e das partículas subatômicas, a oscilação intrínseca da natureza desencadeia um ciclo infinito de criação, destruição e recriação. Do número três se originam muitos" (B.K.S. Iyengar).

---

124. RICOEUR, P. *Tempo e narrativa*. Vol. I. Papirus, 1994, p. 92.

Exu é primogênito, portanto, mas igualmente – por deter o primado do processo de estruturação sobre seus próprios filhos – é pai-ancestral, a que corresponde outra representação (*Exu Obá*). Como *Exu Bara*, ele rege o interior do corpo, assegurando a circulação nas vias internas, assim como a *dejeção*, função de filtro das impurezas ou do inessencial, passível de ser etimologicamente lida no próprio nome – *Exu* – uma aglutinação do prefixo *è* com a raiz verbal *xu* (literalmente, "defecar") e semioticamente afim ao primeiro significado grego de *Arkhé*, que é "ânus", ou seja, a boca "última" do corpo, que remete logicamente à boca da absorção. E assim por diante, são muitas as modulações representativas, que jamais se fecham inteiramente na interpretação, abrindo-se para outras apropriações simbólicas.

O que aqui de fato importa frisar é que o símbolo pressupõe ontologicamente uma *divisão* originária (análoga às duas partes da moeda), filogeneticamente humana. Por exemplo, no fragmento heracliteano *ethos anthropos daimon* – que Heidegger traduz como "o homem vive nas imediações dos deuses" e outros traduzem como "o caráter do homem é o seu deus ou "demônio" –, a palavra *daimon* (do verbo *daomai*) também significa "entregue à divisão" ou "à partilha" como no latim *communicarius*. A dimensão simbólica atesta a partilha originária na condição humana.

Na narrativa mítica de Exu, o caráter originário dos entes está na partilha entre o princípio masculino (lado direito) e o feminino (lado esquerdo), presente em todas as espécies existentes. Associa-se naturalmente, portanto, à atividade reprodutiva da espécie, representada pelo falo e seus muitos deslocamentos simbólicos. Em princípio, na reflexão ocidental sobre a sexualidade, tende-se a atribuir ao sexo em sentido estrito um patamar mais elevado do que o particularismo erótico (apanágio cultural do humano), uma vez que a reprodução sexual abrange a totalidade e a continuidade das espécies vivas.

Exu, todavia, revela algo muito mais amplo, algo inerente à condição humana, seja branca ou negra, europeia ou africana, que é a ligação visceral entre o sagrado e o erótico. Em sua contemplação da beleza cósmica, os antigos helenos concebiam filosoficamente Deus como uma intelecção divina (o *Nous*) que atraía eroticamente o cosmo ao mesmo tempo em que o governava noeticamente. No *Banquete*, Platão atribui ao erotismo uma dimensão cósmica, capaz de afetar tanto o movimento dos astros quanto a movimentação humana. Erótico significa, assim, força afirmativa da vida por dinamismo afetivo e orgânico, que pode comportar ambivalências em seu percurso de realização. Deste modo se interpretam as representações fálicas associadas a Hermes – não um deus da fertilidade, mas uma potência criativa simbolizada pela força assertiva do falo. Um desdobramento desse princípio é Dioniso, a divindade grega que afirma a vida em sua totalidade, inclusive a vida sexual que, nas palavras de Nietzsche, "evoca profundidade, mistério, respeito".

Nessa mesma direção, a *Arkhé* africana reserva ao *erótico uma dimensão de ambivalências – profundidade e mistério – mais ampla do que a implicada na simples reprodução sexual* por conotar a totalidade – ao mesmo tempo biológica e simbólica, contínua e descontínua – do processo que garante a continuidade entre ancestralidade e descendência, mas com todos os matizes do segredo que perpassa a relação entre a interioridade e a exterioridade. Para assegurar essa garantia, Exu é tanto ancestral quanto descendente – a protoforma da progenitura por excelência.

Mais uma vez, Bataille comparece por sustentar que, encarada à luz da pura e simples reprodução, a atividade sexual põe em jogo seres *descontínuos*, isto é, seres distintos uns dos outros, únicos e sós em suas experiências de acoplamento, nascimento e morte. Na verdade, toda e qualquer realidade é descontínua. Só que, na visão do pensador francês, entre um ser e outro há o abismo da diferença, da incomunicação, que não se pode suprimir, mas cuja vertigem se sente – é o fascínio da morte. É na morte, entretanto, que se mostra a continuidade: quando dois entes se unem para formar um terceiro, a passagem de um ao outro, a fusão é mortal para a essência dos separados (o espermatozoide e o óvulo, os genitores e seus rebentos), embora possibilite a continuidade dos dois seres distintos.

Diz ele: "Em nossa origem, há passagens do contínuo ao descontínuo ou do descontínuo ao contínuo. Somos seres descontínuos, indivíduos que morrem isoladamente numa aventura ininteligível, mas temos a nostalgia da continuidade perdida. Não aceitamos muito bem a ideia que nos relaciona a uma dualidade do acaso, à individualidade perecível que somos. Ao mesmo tempo em que temos o desejo angustiado da duração desse perecimento, temos a obsessão de uma continuidade primeira que nos une geralmente ao ser. A nostalgia de que falo nada tem a ver com o *conhecimento* dos dados fundamentais a que aludi"[125].

---

125. BATAILLE, G. *O erotismo*. LPM, p. 15.

Deixando-se de lado os aspectos institucionais ou objetivos da religião em favor do sentimento evocado pela palavra *sacer*, ou seja, a do sagrado como interioridade e segredo, pode-se aventar a hipótese do erotismo como um aspecto dessa vida interior, logo "religiosa", do homem. É que, diferente da sexualidade puramente reprodutiva, o erotismo aparece na consciência como um questionamento da vida interior autônoma, abolindo quaisquer separações entre o dentro e o fora. Na busca erótica, o espírito foge à subordinação imposta pela realidade do corpo mortal, perdendo, como os deuses ou os espíritos míticos, o substrato da realidade e penetrando assim no sagrado.

O "erótico" não é, como a sexualidade reprodutiva, algo que se possa atribuir "genitivamente" a um sujeito (o sexo que se "tem"), porque é um processo de busca da continuidade entre ancestralidade e descendência, transcendente aos atributos de identidade. Exu simboliza o procriado, não o procriador, mas a sua comunicação dinamiza a busca erótica, daí os desdobramentos simbólicos ou as reinterpretações litúrgicas que associam essa entidade aos múltiplos caminhos do erotismo.

Do hoje ao ontem

Ao lado da dimensão erótica, essa comunicação que implica passagem e expansão problematiza o conceito de *tempo*, ou seja, do ritmo de movimento ou da mudança de um processo dentro de um todo experimentado como continuidade ou *duração*. Esta maneira de descrever a mudança é uma construção progressiva na história do mundo, com especial destaque no Ocidente que, após o Renascimento, privilegiou, como nenhum outro sistema de pensamento, a medição do fluxo dos processos. Dizer "medição" é também dizer que o tempo não tem existência independente daquilo que mede. E implica levar conta que, na Antiguidade remota, não existia propriamente tempo, e sim a duração dos ciclos naturais, que abrangiam estações do ano, idade das coisas, etapas da vida humana etc.

A questão do tempo aparece quando se começa a pensar na duração como algo independente dos ciclos ou processos envolvidos. Transformando-se em ideia, a duração suscita o estabelecimento de um cânone de medida – a determinação de um conceito da mudança ou de como eventos diferentes se ligam – portanto, o *conceito de tempo*. Como em nenhuma outra civilização, os pensadores ocidentais debruçaram-se longamente sobre esse problema. É algo que sempre os deixou perplexos, como admite Santo Agostinho no livro XI das *Confissões*: "Mas então o que é o tempo? Se ninguém me perguntar, eu sei; se quiser explicá-lo a quem me fizer a pergunta, já não sei"[126].

Muito antes dele, havia-se buscado entender e representar o que depois se chamariam fenômenos temporais, donde a razoável variedade do vocabulário pré-filosófico e propriamente filosófico atinente ao problema. Em Homero, a palavra *chronos* designava (às vezes, em certas frases) intervalos de tempo. *Aion* (ou *éon*) podia significar tanto "força vital" quanto idade ou geração. Principalmente entre os filósofos, é grande a frequência do termo *kairós* para fazer referência ao que hoje entendemos como "ocasião" ou "oportunidade", isto é, a coincidência entre o tempo e a ação que permite ao homem realizar os seus projetos. É um tempo "disponível".

Os gregos partiam realmente da cosmologia ou dos movimentos do mundo para entender o tempo. Este, no pensamento de Aristóteles, é "o número do movimento segundo o antes e o depois", portanto, a passagem do passado ao presente: o tempo só surge no presente como algo que já passou. O passado detém, assim, o primado na sua determinação. Para existir, o "agora" (*to nyn*, o instante, em que a continuidade se divide) tem de não estar mais aí, posto que algo se realizou ou se perfez para que se possa "temporalizá-lo", isto é, para que se possa inscrevê-lo numa duração. A cada agora surge um presente (nascido já velho, por ser dado pelo que passou), que escorre linear e continuamente numa única dimensão. Um *continuum* pontual, infinito e quantificado é a síntese da representação ocidental do tempo.

Como se percebe, a antiga metafísica define o tempo como já estando nele mesmo, portanto, dentro de um horizonte intratemporal. Não é o caso aqui de discutir o paradoxo desta formulação, genialmente apontado por Platão no *Parmênides*: ao fazer as coisas ou os eventos avançarem de um agora para um depois, o tempo está sempre dentro dele mesmo. Mas importa sublinhar que, mesmo com o seu paradoxo, a concepção aristotélica permanece na base de outras formas de compreensão, inclusive naquelas em que o tempo é subjetivado ou espiritualizado, como se dá na Antiguidade em Plotino e Santo Agostinho ou, na Modernidade, em Bergson, Husserl e Heidegger.

---

126. SANTO AGOSTINHO. *Confissões*. Vozes, 1988, p. 278.

A reflexão de Santo Agostinho é decisiva para a inteligibilidade moderna do fenômeno temporal, por tornar o tempo independente do movimento cosmológico (sol, estrelas etc.): "Ninguém me diga que o tempo é o movimento dos corpos celestes. Quando com a oração de Josué o sol parou, a fim de concluir vitoriosamente o combate, o sol estava parado, mas o tempo caminhava. Este espaço de tempo foi o suficiente para executar e pôr termo ao combate. Vejo, portanto, que o tempo é uma certa distensão"[127].

Mas distensão de quê? Inicialmente, Agostinho diz ignorar, mas logo acrescenta que "seria para admirar que não fosse da própria alma" – uma distensão da alma, portanto. Daí a sua formulação "em ti, minha mente, é que eu meço o tempo", em que se faz presente a ideia da passagem de um estado a outro como uma distensão inerente à vida da alma, ou seja, a subjetivação do tempo. Não é, portanto, ontológica, mas psicológica – isto é, o modo humano de apreensão – essa abordagem do tempo.

A concepção subjetivista distingue-se, em princípio, daquela de Aristóteles, mas não se afasta demasiado da intuição do Estagirita quando este diz: "A alma é, em certo sentido, todas as coisas" (*De anima*, III, 431, b 21). O que é corroborado por Santo Tomás de Aquino: "A última perfeição que a alma pode alcançar, segundo o filósofo, é que seja inscrita nela a ordem inteira do universo e de suas causas" (*De veritate*, II, 2). Essa distensão da alma é gerada por uma ocorrência qualquer. Assim, ao dizer que não sabe o que é o tempo, Agostinho afirma, entretanto: "Certamente é com segurança que eu declaro saber que, se nada passasse, não haveria tempo passado; e se nada sobreviesse, não haveria tempo futuro; e se nada fosse, não haveria tempo presente".

O tempo não é realmente movimento, porque o movimento está no tempo, mas a certeza do filósofo é de que *só há tempo quando algo nele acontece*. Pela mobilidade dos fenômenos, algo vem a ser no tempo, por sua vez engendrado em três instâncias: a memória (do passado), a espera (do futuro) e a atenção (fixação necessária ao presente). Em outras palavras, o tempo se temporaliza no acontecimento.

A filosofia moderna (Bergson, Husserl, Heidegger) incorpora Santo Agostinho, mas distinguindo dois aspectos temporais: o subjetivo (a duração, que implica uma medida) e o objetivo, aquele medido pelos relógios, evidentemen-

---

127. Ibid., p. 288.

te derivado do primeiro, o subjetivo. Para esta linha de reflexão, de um modo geral, o tempo efetivamente existente é o tempo pensado, portanto, o passado e o futuro, já que o presente – o mesmo de que se ocupa o senso comum – é um constante *vir a ser* e *ter sido*: o que acontece aqui e agora era antes um *vir a ser* que, enquanto é, deixa de ser para transformar-se em *ter sido*.

Na física e na filosofia, não existe o presente: o passado e o futuro são os objetos concretos para o pensamento ocidental, embora ilusórios. A tripartição – passado, presente e futuro – é uma abstração que separa tempo de espaço quando, na realidade, as três dimensões, espacialmente convergentes, são inseparáveis. Desde o matemático alemão Hermann Minkowski (1908), pode-se pensar num evento (algo que ocorre num determinado ponto do espaço e num tempo) como regido por quatro coordenadas capazes de especificar a sua posição num espaço quadridimensional, ou seja, o *espaço-tempo*, um *continuum* de grandezas espaciais (linearidade, superfície e volume) e tempo.

Foi a partir do movimento das ações cotidianas – a antiga oportunidade, definida como coincidência entre tempo e ação – que se criou essa unidade, o tempo, capaz de correlacionar de perto o fluxo das coisas e por isso culturalmente transformado na entidade métrica do movimento ou da passagem. A captura matemática da mudança (cálculo diferencial integral) foi formulada por Isaac Newton – já que algumas características das suas leis do movimento requerem a noção de tempo – fracionando o movimento em sequências infinitamente pequenas. Os resultados da medição temporal inscrevem-se em calendários e relógios (desde os relógios de sol dos babilônios e egípcios até os relógios atômicos de césio na contemporaneidade).

Com essa experiência temporal se constrói a atualidade e, consequentemente, a Modernidade, que se tem definido pelo predomínio cultural do tempo sobre o espaço. Também a escrita, que legitima o ser moderno, é outra experiência autorizada pelo tempo. O próprio "fim" da experiência tradicional anunciado por Walter Benjamin é, na realidade, o fim da autoridade da *autópsia* – o ver por si mesmo, garantido pelo espaço – em favor da escrita, garantida pelo tempo. Na esfera do saber clássico, essa relação entre mobilidade e conhecimento deixa-se ver na Antiguidade grega, quando *theóros* era tanto o espectador ou o sujeito do conhecimento quanto o viajante que vai consultar o oráculo.

Na psicanálise freudiana, a pulsão é fora do tempo, o que equivale a dizer que o tempo não existe quando se trata dos processos psíquicos inconscientes.

Explique-se: inexiste o tempo cronológico que se experimenta num presente espremido entre um passado remoto e um futuro indeterminado, mas certamente uma temporalidade reversível nas reminiscências histéricas, na persistência do trauma, na inércia da fantasia, na repetição, no caleidoscópio cronologicamente confuso dos sonhos, na vivência de laços anacrônicos. O que Freud de fato constatou é que a temporalidade do inconsciente contesta a opressiva metafísica do tempo como linearidade cronológica regida pela lei da causa e efeito.

Para também criticar o primado absoluto dessa causalidade, Jung introduz o conceito de *sincronicidade*, assentado numa qualidade temporal, que é a simultaneidade. Essa concepção assume a coincidência de fatos no espaço e no tempo como significativa (está aqui presente a ideia schopenhaueriana de uma "simultaneidade significativa") de algo mais do que o simples acaso, ou seja, uma espécie de interdependência entre os fatos objetivos e os estados subjetivos do observador, como se houvesse um movimento fundamental a eles subjacente. Ou seja, não há causalidade – a sincronicidade é um princípio conectivo *acausal* –, mas se supõe um *continuum* espaçotemporal, associado a estados inconscientes, em que psiquismo e mundo material têm a energia como natureza comum. Na perspectiva junguiana, as coincidências sincronísticas são eventos de fronteiras ou limiares – de psiquismo/realidade física, consciente/inconsciente.

Jung, que sempre buscou um encontro gnóstico entre a racionalidade científica e a criação mítico-imaginária, inspirava-se tanto em práticas antigas de percepções simbólicas de uma dimensão de realidade impermeável à lei de causa e efeito quanto em trabalhos de físicos como Wolfgang Pauli, Niels Bohr e Albert Einstein, cujos resultados sugerem uma correlação entre o campo subatômico e os níveis profundos da psiquê humana, onde falham as coordenadas clássicas do espaço-tempo. No conceito junguiano de "alma" (*anima*) ressoam vozes antigas, tanto de Aristóteles quanto de Santo Tomás de Aquino, pois além de não separar cartesianamente corpo de mente acolhe nesse conceito a presença inseparável do universo.

Fora das dimensões do inconsciente, o que cada um de nós experimenta existencialmente é uma "presentificação", que é a repercussão afetiva ou o entrecruzamento de diferenças dimensionais em nosso "aqui e agora". Mas por que algo repercute? Pode-se imaginar que algo aconteça, sempre dentro do tempo, mas de modo necessário para que ele se torne fenômeno, ou seja, que o tempo se *temporalize*. Por isso, se introduzirmos a noção de *acontecimento*, não como um *evento* ou um conteúdo que se localize no tempo (ao modo de Santo Agostinho) e sim como uma experiência (originária) que inaugura um presente, torna-se viável uma distinção entre tempo e temporalidade – donde *temporalidade* "como articulação dos acontecimentos uns aos outros através do encaminhamento singular de uma ex-per-iência"[128].

Na realidade da experiência está o fato de algo nascer e, assim, *acontecer*, sem, entretanto, ser apêndice do que se passou, do mundo precedente. O *acontecimento* originário não é a mesma coisa que um evento ou uma peripécia no interior de uma história e sim um corte no fluxo contínuo das coisas, logo, uma *gênese* como invenção possível de um tempo. Na experiência da gênese está um passado imemorial, portanto, um passado que não passa ou *origem*, entendida não como um horizonte temporal, mas como potência de começo, como forma de temporalização do tempo. A experiência engendra a temporalidade por meio do acontecimento.

Segundo Romano, o acontecimento *temporaliza* originariamente o tempo, isto é, funda o tempo como passagem, a partir de suas características fenomenais: "1) o acontecimento é surgimento a partir de nada: ele dá mostra, desta maneira, de uma novidade radical; 2) ao mesmo tempo, o acontecimento se declara com a absoluta evidência e com a "Antiguidade" daquilo que está aí desde sempre; 3) o acontecimento só se dá na suspensão de si mesmo e de seu sentido; ele se "apresenta" com o atraso transcendental sobre qualquer presente da ex-per-iência"[129].

Em outras palavras, o acontecimento é o começo de algo *que vem*, de um *a vir*, mas um começo que *se dá no meio*, já que é precedido por um contexto mundano, com o qual rompe exatamente por trazer em si mesmo uma *singularidade*, isto é, uma incomparabilidade absoluta em termos de atributos e qualidades com as circunstâncias do contexto. No acontecimento, a origem (em nagô, *igba iwá axé*; em grego, *Arkhé*) não é uma marcação de tempo porque não é um modo do que não mais está presente dentro do tempo (a exemplo de um modo verbal). Não é, portanto, um passado que se possa datar e sim o *princípio* – no sentido de linha mestra ou inaugural que pauta a existência – do começo e do fim. Evocando Heráclito: *Arkhé* é *eskaton*, origem é destino.

---

128. ROMANO, C. Op. cit., p. 192.
129. Ibid., p. 169. Evidentemente, está-se falando aqui do acontecimento "existencial".

Quando o provérbio enuncia que Exu mata no passado o pássaro com a pedra atirada no presente está nos dizendo inicialmente que ele começou matar ontem com a pedrada de hoje, ou seja, a pedra atirada *está no meio* de uma ação que faz o presente transitar para o passado. No substrato mítico do provérbio, não se vê nenhuma contradição, uma vez que Exu, sendo ao mesmo tempo ancestral e descendente, mobiliza a partir do agora o poente e o nascente para se inserir em cada momento do processo de existência individualizada de cada ser: "É o ancião, o adulto, o adolescente e a criança. É o primeiro nascido e o último a nascer", conforme descreve Juana Elbein[130]. E isso não apenas entre os humanos, pois como princípio dinâmico – em última análise, o princípio da comunicação – Exu transita sem obstáculos entre todos os entes da organização simbólica nagô.

Mas ontologicamente, o enunciado do provérbio só é concebível se o *presente* ou o *agora* funda o tempo (*temporaliza*) por meio da ação / acontecimento (a pedrada mitológica) e assim pode coexistir com o passado – pode tornar simultâneo o que não é contemporâneo. Com Exu, não há começo nem fim, porque tudo é processo e, ao se constituir, cada realidade afeta outra para além do espaço-tempo. Em termos cíclicos ou solares, o nascente coexiste com o poente por causa da força do *agora*.

Não é o caso de se deduzir daí a concepção de uma cultura moralmente orientada para o passado. Aquilo para o que sinaliza o aforismo é, antes, a ideia de que a ação de Exu abriu uma possibilidade que não lhe preexistia em termos reais, mas foi tornada possível por um evento feito metonímia do acontecimento (a pedrada enquanto começo de uma transformação). O que está sendo mostrado é que todo acontecimento vem junto com os seus possíveis. Mas para ser de fato um "tornar possível" é preciso que nada preexista em termos reais, é preciso que o pássaro exista e seja abatido apenas na abertura (o nascente, o *a vir*) instaurada pelo acontecer.

Isso quer dizer que o acontecimento manifesta-se inaugurando algo novo no presente, mas numa dinâmica de retrospecção (o passado que se modifica) e de prospecção, que se dá no "tornar possível". Em outras palavras, esse acontecimento não é em si mesmo temporal, isto é, não está num horizonte determinado, mas é temporalizante, funda o tempo, o que implica já trazer consigo o seu

---

130. SANTOS, J.E. Op. cit., p. 165.

poente e o seu nascente. Diferentemente da temporalidade ocidental-psicanalítica do sujeito que faz do tempo a condição de aparecer do acontecimento, com Exu a temporalidade *não é constituída*, mas *constituinte*, isto é, uma dimensão da experiência que inventa o tempo por meio da articulação dos eventos regidos pela origem, isto é, por um protoacontecimento que engendra um destino comum a todos e faz aparecer até mesmo o inexistente. Nessa dimensão, o indivíduo está ao mesmo tempo atrás e adiante de si mesmo.

Essa origem é impossível de ser representada, muito menos de ser datada, porque não é nenhum começo, mas um princípio inaugural. O acontecimento inaugurado por Exu não é algo que se possa inserir como peripécia numa história com passado, presente e futuro já dados, pois é ele mesmo que faz a história de seu grupo, logo, constrói o seu tempo – em grego, *aion*, o tempo do acontecimento – que é o da reversibilidade. Em termos mais claros, a ação de Exu não está dentro do tempo, *ela o inventa*[131].

Embora situado em outro contexto simbólico, esse tempo inventado mantém uma analogia com o pensamento radical da história por poetas-filósofos, que vão buscar num ilusório futuro o ponto de partida para qualquer realização essencial. T.S. Elliot, por exemplo, quando diz que "fazer um fim é fazer um começo. O fim é de onde nós partimos". Se voltada para o fenômeno de vitalidade da história, a ênfase da interpretação desta frase pode recair sobre a ideia de um futuro que se alimenta de um passado ainda por vir. No aforismo de Exu, entretanto, a ênfase parece-nos recair sobre a reversibilidade.

A chave do provérbio está, assim, na experiência da *reversibilidade* (a restituição pelo sacrifício ou pela oferenda), que é maior do que a da cronologia dos relógios. A situação oposta, isto é, a *irreversibilidade*, está na base de todos os sistemas de poder, africanos ou não. Por exemplo, o poder estatal, como descreve Hobbes no *Leviatã*, fundado na administração do medo. O medo põe fim à distinção entre aristocratas, burgueses e camponeses, nivelando-os. Por isto seria a origem e a manutenção do pacto fundacional da política: a demanda de proteção engendra a dominação. Da relação dialética entre estes dois termos surgem tanto os mecanismos do poder quanto os princípios de sua limitação.

---

131. Fora desse âmbito, mas no interior da simbolização conhecida como "arte", pode-se pensar em experiências radicais como a da artista brasileira Lygia Clark quando, fazendo a pintura expandir-se além dos limites da moldura por meio de um diálogo com arquitetura, dizia querer "compor um espaço e não compor dentro dele".

Uma *dádiva* (a proteção) é a fonte originária da autoridade necessária para que os subordinados, aqueles que obedecem, reconheçam como legítima a dominação implícita na relação subordinante. Nenhum poder mantém-se como puro (no sentido de mero exercício de constrangimento ou de força) ou ditado exclusivamente pelo medo, uma vez que, durante, obriga-se à socialização (proteção, concessões, benefícios etc.) implicada na dádiva. Este seria, portanto, o princípio e a limitação da subordinação.

"Dádiva" ou "dom" (*munus*, em latim), termo pertinente à dimensão simbólica, pode ser uma expressão mais cara à antropologia do que à teoria política. No entanto, como sinaliza Baudrillard, nele está assentado o essencial de uma relação de poder, que é tanto maior quanto menores são as chances de uma reversão simbólica pela "contradádiva" (*donum*, em latim). Diz ele: "O poder pertence àquele que pode dar e *a quem não se pode restituir*. Dar, e fazer de tal maneira que não se possa receber algo de volta, é quebrar a troca em benefício próprio e instituir um monopólio: o processo social fica assim desequilibrado. Dar de volta é quebrar esta relação de poder e instituir (ou restituir), à base de uma reciprocidade antagonista, o circuito da troca simbólica"[132]. Essa reciprocidade não decorre de uma injunção moral e sim da dinâmica ontológica do sistema como um todo.

Retomando-se os termos da narrativa mítica do nascimento de Exu, verifica-se que o primogênito da criação ingere todos os animais da terra, assim como a própria mãe (o que não deixa de evocar a ingestão de Métis, divindade da astúcia, por Zeus), para expandir-se. Dá-se, assim, um desequilíbrio cósmico que ele depois é obrigado a compensar, devolvendo, por meio de oferendas, tudo o que ingeriu. Este é o seu aspecto de *Elebó*, senhor das oferendas, portanto, agente essencial da restituição, que pode ser partilhada por outras entidades. Assim, cabe a *Iku* (a morte) restituir ao espaço suprassensível de origem dos homens (o *orun*) a matéria de que eles são feitos (*ipori*) ou, mais precisamente, de que é feita a sua cabeça (*ori*).

Ora, o sistema simbólico nagô gira por inteiro em torno da restituição, que é um mecanismo de equilíbrio e de harmonia. Pode ser descrito, portanto, como um eterno movimento coletivo de trocas – dar, receber, restituir – regido pelo princípio da reversibilidade, inclusive das coordenadas temporais.

---

132. BAUDRILLARD, J. *Pour une critique de l´économie politique du signe*. Gallimard, 1972, p. 209.

Isso não é a mesma coisa que um princípio de realidade biológica e psíquica, nem uma dimensão imaginária e sim uma ontologia relacionada à origem. A origem é imemorial, irrepresentável, mas está presente como dinâmica no plano de uma organização social que se rege por uma lógica da reciprocidade – do receber e restituir dentro de uma quadratura de céu e terra, homens e deuses, a mesma lógica relacional da *communicatio*.

No provérbio/aforismo, Exu está apontando para a inconsistência da irreversibilidade absoluta: o pássaro está em outra perspectiva ou em outro ponto de fuga temporal para que se perceba como a origem é a série infinita dos acontecimentos iniciáticos, onde tudo, absolutamente tudo, é reversível. Aparece, assim, o fio da meada de um pensamento capaz de afetar a experiência vivida por meio da abolição das disjunções radicais. Por exemplo, a diferença masculino/feminino – que pode ser logicamente radicalizada como uma disjunção – se relativiza já na própria função constitutiva de Exu, ao mesmo tempo masculina e feminina. Sabe-se o quanto a afirmação dessa lógica disjuntiva é importante no Ocidente para a consolidação do poder de um dos termos da diferença sobre o outro. A expansão do argumento para a disjunção matéria/psiquismo ou mesmo capital/trabalho é tentadora, embora esteja fora do escopo de análise do aforismo, que está centrado na quebra da crença na linearidade absoluta do tempo.

Há, porém, outras possibilidades de leitura do aforismo. Na dialogia que entrevemos com o pensamento ocidental, a questão temporal aparece também numa referência filosófica ao que Dorfles chama de problema da "perda de intervalo"[133]. Ele põe em dúvida a temporalidade contínua – a *duração* bergsoniana – e enfatiza o tempo descontínuo da existência, "constituído de percepções, pensamentos, imagens discretas", que desmente uma suposta plenitude do tempo, a mesma característica da temporalidade mítica, em que não há passado nem futuro.

Com efeito, pondera Dorfles que "nosso tempo não é nunca pleno; ao contrário, ele é pontuado e salpicado de pausas, de hiatos. Mas nós não conseguimos mais gozar dessa 'disponibilidade' temporal porque perdemos a liberdade, a abertura que nos vinha da presença consciente do intervalo"[134]. Em termos mais claros, perder o intervalo significa "a perda da consciência do vivido temporal e a perda da possibilidade de examinar conscientemente esse vivido".

---

133. DORFLES, G. *L'intervalle perdu*. Méridiens, 1984.
134. Ibid., p. 130.

Este tipo de argumentação vem ao encontro de velhas suspeitas sociológicas no sentido de que o indivíduo da modernidade atual tende a trocar a ação deliberada (plena de liberdade ética) pelo "comportamento reflexo", isto é, pela conduta baseada na mera racionalidade funcional ou no cálculo utilitário dos efeitos, afins à conveniência dos sistemas técnicos e do mercado. Ora, numa ordem social em que o "objeto" técnico em si mesmo (o computador, o celular, a rede social, a internet), ao modo de um "sujeito" autônomo, é apontado como vetor de mudanças dentro de uma forte compressão temporal do espaço, não há mais lugar para qualquer "disponibilidade" temporal. A descontinuidade – portanto, o intervalo – é abolida pelo falso "tempo pleno" preenchido por eventos e imagens telecomandados pelo ordenamento técnico da existência.

Na temporalidade que experimentamos em nosso cotidiano historicamente normalizado, permanecemos ligados à transitoriedade dos acontecimentos, regida pela linearidade do antes e depois. Nela, só se pode conceber o acontecimento referido no aforismo de Exu como "extratemporal", portanto, como pertencente a um "não tempo", uma temporalidade mítica. Tal como Martin Buber evidencia num relato hassídico: "Perguntaram ao rabino Yitzhak de Worki qual foi o verdadeiro pecado de Adão. Ele respondeu: "Foi que ele se preocupou com o amanhã". Para Dorfles, "a significação é transparente. O amanhã só se torna tal, ou só começa a existir no momento em que o homem abandona o 'paraíso terrestre' (onde o tempo não existia) e entra num tempo que não é mais o do mito edênico; um tempo terrestre onde existem o passado e o futuro. Preocupar-se com o amanhã significa, neste caso, não mais viver na atemporalidade e se precipitar num tempo onde existe a tentação da serpente, o fruto proibido"[135].

A tentação – ou ao menos uma das tentações – seria, na interpretação de Dorfles, buscar a temporalidade falsamente plena, sem intervalos, que é o ritmo do trabalho alienante imposto ao homem não apenas pelo sistema econômico, mas também pela "tomada de consciência inadequada de seu próprio trabalho", seja manual ou intelectual. Trata-se, em outras palavras, de um tipo de alienação decorrente da falta de uma intencionalidade transcendente, de um *telos*, um termo além da mera causa eficiente.

---

135. Ibid., p. 132-133.

No aforismo de Exu, a reversibilidade que afeta as componentes temporais estabelecidas incita poética e filosoficamente a uma tomada de consciência dos intervalos, das pausas, de vivências temporais compossíveis (não alucinatórias nem psicopatológicas) e não subordinadas à mecânica cronológica do trabalho e da história. Em outros termos, uma abertura existencial ou uma tomada de consciência da presença forte do mito na história.

4
As astúcias da crença

> *Se não virdes milagres e prodígios, não crereis.*
> Jo 4,48
>
> *Credo quia absurdum (creio porque é absurdo).*
> Tertuliano, parafraseado por Santo Agostinho.
>
> *Que outra coisa existe que seja mais digna de deuses que a comunicação? [...] a comunicação é sobrenatural, mágica.*
> Patricia Highsmith

Na primeira epígrafe, o apóstolo enfatiza com palavras de Cristo a crença tida como imprescindível à comunicação e à comunhão dos cristãos. Implícita na frase, uma advertência, excedida pelo cético empirista David Hume em seu *Tratado da natureza humana:* "Temos uma notável propensão a crer em tudo que nos é contado, mesmo a respeito de aparições, de encantamentos e de prodígios, seja qual for a oposição disso tudo à experiência cotidiana e à observação". Pouco menos de um século antes dele, o também cético e humanista Montaigne advertia igualmente que "aquilo que menos se sabe é aquilo em que mais se acredita". Por outro lado, especulando sobre a natureza do artista numa de suas cartas, diz Oscar Wilde: "Parece-me que eu morreria mais facilmente pelas coisas em que não creio do que pelas coisas em que creio".

O excesso está no "tudo" que Hume menciona, ou seja, todas as "crenças ilegítimas" e as "probabilidades não filosóficas", que decorrem de "causalidades fictícias" como a linguagem e a fantasia. Em todas as crenças e todas as invenções humanas, resultantes da imaginação ativa, existe uma larga reflexão de paixões. O que distinguiria o sério do fantasista ou do falso é a fixação das paixões pelos princípios lógicos da associação, o que as impediria de refletir-se na imaginação pura ou fantasia. E fantasista é de fato, para ele, o uso que faz a religião dos princípios de causalidade, semelhança e associação, ultrapassando os limites da experiência, fora de toda possibilidade de correção e de seriedade.

Daí o absurdo ou a ilegitimidade do milagre ou o acontecimento extraordinário sem explicação racional, lógica ou científica, que religiosos e teólogos consideram um "ato de Deus". Segundo Santo Agostinho, os milagres seriam "fenômenos que Deus provoca a partir das sementes secretas que se encontravam em germe desde a criação". Com isso concordaram séculos depois pensadores como Santo Tomás de Aquino e até mesmo o grande filósofo racionalista Espinosa, no século XVII.

Para Hume, entretanto, isso é o que há de mais contrário à experiência e ao costume. Crer em milagre seria antitético à própria ideia de crença, que depende daqueles dois fatores. Essa crença seria, assim, necessariamente falsa, mas ao mesmo tempo um verdadeiro milagre, uma vez que "todo aquele que está movido pela fé é consciente de um milagre contínuo em sua própria pessoa, que transtorna todos os princípios de seu entendimento e lhe dá uma determinação para crer no que há de mais contrário ao costume e à experiência" (*Enquête sur les principes de la morale*). Tanto que, para a doutrina fideísta, rejeitada pela ortodoxia católica, é precisamente pelo excesso, pelo "absurdo" que se deve crer.

Na realidade, a crença – ideia "viva", portanto, mais *sentida* do que concebida, unida pela causalidade a uma impressão presente – é pedra de toque do pensamento. A *comunicação transcultural*, que propomos como caminho metodológico para a "desracialização" (ou a descolonização) da filosofia, não pode se furtar a uma discussão sobre a crença, tanto para fins teóricos quanto práticos, quando nos perguntamos se é crível a unicidade do Espírito entronizado pelo modelo de razão ocidental. Limitar o trabalho do Espírito e do pensamento a uma circularidade do "si-mesmo" ocidental é acreditar numa identidade substancializada sem "amor de si-mesmo" (imanência e transcendência que não põem obstáculos à dinâmica do Outro), mas com "amor-próprio", entendido como paixão imanente e agressiva de negação da alteridade, ciosa e preservadora de seus prodígios particulares. Seja cristão ou islâmico, nos momentos cruciais de comunicação da crença, o amor-próprio sempre soube trocar a razão teológica pelo fio da espada.

Do discurso ao objeto, qualquer coisa pode converter-se em suporte de crença. Assim, numa rápida visita a um museu islâmico em Istambul, o viajante pode deparar-se, atônito, com a visão de jovens e velhos de todos os sexos comprimindo-se fervorosamente em frente a uma vitrina que exibe o dente do Profeta, supostamente arrancado por uma espada inimiga numa refrega guerreira. Acredita-se piamente na sacralidade do dente, assim como os cristãos creem na santidade da língua incorruptível de Santo Antônio na vitrina de um templo italiano. Ou então, na Igreja da Ciência Cristã, em plena e moderna Nova York, prega-se a crença na cientificidade do discurso da fé, o que faria de cada crente um "cientista cristão", vocacionado para a cura dos males do mundo. Por outro lado, com ou sem inflexões religiosas, as massas hoje acreditam apenas – ou fingem acreditar – no que *comunica* o espelho tecnológico das mídias: é a *notícia desejada* (expressão do argentino Miguel Wiñazki), em que tanto os jornalistas quanto os públicos preferem reafirmar ou ver expostas nas mídias as suas crenças, em detrimento da descrição dos fatos.

Em princípio, comunicar nada tem a ver com acreditar. A crença, porém, está na base de todo e qualquer sistema de comunicação, seja o oral, típico das sociedades tradicionais relacionadas à *Arkhé*, seja o moderno, movido a tecnologias que se estendem desde a escrita até as formas múltiplas da eletrônica. Na verdade, está igualmente na base de qualquer sistema que se afigure como "cultural", uma vez que os desdobramentos sociossemióticos dessa categoria requerem um crédito simbólico por parte dos sujeitos afetados. Por isso, o estatuto da crença como ponto comum entre formações simbólicas diferentes é elucidativo: pode trazer novas luzes para a amplitude conceitual da comunicação, assim como fortalecer a aproximação entre sistemas que o iluminismo racionalista prefere manter radicalmente separados com o fito de perpetuar a ilusão hegemônica da lógica ocidentalista frente a outras formas de compreender o mundo.

Elucidar é algo que pode fazer a filosofia na trama de sentido urdida como algo comum pelo jogo dos signos e pelas diversas formas de vida: diferenciando os próximos, aproximando as diferenças. O pensamento é sempre um retorno à gênese tensional do comum. Uma preliminar é a comunicação, que surge originalmente na história do pensamento, do *enigma* proposto pelo oráculo aos adivinhos ou consultantes. Isso se faz acompanhar de risco de morte, tal como acontece no episódio célebre entre Édipo e a Esfinge, que ocupa o lugar da sabedoria. Nas peripécias desencadeadas pela resolução do enigma, a comunicação é o motor da ação de busca do conhecimento, em que a competição e o fracasso têm como horizonte o perigo de vida.

Outra é a visada filosófica de Georges Bataille que, no entanto, mantém a essência perigosa da comunicação, pois a define como aquilo que acontece no limite da morte do ser individual para dar lugar ao vínculo, ao comum. *Comunicar* – termo oriundo do latim *communicatio/communicare* com o sentido principal de "partilha", "participar de algo" ou "pôr-se em comum" "agir em comum" ou "deixar agir o comum" – significa vincular, relacionar, concatenar, organizar ou deixar-se organizar pela dimensão constituinte, intensiva e pré-subjetiva do ordenamento simbólico do mundo.

Daí a presença e a pregnância desse conceito no pensamento religioso, tanto na esfera das formações míticas quanto na teologia cristã. Neste último caso, um exemplo originário é dado pelo teólogo alexandrino Orígenes (Orígenes de Cesareia, dito "O Cristão) quando sustenta, a propósito do mistério da Santíssima Trindade, que Pai, Filho e Espírito Santo são pluralidades convertidas em *Um* por energia e comunicação. Por velha recomendação teológica, este é um mistério a ser mais aceito do que realmente explicado.

Entretanto, modernamente anexada aos modelos de transmissão de signos, a comunicação é uma preliminar a ser esclarecida, uma vez que a Modernidade vem obliterando a dimensão original do comum. A compreensão dominante do que ela significa orienta-se no sentido da síntese nominal de uma variedade de práticas contemporâneas, que se estendem desde as trocas intersubjetivas de palavras até a transmissão tecnologicamente avançada de sinais e mensagens. Materializada em indústrias, essa síntese desdobra-se em efeitos sociais e teóricos: O formidável desenvolvimento das tecnologias da comunicação e da informação nos Estados Unidos reforçou-se na Europa inclusive com o concurso do meio acadêmico que, sob a influência da linguística e da filosofia da linguagem, tentou encontrar um objeto comum a ambas, imaginando poder fundar uma ciência geral do homem[136].

A *dialogia* que desenha novas "topografias" para diferentes sistemas de pensamento ou o vaivém filosófico entre a Modernidade e a *Arkhé* abre caminhos de lucidez na direção do entendimento de comunicação como or-

---

136. Cf. SODRÉ, M. *A ciência do comum* – Notas para o método comunicacional. Vozes, 2014.

ganização do comum. De fato, assim como a biologia descreve vasos *comunicantes* ou a arquitetura prevê espaços *comunicantes*, os seres humanos são comunicantes, não porque falem (atributo consequente ao sistema linguístico), mas porque *relacionam* ou *organizam* mediações simbólicas – de modo consciente ou inconsciente – em função de um *comum* a ser partilhado. No âmbito radical da comunicação, essas mediações não se reduzem à lógica sintática ou semântica dos signos inerente à fala, porque são *transverbais*, oscilantes entre mecanismos inconscientes, comportamentos, palavras, imagens e afecções corporais.

Muito antes do predomínio publicitário e acadêmico dos modelos funcionalistas da sociologia da comunicação norte-americana, esse entendimento lato da comunicação vigorava no campo do pragmatismo filosófico (em John Dewey e Charles Sanders Peirce, principalmente), assim como na reflexão urbanística da Escola de Chicago, onde a comunicação podia aparecer tanto como a vinculação básica que permitia prever comportamentos sociais quanto como a vinculação que, além da associação puramente fisiológica, dava ensejo à dimensão moral. Entretanto, em virtude da pressão ao mesmo tempo industrial e acadêmica, o termo *comunicação* pôde terminar criando uma realidade própria a partir da sua antiga expansão metonímica do sentido de "coisa comunicada" (reforçada no inglês *communication*) com o concurso das técnicas de transmissão de informações e da publicidade, cujos dispositivos se resumem no conceito de *mídia*. O significado "transmissão" está implícito na organização mediadora, mas não é necessariamente linear nem conceitualmente dominante: O foco na *interação*, que é uma instância inerente à partilha comunicativa, contribuiu para dar um primeiro plano ao significado de transmissão de mensagens e, por consequência, ao fenômeno linguístico.

Essa orientação é majoritária, mas não unânime. As concepções sistêmicas – inclusive em setores relevantes do próprio meio acadêmico (anglo-saxão) responsável pela hegemonia conceitual da transmissão de informações – oferecem outras perspectivas de compreensão do fenômeno, em que o saber de sistemas simbólicos antigos tem elevada relevância. Disso o inglês Wilden demonstra rara compreensão: "Tal como se considerou a organização da tecnologia das outras sociedades em termos de desperdício ou de bizarria, ou como fruto de superstição, também se arquivaram as suas motivações profundas como "animismo primitivo", "cultos ancestrais" e "magias", relegando-as ao fundo da escala evolutiva do "progresso" humano, ou caracterizando-as como a infância "pré-alfabética" e "pré-racional" da espécie humana"[137].

Wilden acompanha o posicionamento epistemológico de George Bateson, um dos mais proeminentes intelectuais americanos do século passado, mas igualmente as novas perspectivas de antropólogos insatisfeitos com a abordagem estrutural-funcionalista de temas como crença e religião inerentes a "outras" culturas, a exemplo de Edward Evans-Pritchard. Movendo-se no sentido contrário do tradicional descaso das ciências sociais pelas crenças religiosas, Evans-Pritchard já havia assinalado que, segundo a história, "os povos socialmente mais eficientes foram e são os mais religiosos", antes de propriamente desacreditar a barreira evolucionária que tentava separar as religiões antigas, tratadas como "bruxarias", do cristianismo, elevado a uma posição de domínio "civilizado", portanto, mais compatível com a modernização tecnológica.

Na verdade, segundo Wilden, "o 'animismo' está mais perto, quer no plano epistemológico quer na prática, da atual cibernética da interação informativa nos ecossistemas reais (complexos e níveis de relações sistema/ambiente num ambiente geral), do que a maior parte da moderna ciência"[138]. Para ele, especialista em sistemas autorregulados, não é nada abstruso conceber a natureza como um organismo povoado de "espíritos" que interagem com os seres humanos. Ou seja, ainda que sem as aparências normalmente reconhecidas como predicados humanos, outras "formas de vida" coexistem com a humanidade normalizada, o que de fato se torna cada vez mais evidente nas criações da tecnologia eletrônica dirigida para a comunicação humana.

Para desenvolver esta argumentação, vale tomar a palavra "espíritos" numa acepção mais complexa do que a sua vulgarização religiosa. É possível, assim, cotejar "espíritos" com as "substâncias primais" (*protai ousiai*) que povoam o cosmo descrito na *Metafísica*, de Aristóteles. Elas classificam-se em termos de pares de contrários, tais como temporais e eternas, orgânicas e não orgânicas, sensíveis e não sensíveis, movíveis e inamovíveis, mortais e imortais, potenciais e atuais. Ao ser humano concreto se aplicam os primeiros termos de cada par, enquanto os segundos referem-se ao domínio de uma especial substância primal, a inteligência divina, ou a ideia de Deus como um intelecto vivo e eterna-

---

137. WILDEN, A. Verbete "Comunicação". In: *Enciclopédia Einaudi*, p. 117.
138. Ibid.

mente ativo (*Nous*), que não só anima outros intelectos divinos, mas igualmente o *nous* potencial em cada ser humano. O pensamento humanista e dialético de Aristóteles destoa completamente da visão apocalíptica (e teocrática) de Deus, inscrita desde a Idade Média nas Escrituras Sagradas (a Bíblia, o Corão).

Entretanto, na perspectiva de sistemas autorregulados, o que importa mesmo é a pressuposição de um sistema aberto, epistemologicamente mais adequado à compreensão da realidade social e natural do que aquilo classificado por Wilden como uma "epistemologia de sistema fechado, atomista e mecanicista que ainda domina o discurso científico e social da sociedade contemporânea". Na esfera prática dessa abertura, ou seja, no modo de procedimento ou de execução dos saberes, mito e ciência podem aproximar-se essencialmente, embora diferindo em escala ou em grau de realização do conhecimento.

Só que a ciência, desde a Antiguidade, representa uma *atitude* (a atitude teórica) não limitada ao mero comportamento prático, já que é também pensamento e especulação como orientação de vida. Atitude é um complexo de atos, intenções e posturas que transcende o objetivo imediato, envolvendo por inteiro o sujeito da consciência. "Na época do florescimento da cultura antiga, a atitude teórica representa o ideal supremo da vida, que exerce depois a sua influência sobre o nascimento e o vir a ser de toda a ciência ocidental", diz Heidegger[139]. O pensador está se referindo implicitamente ao que, na história da filosofia, se conhece como a "atitude" socrática, entendida como a racionalização de todos os modos constitutivos da *polis*, inclusive aqueles que, por estarem estreitamente ligados às forças caóticas e vitais da existência humana, recebem da margem racionalista a pecha do irracionalismo.

A troca do mito pela política e da tragédia pela filosofia – pensados por Nietzsche como a divisão entre o apolíneo e o dionisíaco – está subsumida na atitude científica. Mas é possível entender a "atitude teórica" não como uso exclusivo da racionalidade pura e simples, mas também como o apelo a todas as forças intuitivas do homem (daí a vinculação entre ciência, arte e poesia) para elucidar as leis que regem a organização do real, logo, a ordem subjacente a todas as transformações e passagens tanto na natureza (*physis*) quanto no pensamento e linguagem humanos (*logos*). Aquilo que chamamos de "nature-

---

139. HEIDEGGER, M. *Introducción a la filosofia*. Ediciones Cátedra, 1999, p. 179.

za" é um campo de forças não estranho ao elemento humano (uma vez que essas forças operam também no corpo do homem), mas certamente exterior ao sujeito da consciência, que historicamente tenta dominá-lo por meio da tecnologia e da linguagem.

Curiosamente, as culturas que mais adequam o orgânico ao inorgânico, ou buscam a positividade do ser numa aspiração cósmica em que se inclui o natural, não dispõem de uma palavra específica e centralizadora para essa exterioridade ao homem: a palavra "natureza" é latina. Mas o campo de força por ela designado é um universal concreto, está presente em todas as culturas, sem obedecer, entretanto, a uma ontologia fixa, de modo que se pode falar em diferentes naturezas, correspondentes a diferentes perspectivas simbólicas. É que natureza e linguagem são criações conceituais destinadas a dar uma forma organicista – onde as coisas interligam-se racionalmente, e cada objeto deve ser apreendido num todo – à singularidade histórica do antigo grego, assim como comparecem, mesmo conceitualmente "ex-nominadas", em cosmologias de *Arkhé*.

Essa visão de mundo praticamente desapareceu sob o império do mecanicismo científico comprometido com o monismo cultural do Ocidente e com a armação tecnológica do mundo, embora ainda seja possível encontrar posicionamentos semelhantes ao da Antiguidade em cientistas de renome, a exemplo do geneticista inglês Martins Evans (Prêmio Nobel de Medicina em 2007), que não vê ciência como a intensificação tecnológica de um foco único voltado para a domesticação da natureza e sim como disciplina intelectual, "uma atividade análoga à dos poetas e artistas". Por outro lado, no âmbito das pesquisas em nanotecnologia, com vistas à construção de motores e ferramentas moleculares, a atitude avançada é hoje a de se buscar modelos de inspiração (e não dominação) nas "nanomáquinas" naturais que, há milhões de anos, sustentam o funcionamento dos nossos corpos.

De modo geral, porém, relação com a ordem dita "natural" é ainda civilizatoriamente problemática. Tanto que a epistemologia mecanicista, denunciada por Wilden, é apenas um dos aspectos da aversão ocidental à natureza, nos termos de Flusser: "Todo (ou praticamente todo) pensamento filosófico ocidental está viciado por um ódio fundamental à natureza... A história do Ocidente é a realização progressiva desse ódio... É a progressiva profanação da natureza [...]. Impelido pelo ódio à natureza, o homem ocidental a manipula, transformando-a em conjunto de instrumentos, em parque industrial"[140]. O pensador refere-se aqui abstratamente a algo que hoje pertence à empiria recorrente da informação pública voltada para a denúncia do ultrapasse dos limites de uso de recursos fósseis do planeta, assim como a depredação sistemática de florestas, rios e mares, tudo aquilo que pode ser resumido no consenso sobre a grave crise ecológica e climática que ameaça o planeta no século em curso com perspectivas de desertificação e falta de água para mais de um quinto da humanidade.

Tal manipulação é de ordem matemática. Supõe-se que a matemática forneceria um acesso direto à realidade da *physis*, de tal maneira que o domínio do código matemático apontaria o caminho para a revelação divina da verdade cósmica. As estruturas matemáticas seriam inerentes à ordem natural, não apenas através de hipóteses lógicas dadas dedutivamente *a priori*, mas igualmente no interior do próprio plano constitutivo da natureza. O elemento natural, como o matemático, se prestaria à manipulação tecnológica tal como qualquer ente passivo e recurso inesgotável.

O lugar próprio dessa realização do mundo é a cidade. Na oposição progressiva entre o rural e o urbano, o primeiro é associado ao natural (e eventualmente ao irracional), ao passo que a cidade é considerada desde o Iluminismo por urbanistas e arquitetos uma expressão maior da razão. E razões não faltam para essa convicção: a cultura e o meio ambiente tecnológico desenvolveram-se *pari passu* com a cidade moderna, que coincide com o mercantilismo e com a progressiva liberação dos indivíduos para o comércio e o trabalho. Foi esse o espaço que garantiu o acesso de centenas de milhões de indivíduos (o moderno sujeito da consciência burguesa) à saúde, à educação, à diversidade ocupacional e ao lazer. Por quê? Porque as cidades oferecem mercados de trabalho maiores e mais diversificados, além de permitirem ampliar a oferta de serviços como saúde e educação para um maior número de pessoas de maneira economicamente mais eficiente. A relação que chamamos de "social" é moderna e urbana, enquanto que as expressões "rituais" caracterizam-se pela tradição e pela proximidade com a natureza, daí o seu segundo plano frente à racionalidade burguesa.

Hoje, entretanto, a etnologia tem mostrado que as expressões rituais devem ser interpretadas "como conjuntos relativamente coerentes de asserções

---

140. FLUSSER, V. *Da religiosidade* – A literatura e o senso de realidade. Ed. Escrituras, 2002, p. 108-109.

metafóricas, memorandos e instruções sobre a organização da produção, da reprodução e da troca não só mais racionais como também estimuladores de energia, normalmente mais aceitáveis no plano social e ecológico e em última análise mais "científicos" do ponto de vista operativo do que os nossos"[141]. Nas cerimônias ou nas ritualizações, o contexto comunicativo – onde predomina o comportamento não verbal do grupo – é mais relevante para a experiência comunitária, portanto, para a trama concreta da vida, do que o discurso verbal. A comunicação apresenta-se aí como "rapsódica", no sentido grego da palavra (*raptein* = coser), por implicar a conexão ou vinculação das partes, a exemplo do movimento da agulha no ato de costurar. E embora normalmente situadas no espaço urbano, as comunidades litúrgicas nagôs (na Bahia) tradicionalmente se autodesignavam como "roças".

Etnia, liturgia e povo

No Brasil, o lugar próprio do sistema simbólico nagô é a comunidade litúrgica popularmente conhecida como *terreiro* (*egbé*, em iorubá), onde se metaforiza espacialmente a geografia mitológica da origem africana, embora os limites físicos da associação para a prática do culto sejam normalmente transpostos por irradiação litúrgica para a sociedade global. Ainda que existam "casas" fundacionais (na Bahia, no Maranhão e em Pernambuco, principalmente), não há confinamentos, nem guetificações espaciais, uma vez que a metáfora espacial da origem pode ser concretizada em qualquer lugar do território nacional ou mesmo estrangeiro.

Toda liturgia implica uma forma particular de organização de poder em que o *povo como unidade* (em grego, *to lao*) distingue-se de *povo como diferença* (*to demos*) e assim dando lugar à liturgia (*alleturgués*, obra do povo unitário) em contraposição à democracia (*demokratós*, poder das diferenças). Essa organização costuma receber o batismo etnológico de "comunidade" (litúrgica, no caso), que enfatiza um *ethnos* originário (em que a subjetivação acompanha identificações por etnia, religião, território etc.). O povo definido como "moderno", por outro lado, pauta-se por uma forma de subjetivação que preserva no limite a consistência coletiva de um *ethnos*, mas sem reconhecer ou tornar visível a sua natureza litúrgica. A modernidade ocidental prioriza o povo como *demos*,

---

141. Ibid., p. 117-118.

portanto, a diferença no interior do *ethnos* (correspondente à divisão das partes da coletividade segundo as posições contraditórias da luta política), procurando fazer crer que esta é uma condição inelutável da universalização da consciência racional e que, portanto, os fatos "étnicos" pertencem exclusivamente aos povos que não acederam plenamente à democracia como um universal.

Daí os incêndios e os expurgos que consumiram milênios de outras histórias civilizatórias ou de outras histórias *étnicas*: Imbuído do espírito ocidentalista equivalente ao *ser* colonizador, o grupo humano invasor e dominante obrigou-se sempre a rejeitar visceralmente qualquer outra etnia, posto que a expansão colonizadora implica a transformação de um território estatal de partida em um território étnico, presumidamente capaz de abranger e absorver outras configurações espaciais e históricas. Apesar de todas as suas diferenças internas, o *ethnos* europeu fez de seu continente geográfico, real e imaginário, uma espécie de teatro para as metamorfoses do Império Romano-germânico materializado no cristianismo como o poder de tudo crer; na técnica, como o poder de tudo fazer; na ciência, como o poder de tudo conhecer e na filosofia, como o poder de tudo saber. O espírito ocidentalista é o *ser* que sustenta esses poderes como dimensões do colonialismo – um ser pretensamente homogêneo, apenas diferenciado em fases e possibilidades.

Ainda que assentado em Roma, o mito de origem dessa pretensão imperial remonta culturalmente à Antiguidade grega, conotada ao longo da história como um tempo-espaço superior: o espaço-tempo da *humanitas* greco-latina entronizado pela pedagogia ocidental como *demos* e Modernidade. Na realidade, o velho *ethnos* está sempre presente (e costuma retornar com a força do recalcado nos conflitos políticos da migração ou da opressão racial), embora de algum modo distanciado pelas lentes da etnologia ou de qualquer outra forma de saber nascida da observação da *Arkhé* como o lugar do Outro remoto. O aprofundamento teórico mostra, entretanto, que conceitos filosófica ou politicamente construídos em função da modernidade do *demos* são suscetíveis de descrever fatos étnicos.

A continuidade brasileira da *Arkhé* africana implica a invenção de uma narrativa própria. Nesta, a organização litúrgica matricial, que deu origem à profusão e à popularização dos cultos de origem africana, foi o resultado de uma aglutinação elitista, caracterizada pela participação de altos dignitários e sacerdotes do milenar culto aos orixás, trazidos ao Brasil na condição de escravos. Só que o povo nagô (originário de Ketu) chega ao Brasil com a linguagem muçulmana da *jihad*, da guerra. As insurreições não prosperaram, mas as elites negras, postas à margem do reconhecimento pelo *demos* hegemônico, ensaiaram formas de afirmação étnica, em que a religiosidade assume o primeiro plano. Na verdade se trata primordialmente de *ritual* como *techné* de desvelamento filosófico de uma origem. Mas para os confrontos com a *doxa*, o termo "religiosidade" é adequado, já que não se trata de "religião" no sentido europeu de monopolização empresarial e universal da fé e sim, como temos procurado demonstrar, de uma filosofia própria com roupagem de seita.

Aquilo que Nietzsche chama de "instinto religioso" ou "aquiescência religiosa à vida" é propriamente religiosidade. Religião – vale deixar bem claro – é um fato romano, distante dos gregos, que não tinham nenhuma palavra equivalente nem mesmo uma experiência semelhante a esse fenômeno. Embora se atribua a sua etimologia a *religare* (no sentido de religar o homem ao sagrado), a proveniência romana aponta realmente para *re-legere*, que designa o movimento e o poder de reunir, por intermediação e subordinação, ordens diferentes de crenças. Como bem se sabe, o Império Romano acolhia as crenças dos povos subjugados: antes de Constantino, que converte o cristianismo em religião imperial, os romanos praticavam a convivialidade dos diferentes deuses. Max Weber generaliza sociologicamente conceito de religião, mas a sua distinção das religiões como ritualísticas, redentoras, salvacionistas ou soteriológicas é principalmente subjetivista, ao levar em consideração especial o caráter monoteísta ou politeísta das crenças coletivas, sem ignorar que há religiões sem divindade (a exemplo do budismo). Contemporaneamente, o antropólogo Geertz aborda a questão por meio de um modelo comunicacional de cultura, mostrando que a religião comporta significados existenciais, mas que estes emergem de usos sociais – materializados em símbolos e rituais – ao invés de crenças privadas[142]. Trata-se realmente de uma ampliação da descrição weberiana, por fazer das premissas religiosas uma espécie de enquadramento ético e secularizado para a relação do homem com o mundo.

Para nós, entretanto, a palavra "religiosidade" – embora apenas insinue sem deixar completamente claro que a palavra "religião" é tão só uma estratégia dis-

---

142. Cf. GEERTZ, C. Shifting aims, moving targets: on the anthropology of religion. *Journal of the Royal Anthropological Institute*, 11/2005, p. 7.

cursiva do monoteísmo ocidental – relativiza os significados rígidos atribuídos à conceituação romana, pois comporta outras variáveis como práticas mágicas e, mesmo estratégias de liberação social. No caso dos cultos afro-brasileiros, trata-se mesmo de estratégias religioso-mítico-históricas (operações ritualísticas, que cultuam tanto os *princípios cosmológicos* quanto os *ancestrais*) com o objetivo de assegurar a continuidade simbólica de um agrupamento humano nas condições adversas da diáspora escrava. Esses princípios (*orixás, voduns, inquices, encantados* etc.), que mudam de designação no movimento de variação das práticas litúrgicas, não se entendem como entificações realistas e transcendentes (ao modo da onipotente transcendência da divindade cristã), mas como *perspectivas* existenciais ou modelos filosóficos para a compreensão do ser no mundo sem barreiras entre homem e natureza, entre vida e conhecimento.

Não são, todavia, meras categorias estéticas. A perspectiva implícita no princípio cosmológico simbolizado como *orixá*, por exemplo, aponta para o corpo como uma composição de todos os organismos existentes no cosmo, o que leva a pensar numa resolução cósmica do ser humano, em que não tem lugar o antropomorfismo. Assim, entre o homem e a sua "divindade" (seu princípio cosmológico) não existe uma diferença absoluta como aquela pensada pelas religiões universais (Deus ou Alá, radicalmente diferentes dos homens) e sim uma contraposição de potências em que a perfeição e a imperfeição se resolvem de modos diferentes. Homem e divindade estão no mesmo plano discursivo, embora com potências desiguais: o "divino" mostra ao homem os seus limites.

A palavra "religiosidade" instaura uma tensão com o absolutismo da crença por comportar o sentido de estratégia existencial oscilante entre as dimensões da religião e da arte. Esse tipo de estratégia fez com que, em torno das organizações litúrgicas de origem africana, se criasse um modelo singular de organização social da gente negra. Na base do processo, entrevê-se no plano da comunicação um pacto simbólico – ou seja, uma rede de signos e de alianças legitimadoras do consenso intercultural (entre as diversas etnias de origem africana e entre negros com brancos) – historicamente estabelecido na conjuntura de formação da sociedade nacional.

A arquetipia africana mostra-se capaz de se irradiar para outros territórios, na medida em que a diversidade das realidades socioeconômicas e das tradições culturais converge para pontos paradigmáticos comuns, um dos quais é a atitude mística, chamada de "animismo" pelo racionalismo teológico do Ocidente, mas que de fato se trata da experiência do sagrado em sua radicalidade. Aí se colocam em primeiro plano o reconhecimento do aqui e agora da existência, as relações interpessoais concretas, a experiência simbólica do mundo, o poder afetivo das palavras e ações, a potência de realização das coisas e a alegria frente ao real.

Crença, saber e cultura

Isso se deve ao fato de que a coesão comunitária está assentada em crenças partilhadas e valores, relativos a determinações (bem/mal, justo/injusto etc.) necessárias à vinculação intersubjetiva. Mas este é um fato genérico, como observa Debray: "O universo intersubjetivo é regido por *crenças*, inverificáveis; o universo objetivo, por *saberes*, refutáveis (em geral). O primeiro é o domínio do mito, da tese, da opinião, da doutrina etc.; o segundo, do resultado, da lei, da descoberta, da demonstração"[143]. Todavia, ele está ciente de que o poder da crença não se acaba e, como Paul Valéry, de que "toda estrutura social está baseada na crença ou na confiança" ou ainda, como Hobbes, de que até mesmo "governar é levar a acreditar". O mesmo ocorre com o saber, que jamais se fundamenta em si mesmo, e sim na aprovação que lhe é dada pela crença sustentada por uma vontade coletiva, como bem vira Fichte, um pós-kantiano: "A crença não é o saber, mas a decisão da vontade de dar ao saber seu pleno valor"[144]. Antes dele, Hume, pré-kantiano, colocava a crença na esfera do entendimento como uma *prática*. Deleuze é taxativo: "A única teoria possível, em Hume, é uma teoria da prática: para o entendimento, cálculo das probabilidades e regras gerais; para a moral e as paixões, regras gerais e justiça"[145].

Na leitura deleuziana, essa *regra geral* concebida por Hume "é essencialmente a unidade de uma reflexão e uma extensão. Com efeito, ambas são idênticas: a paixão se estende porque ela se reflete, sendo este o princípio de estabelecimento da regra. Outras vezes, porém, ele nos diz que é preciso distinguir dois tipos de regras não idênticas, sendo umas determinantes e, as outras, corretivas. As primeiras são mais extensivas que reflexivas [...]. Quanto às regras do segundo tipo, as regras corretivas, elas são mais *reflexivas* do que extensivas.

---

143. DEBRAY, R. *Curso de Midiologia Geral*. Vozes, 1993, p. 28.
144. Cf. HYPPOLITE, J. *Figures de la pensée philosophique*. Vol. I. PUF, 1971, p. 67.
145. DELEUZE, G. *Empiria e subjetividade* – Ensaio sobre a natureza humana segundo Hume. Editora 34, 2001, p. 24. As citações subsequentes de David Hume procedem deste trabalho de Deleuze.

O que elas corrigem é precisamente a extensão das precedentes"¹⁴⁶. A paixão, por sua vez, é um princípio da natureza, donde "a regra geral é a paixão refletida na imaginação": o mundo da cultura, domínio dos artifícios, é uma projeção ilimitada das imagens da paixão, e a razão – "conjunto dos efeitos simples da associação, ideias gerais, substâncias, relações" – é a imaginação tornada natureza.

Outro importante princípio da natureza humana, para Hume, é o hábito – a "raiz da razão". No interior da relação de causalidade, que constitui por repetição toda e qualquer experiência, é o hábito que possibilita ao entendimento raciocinar sobre a crença. Hume é categórico: "A crença é um ato do espírito que nasce do costume", ela procede da causalidade, capaz de levar os pensamentos de um objeto a outro. Por toda parte, a força da causalidade discursiva produz a crença. Mais: "Acostumaram-nos tanto com os nomes de Marte, Júpiter, Vênus que [...] a constante repetição dessas ideias as faz penetrar facilmente no espírito e triunfar sobre a imaginação"¹⁴⁷.

Mas a imaginação é um ponto de partida, pois crer é um ato da imaginação, cujo transbordamento gera a religião, um híbrido de conhecimento e paixão onde se reúnem todas as significações atribuídas por Hume ao conceito de regra geral. Na interpretação deleuzeana, a religião é um simulacro de crença que "invoca uma repetição falada, uma tradição oral ou escrita. Os sacerdotes falam; os milagres repousam sobre o testemunho humano e não manifestam imediatamente uma realidade, mas valem-se tão somente da conformidade que estamos habituados a encontrar em geral entre o testemunho e a realidade"¹⁴⁸.

Nada disso transcorre independentemente de uma instância vinculativa ou de um meio vital, que se constitui pela partilha de um *lugar*-comum construído pela identidade coletiva, por sua vez uma ficção destinada a cimentar afetiva e ideologicamente a unidade do grupo. Dizer que a identidade é uma ficção é afirmá-la como ilusória (por ser um recurso que acena como uma estabilidade de sentido, quando na prática o sentido do humano é instável e movediço), embora tendo em vista que a ilusão é capaz de gerar efeitos de realidade.

Um notável ponto de partida dessas ilusões consiste no possessivo gramatical que, nos termos de Jacques, "permite ao *eu* tocar em tudo, mistu-

---

146. Ibid., p. 55.
147. Ibid., p. 76.
148. Ibid., p. 82.

rar-se com tudo: meu açougueiro, meu amigo, meu Deus. Nada mais sincero do que esse *meu*, o de certos crentes que dizem 'meu Senhor e meu pastor' [...]. Diz-se *minha* crença ou *meu* chapéu. Tudo se passa como se, entre a minha crença e eu, 'entre um deus e *eu*, não houvesse lugar para ninguém', segundo Valéry [...]. O *eu* aparece desde o início como essa superstição primeira levada ao sabor dos apetites, que dá grande autoridade a seus desejos e propensões"[149].

Um dos ditos efeitos de realidade é o *preconceito*, entendido, em sentido lato, como uma soma de conhecimentos práticos ou uma totalidade plausível de julgamentos (apesar do frequente irracionalismo) que serve de base para que possamos *crer* em alguma coisa e, deste modo, *aprender*. Movido por esse conceito prévio ou preconceito, o *eu* automático da crença deixa-se levar pela ilusão de que a sua percepção de uma determinada relação é a única exata e possível e acaba transformando a relação numa propriedade ou num objeto petrificado por um julgamento. Na trilha filosófica de Hume e sempre na direção das regras corretivas, Wittgenstein sustenta: "Nós não aprendemos a prática do julgamento empírico aprendendo regras; o que nos é ensinado são julgamentos, assim como seu laço com outros julgamentos"[150]. Ele, para quem o trabalho filosófico consiste essencialmente em elucidações, está se referindo ao preconceito como parte de toda operação de conhecimento, do modo como adquirimos um saber qualquer, e não de preconceito em sentido negativo como base para a formação das discriminações sociais ou do racismo, embora valha igualmente para este segundo caso.

Especulando sobre como chegamos a dizer que sabemos ou temos certeza de alguma coisa, o pensador mostra que "toda verificação do que se admite como verdade, toda confirmação ou invalidação acontece no interior de um sistema [...]. O sistema não é tanto o ponto de partida dos argumentos quanto o seu *meio vital*"[151]. Por exemplo, o adulto que diz a uma criança já ter estado em determinado planeta, crédula ou confiante na autoridade da fonte, a criança rejeitaria a princípio outros argumentos contrários e, apenas diante de uma insistência grupal, poderia terminar se convencendo da impossibilidade de tal viagem.

---

149. JACQUES, F. *Différence et subjectivité*. Éditions Aubier Montaigne, 1982, p. 112.
150. WITTGENSTEIN, L. *De la certitude*. Gallimard, p. 57. Este texto (*Über Gewissheit*, no original alemão, foi produzido nos últimos dois meses de vida do filósofo. É tido como o mais claro por ele escrito.
151. Ibid., p. 51.

Wittgenstein indaga então se a reiteração por parte de um meio vital não é exatamente a maneira de se ensinar uma criança a crer ou não crer em Deus, e daí, a partir de qualquer uma das crenças, se produzirem razões aparentemente plausíveis. Para ele, nós aprendemos desde cedo na vida a falar de uma maneira religiosa[152]. Assim, a palavra "Deus", uma das primeiras que se aprendem, é usada "como uma palavra que representa uma pessoa", mas "se for levantada a questão da existência de um deus ou de Deus, ela desempenha um papel diferente daquele relativo à existência de qualquer pessoa ou objeto de que eu já ouvi falar". Ou seja, são maneiras diferentes de falar de algo. A criança pode dizer que não acredita em determinada coisa, mas no caso de Deus a sua dúvida seria reprovável em seu meio vital. Embora a crença na existência de Deus não seja um mero estado de espírito passível de ser substituído por uma certeza, ela não é tampouco sinônimo de certeza – não pode ser submetida à prova da verificação.

O que é então a crença em Deus? Para Wittgenstein, é algo que se aprende a aceitar na base da confiança, por mais que os crentes exacerbados possam falar de suas "experiências religiosas" como provas. Isso implica dizer que religião é superstição? Não, para Wittgenstein, a menos que os religiosos pretendam equiparar as suas crenças a fatos científicos. Em outras palavras, as crenças religiosas pertencem a uma espécie lógica distinta da ciência, mas isso não faz delas meras superstições desde que não pretendam definir-se por uma pseudociência, ou seja, cientes de que não há evidências científicas para sustentar as suas proposições, busquem fora da ciência a legitimação do que dizem. O que realmente as define é o *jogo de linguagem*.

É aqui oportuno esse conceito wittgensteiniano, que parte da ideia de linguagem como um *jogo* com muitas variedades e aplicações no interior de uma determinada *forma de vida*, isto é, como um uso particular do dinamismo da linguagem dentro de um dado contexto ou de um meio vital. Podemos, assim, acompanhar a posição de Hudson no sentido de que "Wittgenstein concebe o jogo de linguagem religioso como membro de uma família de jogos de linguagem logicamente interdependentes"[153]. Na crença, o jogo de

---

152. Cf. HUDSON, D.W. *Wittgenstein and religious belief*. Londres: The Macmillan Press, 1975. Este livro comenta em alguns capítulos as conferências de Wittgenstein em Cambridge (1938) sobre a crença religiosa, compiladas e publicadas por Cyril Barrett num volume intitulado *Lectures and Conversations on Aesthetics, Psychology and Religious Belief* (Oxford, 1966).

153. Ibid., p. 153.

linguagem é "esteticamente" afim à atmosfera afetiva correspondente a uma forma de vida específica.

Wittgenstein não está atribuindo qualquer valor cognitivo à estética (entendida como dimensão empírica das sensações e por ele identificada à ética), mas a sua argumentação aproxima-se da estesia *lato sensu*, como modo ampliado de apreender o mundo. Na terminologia antropológica corrente, esse meio vital equivale a *ethos*, entendido como consciência viva do grupo que impõe o sentido de costume enquanto maneira regular ou mecânica de agir. Já no círculo discursivo da filosofia, impõe-se o termo *hexis*, que também significa costume, mas sem a ideia de automatismo do *ethos*, portanto, costume como *praxis* ou prática de ações com a disposição voluntária e racional para atos justos e equilibrados, portanto, uma disposição para a racionalidade crítica.

Em contrapartida, na base de toda aprendizagem prática está o *ethos* grupal, ou seja, a vinculação comunitária, que responde pela formação das crenças. Por isso, diz Wittgenstein que, para começarmos a crer em alguma coisa, é preciso que funcione aquele "meio vital" dos argumentos, que não consiste de uma proposição isolada, mas de um "inteiro sistema de proposições", mutuamente apoiadas, de tal maneira que "a luz se expanda gradualmente sobre o todo". O que o filósofo deixa de dizer – porém, mais tarde, acentuado por antropólogos – é que esse "meio vital" é intrinsecamente religioso, daí a sua força contínua de convencimento e expansão, o que faz da religião não um sistema cultural à parte, mas um campo simbólico subjacente ao processo de geração e transmissão de significados.

Pode-se associar a essa linha de argumentação o conceito de faculdade mimética, que Benjamin vê como inerente à história ontogenética e filogenética do homem: "A natureza engendra semelhanças: basta pensar na mímica. Mas é o homem que tem a capacidade suprema de produzir semelhanças. Na verdade, talvez não haja nenhuma de suas funções superiores que não seja decisivamente codeterminada pela faculdade mimética"[154]. É também viável associá-lo ao que Durkheim chama de "efervescência coletiva" para referir-se à capacidade ritualística de gerar crenças comunicáveis entre os membros de uma comunidade sem que a consciência individual intervenha como determinante. Assim, o que

---

154. Benjamin, W. A doutrina das semelhanças. In: *Obras Escolhidas I* – Magia e técnica, arte e política. Brasiliense, 1993, p. 108.

faz fixar-se uma crença – ou desenvolver-se um conhecimento – não é uma qualidade intrínseca de clareza da proposição, mas a solidez do sistema, capaz de estimular, desde a primeira infância, as interações e a faculdade mimética. Neste plano, a força da convicção é maior do que a da verdade.

Não se trata, portanto, de *saber* o que se diz saber, e sim de aceitar como solidamente fixado aquilo que já se sabe. E por que esse saber se fixa? Por confiança na autoridade das fontes, por aquilo que se transmite de uma *forma* determinada no interior de um *comum*, um *meio*, tido como vital, por ser fonte de razoabilidade e afeto, logo, de convencimento. "Só aprende quem respeita", diz um provérbio nagô. E Wittgenstein "É assim que eu creio em fatos geográficos, químicos, históricos etc. É assim que eu aprendo ciências. E claro, aprender apoia-se naturalmente em crer"[155]. Dizer que se sabe alguma coisa equivale a ter a coisa como certa, mas a certeza está em quem crê, logo, numa dimensão indefinida ou obscura, e não no fundamento racionalista e transparente da crença.

Mas essas assertivas batem de frente com o pensamento filosófico estabelecido, em especial a filosofia hegeliana, que questiona o conhecimento do senso comum com suas "representações naturais", ou seja, os pré-conceitos. O questionamento deve-se ao fato de que não se trata de um conceito prévio, mas, sobretudo, de um bloqueio capaz de impedir o trânsito integrador do pensamento, isto é, a integração dinâmica numa unidade tanto do *ser em si* como do *ser para si*. O ser para si inclui todos os modos de ser e realizar-se da realidade, portanto, não apenas na cognição, mas também na ação, na coexistência e nas regiões do sensível. A história dessa realização dinâmica é o que a filosofia hegeliana nomeia como *Absoluto*, em outras palavras, a realidade ou "o efetivamente real" – "aquilo que é na verdade" é o fato do conhecimento. Sem se separar ser e conhecer, a verdade é necessariamente o todo.

Desse modo, embora "aquilo que é na verdade" não seja o mesmo que a crença, o conhecimento a integra como momento de um trânsito necessário para que a verdade chegue a si mesmo no todo. Isso é o contrário do que acontece com as culturas modernas aferradas ao princípio (aristotélico) da razão suficiente, que faz da ciência o saber único das causas, validando-o como universal com apoio em características supostamente objetivas (ou meramente presentes) de tudo que se situa no mundo. Esse mundo, concebido como uma

---

155. Ibid., p. 63.

totalidade ou um conjunto sistemático de entidades relacionado por um *fundo* legitimador (um fundamento estável) tende a deslocar a crença para as regiões ditas "pré-racionais". Reserva-se, assim, às sociedades pré-modernas o lugar prioritário das crenças e, no mesmo movimento, cria-se o preconceito negativo sobre esse outro como "primitivo", esquecendo-se da força das ilusões até mesmo no cerne de sistemas encerrados em causas supostamente suficientes.

Assim, se você toma nas mãos uma acha de lenha com a ponta incandescente e começa a movimentá-la em círculos, logo vai ter rodas de fogo no ar. As rodas constituem um jogo, uma ilusão, que se cria a partir da realidade fixada na madeira e do fogo. Uma ilusão poderosa, entretanto, que ganha vida e fascina. Há outras idealidades, que a humanidade engendra e, investidas como entidades espirituais, tornam-se comunalmente mais fortes do que o próprio indivíduo. Os nagôs dizem "*o si enia, imale o si*", algo como "os deuses existem, já que existem os homens". Mesmo levando-se em conta o terreno movediço das traduções, é possível aproximar esse aforismo do dito de Mefistófeles (no *Fausto*, de Goethe): "No fim, dependemos de criaturas que fizemos".

A antropologia contemporânea tem contribuído para desmontar o preconceito que leva ao juízo de "primitivismo". Mas a reflexão político-filosófica também, como tenta fazê-lo Žižek em várias passagens de suas análises. Por exemplo, no caso da crença embutida em ritos ou em objetos, pretexto tomado por analistas modernos para pensar que a forma da crença visa diretamente o objeto, diz ele: "As sociedades pré-modernas não acreditavam diretamente e sim através de uma distância [...]. Os críticos iluministas leram mal os mitos "primitivos" – primeiramente eles tomavam a ideia de que uma tribo se originava de um peixe ou de uma árvore como se fosse uma crença direta e literal para depois rejeitá-la como uma ingenuidade boba, "fetichista". Então, impunham a sua própria ideia de crença ao Outro "primitivizado"[156].

Impõe-se, portanto, relativizar o uso feito por Žižek da expressão "pré-moderno", assim como o emprego de formas passadas do verbo "acreditar", uma vez que as culturas que ritualizam origem e destino coexistem com as formas europeias ou pós-modernas em várias regiões do mundo contemporâneo

---

156. ŽIŽEK, S. *The puppet and the dwarf*: the perverse core of christianity. Cambridge: MIT Press, 2002, p. 6.

sem se excluírem do influxo tecnológico, mas também sem abrirem mão de seus sistemas de crenças. Verifica-se empiricamente aquilo que Žižek atribui a uma "bem conhecida anedota antropológica", ou seja, que os ditos "primitivos" aos quais se atribuíam certas "crenças supersticiosas", quando diretamente indagados sobre elas, não confirmavam a crença direta e sim que "algumas pessoas acreditam". Em outras palavras, transferiam a sua crença para "outros". Para Žižek, os homens antigos (os "primitivos") podem agir no nível coletivo como se acreditassem, enquanto se mostram individualmente duvidosos. Em contraste, o pós-moderno pode rejeitar socialmente a crença, mas acreditar no plano individual.

No caso das comunidades litúrgicas nagôs, registra-se, por meio da noção de *obrigação*, um deslocamento que ajuda a relativizar o domínio conceitual da crença. Assim é que um conto da tradição oral nagô na Bahia explica como os brancos conseguiram dominar o universo: cumpriram as *obrigações*, enquanto os negros descuidaram-se das suas[157]. Não há nenhuma "verdade profunda" neste pequeno relato, nenhum significado "recalcado" que possa ser trazido à luz por quaisquer sutilezas de interpretação. Na imediatez do texto, na aparência da narração, reitera-se o apelo a uma das regras fundamentais do culto nagô, a obrigação, uma noção de rara incidência filosófica, mas objeto de algumas linhas luminosas por parte da pensadora francesa Simone Weil, que a faz ultrapassar a noção de direito: "Um direito não é eficaz por si próprio, mas somente pela obrigação à qual corresponde; a realização efetiva de um direito provém não daquele que o possui, mas dos outros homens que se reconhecem obrigados a alguma coisa para com ele"[158].

Para Weil, "um direito que não é reconhecido por ninguém não é grande coisa", ao passo que "uma obrigação não reconhecida por ninguém não perde nada da plenitude do seu ser". Por quê? Porque só a obrigação pode ser incondicionada – ela se coloca numa área que está acima de todas as condições, porque está acima deste mundo"[159]. Nesta argumentação faz-se presente o misticismo cristão da filósofa, por sua implícita referência ao que ela designa como "desti-

---

157. Cf. SODRÉ, M. *A verdade seduzida* – Por um conceito de cultura no Brasil. DP& Editora, 2005, p. 89. O conto é narrado por Deoscóredes M. dos Santos, Mestre Didi, em *Contos negros da Bahia* (1961).

158. WEIL, S. *O enraizamento*. Edusc, 2001, p. 7.

159. Ibid., p. 8.

no eterno do ser humano". Segundo ela, "o fato de que um ser humano possua um destino eterno não impõe senão uma obrigação: o respeito".

Esse misticismo vai ao encontro do que os nagôs entendem como obrigação, isto é, como a disposição originária de abertura à ordem simbólica, entendida como o ciclo coletivo das trocas ou da reversibilidade implicada nos atos de dar e receber. A quebra desse preceito acarreta o esfacelamento da ordem comunitária, como estatui o conto nagô já narrado. Só que, no pensamento de Weil, a obrigação é algo que vincula o indivíduo à parte mais secreta da alma humana enquanto, para os nagôs, se trata de um imperativo sustentado por mitos e ritos coletivos, ou seja, não é manifestação individual de uma "consciência universal", mas um enraizamento no sagrado, independente de qualquer confissão de crença.

Na realidade, mesmo contornada ou posta a distância, a crença continua a funcionar, exatamente como acontece com os pós-modernos que, cinicamente, *fingem fingir que acreditam*, deixando intacta a força da crença. Žižek cita o já muito conhecido episódio do físico dinamarquês Niels Bohr: vendo uma ferradura dependurada na porta da casa do famoso físico, um visitante mostra-se surpreso e diz não acreditar na superstição popular de que aquilo dê sorte. A isso responde Bohr: "Eu também não acredito, mas a coloquei aí porque me disseram que funciona mesmo se ninguém acredita".

Ou seja, não basta apenas acreditar, é preciso acreditar na própria crença, como assevera Vattimo, ao propor a transição de um cristianismo natural-metafísico – a crença em Deus pautada por um padrão impositivo ou violento – para um cristianismo paulino da amizade e da caridade[160], em que se dá o esvaziamento da natureza divina de Cristo (a *kenosis*) e, portanto, de seu grande poder teologal em favor do Cristo como uma espécie de mediador universal do diálogo entre os homens, esse mesmo que "não se prevaleceu de sua igualdade com Deus, mas aniquilou-se a si mesmo, assumindo a condição de escravo e assemelhando-se aos homens" (Paulo, *Epístola aos Filipenses* 2,6-7). Isto aconteceria em pleno movimento histórico da secularização, mas sem a exigência de negação ou rejeição da ideia de Deus, porque, uma vez esgotadas as condições históricas da crença ou da fé, restaria a caridade como uma atitude de inclinação para o próximo. De qualquer modo, sem os ditames impositivos e as garantias da velha metafísica, acreditar é uma amável esperança humana na crença.

---

160. Cf. VATTIMO, G. *Credere di credere*. Milão: Garzanti, 1996.

O crédito histórico da cultura

Na verdade, é praticamente impossível não acreditar quando se faz da invenção um horizonte existencial, como é o caso do homem. E isso não diz respeito apenas à religião. Considere-se, por exemplo, aquilo que o Ocidente habituou-se a chamar de *cultura*. Este termo corresponde a uma inclinação, ao mesmo tempo historicista e teológica, para responder pela totalidade no momento em que a hipótese de Deus deixa de cumprir esta função. Por mais problemática que se apresente, essa noção é uma invenção que entra no espaço deixado em aberto pela moderna crise dos fundamentos. Não falta quem pense nesta direção, sugerindo que a cultura seja "uma resposta ambígua à fragmentação da experiência tradicional mítica e teologicamente orientada"[161]. As elites intelectuais depositam nela, desde o século XIX, uma fé comparável ao fervor despertado nas massas pela ideia de um deus transcendente e onipotente.

As teorias da cultura seriam, assim, "coniventes com o desejo de restauração da unidade que se terá perdido com a institucionalização da Modernidade: quer seja voltada para o passado, insistindo na comunidade, na tradição, no retorno às origens etc. (que caracteriza os romantismos); ou voltada para o futuro, o que caracteriza o projetualismo moderno ansioso por recompor a experiência com base em programas fortes ou ideias absolutas, como as de progresso, de emancipação da humanidade etc. (é isso que aparenta entre si os diversos *iluminismos*)"[162].

Essa idealização verdadeiramente teológica da cultura foi marcante no século XIX, a tal ponto que contribuiu conceitualmente para a emergência de uma ciência do homem, como a antropologia, em cuja base epistemológica estava fincada a cultura como uma trama coletiva de sentido, um balizamento existencial, que fornece aos sujeitos de um determinado grupo social os quadros de referência para a interpretação do mundo.

Por isso, não faltam posicionamentos críticos segundo os quais a cultura em seu pleno sentido tem uma economia própria, uma vez que os seus bens circulariam num "tecido intersticial que separa e religa os sujeitos". Esta é, por exemplo, a visão de Mondzain, para quem "cultura é essa capacidade que tem o sujeito de inscrever no tempo a sua relação imaginária com todos os outros su-

---

161. MIRANDA, J.A.B. *Teoria da Cultura*. Lisboa: Século XXI, 2002, p. 22.
162. Ibid., p. 23.

jeitos por meio de operações simbólicas"[163]. Isso implica uma temporalidade intersubjetiva em que se reconhece o lugar do outro – entenda-se: a constituição da imagem do sujeito no olhar do outro, pleno de autoridade – dentro de uma dimensão comum. Nesta dimensão se tornam visíveis as forças de constituição dos sujeitos em planos conscientes e subconscientes. O sujeito da cultura seria um sujeito da memória (de sua inserção específica no mundo) e da promessa, no sentido de sua fidelidade ou sua vinculação a um mundo em comum, portanto, um sujeito político.

A idealização da cultura europeia persistiu até a primeira metade do século passado, como comprova a leitura de um texto polêmico de T.S. Eliot, em que ele tenta definir o conceito de cultura[164]. Para o célebre poeta inglês, três instâncias – o indivíduo, a elite e a sociedade – estruturam a cultura, confrontando-se ou realizando trocas mútuas, mas sempre no interior de uma ordem responsável pela coesão e pelo avanço do todo social. Segundo este modelo, a cultura pode ser baixa ou alta e, neste último caso, é patrimônio de uma minoria (uma elite ou uma casta) pertencente a uma classe social que deve ser mantida tal e qual, pois lhe cabe recrutar e formar a elite responsável pela alta cultura, sem hesitar quanto ao exercício da negatividade inerente à crítica.

A transcendência implícita na definição de Eliot é ainda mais intensa do que aquela que preside aos iluminismos na concepção de cultura, porque ele explicita o cordão umbilical que une religião e cultura, e não qualquer religião, mas o cristianismo, que zelou pela expansão do pensamento europeu: "Só uma cultura cristã, poderia ter produzido Voltaire ou Nietzsche. Eu não creio que a cultura da Europa sobreviveria ao desaparecimento da fé cristã"[165]. A grande cultura implica, assim, uma outorga universal de crédito à essência da *humanitas*, essa mesma que os pensadores sintetizam na palavra "metafísica", ou seja, a pretensão de uma verdade universal do homem e do mundo, centrada na Europa. A "morte de Deus", proclamada por Nietzsche não diz respeito a um fato objetivo transcorrido na história, mas precisamente ao primeiro sintoma de declínio dessa universalidade – de tudo aquilo que foi tornado possível pela metafísica cristã – em termos de economia, política e cultura.

---

163. MONDZAIN, M.J. *Pouvoir des industries audiovisuelles ou autorité de la culture*. Cf. Séminaire International – Image, accelération, digitalisation, 28-29/11/2007. Madri.
164. Cf. ELIOT, T.S. *Notes towards the definition of culture*. Faber and Faber, 1948.
165. BAREL, Y. *La société du vide*. Seuil, 1984, p. 122.

Seria preciso, portanto, *acreditar* nessa *ideológica* unidade transcendente denominada *cultura* para que ela existisse socialmente. Essa crença, instilada junto às massas pela instituição escolar e pela indústria cultural, é frequentemente denunciada como uma mistificação. Simone Weil, por exemplo: "O que se chama hoje instruir as massas é pegar essa cultura moderna, elaborada num meio tão fechado, tão doentio, tão indiferente à verdade, tirar-lhe tudo o que ela ainda possa conter de ouro puro, operação que se chama vulgarização, e enfornar o resíduo tal e qual na memória dos infelizes que desejam aprender, como se enfia comida pela goela de pássaros"[166].

O problema é que "a necessidade e a dificuldade de acreditar estão hoje no coração das representações sociais", como diz Barel[167]. Na discussão que empreende sobre os embates entre a autorreferência social e a transcendência, ele opõe aos analistas que rejeitam a ideia da transcendência (esses para quem haveria hoje apenas "relações sociais", mas não "sociedade") aqueles outros, para os quais é impossível deixar de acreditar e, portanto, não seria possível recusar ideologicamente a transcendência. Deste modo, "a necessidade de ideologia, em seu grau mais profundo, e a falência da ciência e da técnica em satisfazê-la explicam a ascensão do 'irracional', precisamente nas camadas sociais de técnicos, executivos, engenheiros, intelectuais, portadoras de saber científico e técnico"[168]. É que o conhecimento tecnocientífico, ao mesmo tempo em que sustenta uma certa realidade e certas ilusões prometeicas do capital, vê-se confinado à imanência de uma *ideologia da performance*, sem poder de negatividade (crítica) em face da história.

Em meio a essa rejeição da *grande transcendência* (aquela transmitida ao longo dos séculos por filosofias e sistemas espirituais com o objetivo de fixar o sentido originário e último da vida), surge, entretanto, o que já se chamou de "espiritualidade do cotidiano", manifestada em atitudes e hábitos alternativos, que variam da reação à energia nuclear até alimentação vegetariana. Tanto em grupos diferenciados na paisagem societária quanto em posicionamentos teóricos (a exemplo da sociologia "formista" do cotidiano), desenvolve-se uma espécie de "transcendência horizontal"– ou uma transcendência

---

166. WEIL, S. Op. cit., p. 46.
167. BAREL, Y. Op. cit., p. 96.
168. Ibid.

imanente – em que o "estar-junto" (convivialismo, pacifismo, igualitarismo, tolerância etc.) pode ser cultivado com fervor análogo ao da relação tradicional com um deus transcendente[169].

Observa-se esse mesmo horizontalismo da "pequena transcendência" na ideia de cultura, o que a leva a circular como uma proposição afirmativa em diferentes modos de definição dentro do campo social. Isso se deve, em princípio, ao fato de que aquilo que hoje se chama de cultura atravessa por inteiro a história social, indiferente à crítica e à universalização, sempre de maneira diferente, uma vez que cada processo e cada produto "cultural" estão sujeitos a reapropriações e transformações, numa dinâmica – imanente – que não remete a nada exterior à prática social. A noção se resolveria em sua própria autorreferência sociossemiótica, podendo assim ser também designada como "semiosfera", isto é, uma esfera de produção e redistribuição de significações sociais, capaz de servir, como no caso da cultura clássica, de memória longeva do coletivo, principalmente a memória afetada pelo consumo midiático.

Mas até mesmo a influência dessa pequena transcendência vem se esgotando na Modernidade que experimentamos. Antropologicamente, ainda se dá o nome de *subcultura* à formação simbólica, geralmente típica de um *ethnos* específico, presente no espaço nacional de uma simbolização hegemônica e que, por isto mesmo, constitui um monopólio nacional de ideias identificado como *a cultura*. Hoje, porém, não há mais modelos definitivos da ideia de cultura e sim descrições ou narrativas sobre como *a cultura* se inscreve de modo autorreferente (sem transcendência) na vida social. O que aí se ratifica é a noção dos "processos sociais de significação", ou seja, de como essa entidade ambígua chamada "cultura" articula-se com a sociedade – portanto, com a economia, a produção, o poder.

Ao mesmo tempo, na medida em que essa cultura autorreferente afirma-se como imprescindível à formação do *capital humano* no movimento da financeirização do mundo, verifica-se uma atração entre ela e o poder de natureza patrimonial, que se organiza em função da transmissão por grupos específicos. O controle da ideia de cultura por elites filosóficas ou cristãs cede progressivamente lugar à patrimonialização do campo da cultura, caracterizada pela incorporação de um saber-fazer em grupos específicos de uma pequena bur-

---

169. Ibid., passim.

guesia criativa diversificada (artistas, esportistas, produtores de eventos etc.), cujo capital é uma linguagem e uma competência técnica. Juntamente com o esvaziamento da narrativa da "grande cultura", a narrativa prometeica do capitalismo (expressa na épica dos *tycoons* ou construtores de impérios industriais) abandona a mitologia do ilimitado progresso universal – na verdade, o progresso definido em termos quantitativos, que fetichiza o crescimento do Produto Interno Bruto – e transforma-se no monólogo da circulação monetária secundado pela informação.

O poder financeiro potencializa a abstração nas relações sociais e intersubjetivas (daí as metáforas sociológicas da "multidão solitária", da "máscara do anonimato", da "modernidade líquida" ou as filosóficas do tipo "mundo transformado em imagens" etc.). É, aliás, a nova forma do dinheiro que se encontra por trás da conhecida especulação filosófica de Deleuze sobre a "sociedade de controle" como substituta contemporânea da "sociedade de vigilância", caracterizada pelo confinamento dos indivíduos em formas arquitetônicas e largamente analisada por Foucault. Sob a regência das modalizações financeiras do dinheiro – informação e comunicação integram a lógica da sociabilidade financeira – os agentes sociais são mais permeáveis ao domínio das abstratas interpelações ideológicas da informação do que dos mapeamentos culturais. E ganha pleno sentido aqui o pensamento de Hegel e Marx: A lógica é "o dinheiro do espírito".

Não mais uma grande e única burguesia cultural, portanto, mas uma diversidade de grupos patrimoniais (a democracia culturalista da mídia) que demarcam seus territórios pela especificidade de suas competências técnico-simbólicas, principalmente na órbita do espetáculo. Embora se vejam aí diferenças para com as regras do capitalismo industrial puro e simples, não se registram contradições com o jogo das finanças e do mercado. A cultura perde a clássica potência de negatividade e de formação de elites do conhecimento em benefício da integração pelo entretenimento ou pela informação banalizada.

Nessa conjuntura histórica, como inscrever na esfera do social e do pensamento algo que poderíamos chamar de "cultura nagô"?

Um começo razoável talvez seja tornar funcional a concepção de Appaduray, para quem cultura não é um substantivo (assim como uma coisa ou um objeto), mas um adjetivo, o *"cultural"*, que podemos utilizar como um recurso heurístico para falar da diferença e da diversidade simbólicas[170]. Não uma essência ou uma transcendência, portanto, mas, textualmente, o "subconjunto de diferenças que foram selecionadas e mobilizadas com o objetivo de articular as fronteiras da diferença". A noção de cultura troca a "elevação" da transcendência pelo terra a terra da imanência dinâmica. Ao invés de um sistema de significados (implicado na noção antropológica corrente de cultura), o *cultural* nos remete ao conflito de significados nas fronteiras – ou nos *limiares* – dos campos sociais correspondentes a diferentes situações e posições de classe, portanto, a uma diferenciação ideológica.

Esse conflito é foco gerativo de pensamento, que pode ser definido como dialogia. O campo nagô é a marcação *cultural* de limiares para posições singularizadas de crença e pensamento, portanto como a especificação de um sistema de pensamento, que caracterizamos como uma *filosofia de diáspora*.

---

170. Cf. APPADURAY, A. *A Modernidade desbordada*. México, 1996.

5
Indeterminação e narrativa

> *Somos assim: sonhamos o voo, mas tememos a altura. Para voar é preciso ter coragem para enfrentar o terror do vazio. Porque é só no vazio que o voo acontece. O vazio é o espaço da liberdade, a ausência de certezas. Mas é isso o que tememos: o não ter certezas. Por isso trocamos o voo por gaiolas. As gaiolas são o lugar onde as certezas moram.*
> O "Grande Inquisidor". In: *Os Irmãos Karamazov*, de F. Dostoiévsky.

> *A natureza da gente não cabe em nenhuma certeza.*
> "Riobaldo". In: *Grande sertão: veredas*, de João Guimarães Rosa.

Há uma pequena história cuja narração admite a variação dos lugares e dos personagens. A versão brasileira e popular conta com um velho ex-escravo, que pode ser representado como um *akpalô*, portanto, como um hábil contador de histórias, ou então simbolizado como uma entidade mítica da ancestralidade afro-brasileira, o sábio "Preto Velho". Com um saco às costas e cajado na mão, ele atravessa a pracinha de uma cidade de interior quando um delegado de polícia pergunta-lhe para onde ia. O velho diz não saber com certeza. Irritado, o delegado afirma que já o vira passar outras vezes com o mesmo saco e cajado e que, portanto, ele devia saber para onde se dirigia. De novo, ante a resposta reiterada, o policial resolve puni-lo com uma noite de prisão no xadrez local. No instante em que tranca a cela, ouve do velho o comentário: "Como lhe disse, eu não sabia com certeza".

Noutra versão, situada na paisagem russa, o velho é um rabino, portanto, um mestre do saber judaico, interpelado por um cossaco, que também o prende. Esta versão é narrada por um físico indiano preocupado com os paralelos entre a visão mística do mundo e a física quântica. Explica ele: "Antes de o cossaco interrompê-lo, o rabi sabia para onde estava indo, mas, depois, não mais. A interrupção (podemos chamá-la de medição) abriu novas possibilidades. E esta é a mensagem da mecânica quântica. O mundo não é determinado por condições iniciais, de uma vez para sempre. Todo evento de medição é potencialmente criativo e pode desvendar novas possibilidades"[171].

A mensagem da mecânica quântica é reveladora, mas aqui nos interessa particularmente o problema da rejeição humana ao que, na existência, apresenta-se sem causa alguma. Em outras palavras, ao que aparece sem uma determinação racional. O velho e o rabino podiam certamente conhecer as suas respectivas destinações, mas a pergunta de um interventor lança-os na esfera de uma estranheza quanto à fatalidade da razão, que chamaremos aqui de *indeterminação*, ou seja, a ausência de causalidade nos fenômenos físicos que se oferecem ao espírito. O delegado da pequena história age motivado pela certeza da conexão necessária entre o comportamento do velho e a lógica (a metáfora dostoievskyana da gaiola), portanto, uma identidade entre a relação natural e a relação filosófica, mas a sua intervenção *indetermina* o que na imaginação do delegado se afigurava como determinado pela causalidade.

A crítica dessa relação causal já está presente em Hume, quando o filósofo argumenta que "o princípio da causalidade não tem apenas como efeito uma relação, mas uma inferência segundo a relação"[172]. Afirmando que a causalidade é a única relação segundo a qual há uma inferência, Hume mostra, segundo Deleuze, que "se é verdade que a natureza da relação, como relação natural, depende da natureza da inferência, não é menos verdadeiro que a inferência é conforme a relação, isto é, que a relação natural supõe a relação filosófica em um sentido: é como *consequência de* sua constante conjunção na experiência que os objetos se unem necessariamente na imaginação"[173]. O hábito apoiado na natureza é, portanto, na visão de Hume, a fonte da causalidade.

Outro modo de apresentar este argumento é simplesmente dizer que tendemos a descrever e explicar fatos pelo encadeamento de suas múltiplas deter-

---

171. GOSWAMI, A. *O universo autoconsciente*. Editora Aleph, 2007, p. 63.
172. DELEUZE, G. Op. cit., a propósito do *Tratado da natureza humana*. Ed. 34, p. 139.
173. Ibid.

minações. Ou seja, não se desce até as condições que possibilitam os fatos nem se pergunta sobre as conjunturas por eles atravessadas para chegarem ao nível manifesto de factualidade. A causalidade sela mecanicamente as determinações por efeito de uma "constante conjunção na experiência", passando por cima de quaisquer insuficiências explicativas e oferecendo um sistema de controle da diversidade fenomênica. Este é o procedimento de toda e qualquer forma de *etiologia*, isto é, de uma *ciência das causas*.

Por que assim controlar o diverso? Em princípio, para estabilizar o real. Mas igualmente para afastar, no âmbito imperial de uma racionalidade que tudo pretende explicar, a influência não racionalista da estranheza. Deste modo, "o homem moderno tornou-se surdo ao próprio estranho, que é a existência enquanto tal, sem causa nem razão"[174]. Rosset, pensador pós-modernista e excelente explicador do que chama de "filosofia do absurdo", localiza na primeira obra de Schopenhauer (1813) a crítica à "gaiola" etiológica: uma dissertação intitulada *Da quádrupla raiz do princípio da razão suficiente*, que lhe parece "o primeiro testemunho da desilusão schopenhaueriana diante da ideia de necessidade causal".

A "desilusão" deve-se basicamente à suspeita de que, pressionados pelo progresso das ciências físicas e químicas e pela transformação das ideias em "sorrateiramente causais", os homens tenham perdido o senso do espanto, portanto, o próprio espírito filosófico. Isso se evidencia na tendência a atribuir causas a toda e qualquer representação do que existe, o que a Schopenhauer parece inevitável na medida em que a categoria da causalidade é *a única* forma real do entendimento em contraposição às *várias* concebidas por Kant em sua *Estética transcendental* ou ciência das formas de sensibilidade *a priori*.

Que várias formas são essas? A questão pertence ao âmbito do ensinamento kantiano de que não há apenas intuições *a priori* (o espaço e o tempo), mas também "conceitos *a priori*", ou seja, conceitos "puros" (livres de condições empíricas) do entendimento. Como se obtêm esses conceitos? Pela síntese, também "pura", do que há de diverso no espaço e no tempo. Desde *Da forma e dos princípios do mundo sensível e do mundo inteligível* (1770) até a segunda parte da *Crítica da razão pura*, Kant empenha-se em mostrar que, por meio dessa unidade sintética do diverso na intuição em geral, o entendimento produz em

---

174. ROSSET, C. *Schopenhauer* – Philosophe de l'absurde. PUF, 1967, p. 10.

suas representações um "conteúdo transcendental", isto é, uma referência lógica ou *a priori* aos objetos da intuição. São esses os conceitos puros do entendimento, por ele denominados *categorias*.

Kant aproveita a ideia aristotélica das categorias (presente tanto no *Organon* como no *Corpus Aristotelicum*), mas sem considerá-las, como o Estagirita, "predicados" ou modos do ser captados pela mente, e sim o ajustamento do ser à mente, no movimento que ele chama de *síntese*. São categorias: unidade, pluralidade, totalidade, realidade, negação, limitação, inerência, subsistência, causalidade/dependência (causa e efeito), comunidade (ação recíproca entre agente e paciente), possibilidade/impossibilidade, existência/não existência, necessidade-contingência. Agrupadas em diferentes classes, estas categorias são "condições *a priori* da possibilidade de experiências", portanto, "condições do pensamento numa experiência possível". Sem intuições por elas determinadas, não é possível o conhecimento.

Segundo Schopenhauer, entretanto, das categorias kantianas apenas a causalidade se sustenta como forma real do entendimento, portanto, "razão suficiente" ou forma única da *necessidade* (em oposição à *contingência*), enquanto as outras não passariam de "janelas falsas numa fachada". De onde provém o domínio dessa estrutura poderosa das representações? Para ele, de uma confusão que reduz a uma única forma de operação intelectual o que é de fato diferente a depender do campo em que se aplica. São quatro os campos ou formas diferentes de *necessidade*, portanto, quatro diferentes princípios de razão: (1) as *representações empíricas* ou o campo da necessidade *física*, que encadeia obrigatoriamente dois fenômenos, gerando a noção de *causa*; (2) as *noções abstratas* ou o campo da *necessidade lógica*, que liga um princípio à sua consequência; (3) as *percepções a priori*, relativas à intuição *a priori* do espaço e do tempo e (4) o *ser enquanto querer* ou a necessidade *moral*, relativa aos atos voluntários do homem e do animal, assim como de todas as forças naturais.

Visto que, para Schopenhauer, costuma-se confundir essas quatro diferentes formas do princípio de razão suficiente (p. ex., trocando-se causa por razão, princípio por efeito etc.) a sua demanda é que se esclareça a qual delas se faz referência quando se está falando de "razão". Maior é ainda a confusão, de acordo com ele, quando se troca a noção de *causa* pela de *força*. Assim, um corpo cai por *causa* da *força* exercida sobre ele por alguém: a causalidade explica a modificação sofrida por esse corpo, mas nada diz sobre a força natural inerente à realização do fenômeno. Para o filósofo, a manifestação dessa força é um segredo que não pertence à causalidade científica.

Em termos mais diretos, a ideia da causalidade é sustentável apenas na esfera das relações necessárias (físicas, basicamente) que presidem aos fenômenos, mas inoperante nas regiões do "não necessário" ou contingente, portanto, no inexplicável ou sem-razão, mas igualmente no âmbito da experiência propriamente humana. A negação absoluta da necessidade torna Schopenhauer, na opinião de Rosset, um filósofo inatual em seu próprio tempo, pois revelaria "o destino paradoxal do homem moderno: "Quanto mais as ciências físicas e naturais tornam familiar o mundo habitado pelo homem, familiares nas suas relações, familiares as causas que presidem às suas modificações, mais esse mesmo mundo mergulha na contingência. Não existe interpretação filosófica capaz de preencher o vazio original deixado pelo desaparecimento da categoria da necessidade"[175].

Essa ausência de necessidade que tanto espantava Schopenhauer mostra-se em vários aspectos do pensamento nagô, principalmente no caso da alacridade/alegria, que é um exemplo de força vital. Já ressaltamos que, a propósito do sentimento que hoje se designa como "amor" (mas que bem poderia ser algo como "alegria"), diz Heráclito ser *he auton aukson*, ou seja, promotor de si mesmo, sem causa[176]. Este aforismo traduziu-se em latim, também referido a esse afeto, como *amor se ipse augens*, para indicar a dinâmica de algo que se expande a partir de seu próprio movimento, fora de uma relação necessária ou de causalidade explícita. Ao movermos um objeto qualquer num espaço determinado, a força que imprimimos inicialmente é a causa do deslocamento, mas o espaço onde isso ocorre não tem causa, é *he auton aukson*, uma condição de possibilidade do movimento.

Diferentemente do amor cristão (sempre abstrato frente a um objeto amado em particular), a alegria é um regime concreto de sentimentos. No entanto, como o *he auton aukson* heracliteano, ela é autopotenciadora, coincidindo com a própria realização do real, quer dizer com o fluxo transformador das coisas no espaço-tempo. No pensamento nagô, alegria é a condição de possibilidade do conhecimento auferido da vida prática, isto é, a *experiência*, que Walter Benja-

---

175. ROSSET, C. Op. cit., p. 14-15.
176. Cf. SODRÉ, M. *As estratégias sensíveis* – Afeto, mídia e política. Vozes, 2006, p. 199-223.

min filosoficamente designa pela palavra alemã *Erfahrung*[177]. Experiência, por sua vez, não é nada que requeira determinação ou causalidade para a sua comunicação e sim narratividade. Na visão de Benjamin, a experiência se define por um trabalho demorado de incorporação à memória das reminiscências e sensações de toda uma base tradicional. Não se trata da surpresa, nem do extraordinário, mas daquilo que, em toda ação quotidiana, revela-se como constituinte ou originário. É, portanto, algo grupal ou coletivo, decorrente da imanência originária do grupo (o todo) ao indivíduo, e vice-versa. Numa cultura de *Arkhé*, nada realmente se determina, mas tudo se narra ou se conta.

Essa imanência – que leva o indivíduo a pertencer ao grupo tanto quanto este ao indivíduo – suscita, na sociedade tradicional, a possibilidade de tudo ver e observar, portanto, de ter acesso a uma totalidade, geralmente simbolizada por um ponto de referência central, que pode ser uma formação geográfica, um monumento, deuses ou o próprio homem. *Centrípeta* é a força de atração ou convergência da pluralidade para uma figura específica, um *símbolo* da centralidade. É esta a força com que opera o narrador ao relatar mitos fundacionais, lendas e sagas, que são formas de transmissão assumidas pela experiência humana.

Segundo Lyotard, a forma narrativa comporta uma pluralidade de jogos de linguagem, que "encontram facilmente lugar no relato dos enunciados denotativos, que versam, por exemplo, sobre o céu, as estações, a flora e a fauna; dos enunciados deônticos, que prescrevem o que deve ser feito quanto a estes mesmos referentes ou quanto ao parentesco, à diferença dos sexos, às crianças, aos vizinhos, aos estrangeiros etc.; dos enunciados interrogativos que estão implicados, por exemplo, nos episódios de desafio (responder a uma questão, escolher um elemento em um lote); dos enunciados avaliativos etc."[178]

Tais formas são essencialmente *simbólicas*, isto é, são expressões sensíveis e polissêmicas da organização do real. Sensíveis, porque devem ser mais vividas do que entendidas; polissêmicas, porque se investem de significados múltiplos, senão inesgotáveis, suscetíveis de uma contínua ressignificação pela diversidade temporal e espacial dos intérpretes. A forma simbólica não é uma força estática, mas um potencial de ação para o grupo, na medida em que implica

---

177. Cf. SODRÉ, M. *A narração do fato* – Notas para uma teoria do acontecimento. Vozes, 2009. Deste livro provém o texto sobre narratividade.

178. LYOTARD, J.-F. *A condição pós-moderna*. José Olympio, 2002, p. 38.

tanto a origem ("origem", entendida como *princípio* simbólico de constituição do grupo, não como começo histórico) quanto, virtualmente, o destino. A originariedade, radicalmente *ética*, confere a alguém, mais velho, mais "iniciado" na vida, a *autoridade*, que serve de fundamento à experiência.

Por isto, o sujeito da autoridade, aquele que faz da experiência incorporada à memória a matéria-prima de uma fala, pode constituir-se como *narrador*, isto é, como agente de uma ação discursiva que organiza os seus conteúdos verbais numa forma linear, centrada e conexa. Não se trata de uma mera técnica organizativa: esse agente *simboliza* toda uma ordem social que integra na experiência o singular e o grupal. Sustentada por uma instância enunciativa consistente, a narrativa em questão é propriamente uma *forma simbólica*. Benjamin argumenta que são experiências o que efetivamente se narra, pois "a experiência que passa de pessoa a pessoa é a fonte a que recorreram todos os narradores". E embora não exclua a escrita, o pensador associa a originariedade daquela forma simbólica à oralidade.

É preciso entender "originário" aqui, ao lado da dimensão ética, como a unicidade criativa de um discurso no contexto constituinte de uma ação, isto é, num espaço marcado e numa duração singular. Diz Bottéro: "A oralidade implica a presença simultânea, no tempo e lugar, da boca que fala e dos ouvidos que ouvem. Já o discurso escrito transcende o espaço e a duração: uma vez fixado, pode, por si mesmo, ser difundido por inteiro em todos os lugares e todos os tempos, em toda parte onde encontra um leitor, bem além do círculo obrigatoriamente estreito dos auditores"[179].

Por isso, Benjamin sustenta que "entre as narrativas escritas, as melhores são as que menos se distinguem das histórias orais contadas pelos inúmeros narradores anônimos"[180]. Isto evoca naturalmente as antigas narrativas orientais, assim como, na Europa, as canções de gesta, os "romances corteses", as lendas nacionais e os relatos dos ciclos heroicos – a epopeia primordial, em suma. Ainda mais próximo de nós, é notável o exemplo guatemalteco do *Popol Vuh* (cosmogonia maia, escrita em meados do século XV) onde, no episódio da gênese daquele povo, se narra: "E então Tepeu e Gucumatz receberam a palavra,

---

179. BOTTÉRO, J. A escrita e a formação da inteligência na Mesopotâmia Antiga. In: MORRISON, K. et al. *Cultura, pensamento e escrita*. Ática, 1995, p. 20-21.
180. BENJAMIN, W. Op. cit., p. 198.

nas sombras e na noite. E falaram e deliberaram e meditaram. E depois uniram suas palavras e deliberações"[181].

É nessa junção da palavra e da ação deliberativa que se ancora a experiência antiga. A oralidade não se reduz, como a escrita, às regras de um código particular surgido da pura experiência visual, uma vez que o contexto da comunicação verbal demanda por inteiro existência e totalidade corporal dos interlocutores, o que significa uma interpelação de todos os sentidos – audição, tato, olfato e paladar, além da visão. São diversas as imagens construídas tanto pelo narrador quanto pelo ouvinte em cada situação existencial, que se pode também definir como um "encontro", no sentido forte desta palavra, isto é, uma relação criativa e instauradora de uma comunhão.

Não se pode deixar de ver na identificação da narrativa à troca de experiências uma retomada da antiga noção grega de *fronesis*, entendida como um saber concreto, perpassado pelo valor: um saber posto à disposição da escolha humana para a realização de um valor (uma virtude) que implica a complexidade do real, a vida como um todo. Implica, por conseguinte, tudo aquilo que, para Aristóteles, é aquilatado pelo *eidos*, isto é, a experiência que possibilita a compreensão da pluralidade dos modos de realização do mundo e que permite a distinção entre uma verdade não arbitrária e a pura aparência das coisas.

O narrador de Benjamin faz parte da correia de transmissão desse saber concreto, no qual se auferem conselhos, ensinamentos éticos e práticos. Esse tipo de narrativa constitui a base comunicativa do grupo social, portanto, as formas primordiais de transmissão do *ethos* comunitário, ou seja, de tradições e modos de ser. Sua temporalidade é necessariamente lenta, já que a interiorização harmônica das experiências demanda, para o ouvinte, o intervalo prudente entre os relatos; para o narrador, o próprio acúmulo temporal como critério de sabedoria.

Mas também se pode ver que narrativa assimilada à "faculdade de intercambiar experiências" – mesmo caracterizada como uma "forma de discurso" – equivale na concepção de Benjamin à ideia genérica de comunicação. Com efeito, se entendermos "comunicar" como a ação de pôr em comum, por recursos simbólicos de mediação e vinculação, o que existencialmente não deve permanecer isolado (portanto, como uma partilha discursiva das

---

181. Cf. *Popol Vuh*. Iluminuras, 2007 [Org. e trad. de Gordon Brotherson e Sérgio Medeiros].

possibilidades de compreensão), então essas experiências compartilhadas e intrínsecas ao funcionamento dos grupos sociais refletem essencialmente o ato comunicativo.

Assim como a comunicação é contínua e aberta às interferências ou apropriações humanas, a narrativa, qual forma comunicativa originária, mantém-se disponível para as continuações de ordem prática e moral. Além disso, a narração tipifica, no plano da cultura, o conceito de enunciação apresentado por Benveniste, uma vez que o narrador, como um sujeito privilegiado da enunciação, apropria-se com autoridade pessoal de repertórios culturais à sua disposição (a exemplo da língua) para reinterpretá-los e torná-los enunciados a serem transmitidos.

A identificação do ato comunicativo ao ato de narrar suscita especulações sobre a universalidade da narrativa, ou seja, sobre se toda e qualquer formação social seria necessariamente marcada pela dominância de narrativas. Aos que sustentam a tese do caráter trans-histórico e transcultural da narração, o antropólogo inglês Jack Goody, por exemplo, objeta com a citação de sociedades africanas em que inexistem relatos extensos e com a afirmação de que não são todas as culturas voltadas para a construção de relatos da vida cotidiana[182].

No entanto, para Julian Jaynes, um dos grandes nomes da psicologia cognitiva e experimental contemporânea, a narração é uma das características da própria estrutura da consciência humana, logo, um dos principais modos de compreensão do mundo[183]. Ele argumenta que a origem da consciência não coincide com o início da evolução animal, já que é um processo *aprendido*, uma verdadeira *operação*, após o segundo milênio a.C., sucessivo a um psiquismo de natureza alucinatória e reprodutiva de vozes externas. Este é um processo de espacialização, seleção, analogia, metaforização, conciliação e narração de aspectos do mundo.

Exemplifica Jaynes: "Sentado onde estou, eu estou escrevendo um livro, e este fato está incrustado mais ou menos no centro da história da minha vida, com o *tempo se espacializando* na passagem de meus dias e anos. As novas situações são *percebidas seletivamente* como parte desta história em andamen-

---

182. Cf. GOODY, J. *Representaciones y contradiciones*. Paidós, 1999.
183. Cf. JAYNES, J. *The origin of consciousness in the breakdown of the bicameral mind*. University of Toronto Press, 1976.

to, e as percepções que nela não se ajustem deixam de ser registradas ou pelo menos não são lembradas. Mais importante, são escolhidas *situações congruentes* com esta história, até que o retrato que eu faço de mim mesmo na minha história de vida determine *como devo agir e escolher* as situações na medida em que forem aparecendo. A atribuição de causas a nosso comportamento ou dizer por que nós fizemos uma determinada coisa, tudo isto é uma parte da narração. [...] A consciência está sempre pronta a explicar qualquer coisa que estejamos fazendo. [...] *Tudo na consciência é narrado*"[184].

Aceitar esta perspectiva implica inserir a narrativa numa dimensão superior a uma prática cultural sócio-historicamente caracterizada, ou seja, aquela das constantes universais do funcionamento cognitivo articulado pela consciência. O sentido da experiência humana se produziria por meio de sua organização em um discurso construído sobre uma linha de pontos sucessivos, que avançam sempre: a temporalidade narrativa. Neste caso, considerando-se que ainda está em andamento o processo de lenta elaboração civilizatória da consciência, persiste a centralidade cultural da narrativa na atribuição de sentido à experiência, apesar do seu alegado esvaziamento. Ademais, o narrador tradicional continua a existir, embora de forma atenuada, em plena modernidade africana, na figura do *griô*, um sábio contador de histórias – análogo ao *akpalô* nagô, análogo ao *rapsodo* grego – que também canta, interpreta e dança. E como em todo o pensamento afro, a alacridade/alegria é a força *se ipse augens* desse movimento.

---

184. Ibid., p. 63-64. Os itálicos são nossos, para sublinhar os momentos fundamentais do processo de consciência.

Referências

ABIMBOLA, W. (ed.). *Yoruba oral tradition*. Ibadan University Press, 1995.

ABRIL, G. *Cultura visual, de la semiótica a la política*. Plaza y Valdez, 2013.

AGANBEM, G. *La potencia del pensamiento*. Adriana Hidalgo, 2007.

ALDE, A. *Vergleichendes Wörterbuch der indogermanischen Sprachen*. Walter der Gruyter, 1973.

ALLEN, R.E. *Greek philosophy* – Thales to Aristotle. The Free Press, 1985.

ALTHUSSER, L. *Lenin y la filosofía*. Carlos Perez, 1971.

APPADURAY, A. *A Modernidade desbordada*. México, 1996.

APPIAH, K.A. *Na casa do meu pai* – A África na filosofia da cultura. Contraponto, 1997.

AUGÉ, M. *Não lugares* – Introdução a uma antropologia da supermodernidade. Papirus, 1994.

BADIOU, A. *Le réveil de l'histoire*. Nouvelles Éditions Lignes, 2011.

BAREL, Y. *La société du vide*. Seuil, 1984.

BASTIDE, R. *As religiões africanas no Brasil*. USP/Pioneira, 1989.

_____. Le principe d'individuation (contribution à une philosophie africaine). In: DIETERLEN, G. (ed.). *La notion de personne en Afrique Noire*. CNRS, 1981.

_____. *As Américas negras*. Difel/USP, 1973a.

_____. *Estudos afro-brasileiros*. Perspectiva, 1973b.

BATAILLE, G. *Su Nietzsche*. Milão, 1970.

_____. *O erotismo*. LPM. [s.d.].

BAUDRILLARD, J. *L'Échange symbolique et la mort*. Gallimard, 1976.

_____. *Pour une critique de l'économie politique du signe*. Gallimard, 1972.

BENJAMIN, W. A doutrina das semelhanças. In: *Obras escolhidas* – I: Magia e técnica, arte e política. Brasiliense, 1993.

_____. *Origine du drame baroque allemand*. Flammarion, 1974.

BENVENISTE, É. La notion de rhytme dans son expression linguistique. In: *Problèmes de linguistique génerale*. PUF.

BERNAL, M. *Black Athena* – The afroasiatic roots of classical civilization. Cos & Wyman/Reading/Berkshire, 1991.

BIGG, C. *The Christian Platonists of Alexandria*. Clarendon Press, 1968.

BLOOM, H. *Abaixo as verdades sagradas* – Poesia e crença desde a Bíblia até os nossos dias. Schwarcz, 1989.

BOTTÉRO, J. A escrita e a formação da inteligência na Mesopotâmia Antiga. In: MORRISON, K. et al. *Cultura, pensamento e escrita*. Ática, 1995.

BOULAGA, E.F. *La crise Du Muntu* – Authenticité africaine et philosophie. Présence Africaine, 1977.

BOURDIEU, P. *Ce que parler veut dire*. Fayard, 1982.

BOUVERESSE, J. Cours 1 – La pluralité des systèmes philosophiques et la question de l'applicabilité du concept de vérité à la philosophie. In: *Qu'est-ce qu'un système philosophique?* [s.n.t.].

BRAGA, J. *Ancestralidade afro-brasileira:* o culto de Babá Egun. CEAO/Ianamá, 1992.

BRÉHIER, É. *A Teoria dos Incorporais no estoicismo antigo*. Autêntica, 2012.

BURNETT, J. *A aurora da filosofia grega*. Contraponto/PUC-Rio, 2007.

CARVALHO, F.A.L. Imagens do demônio nas missões jesuíticas da Amazônia espanhola. In: *Varia Historia*, vol. 31, n. 57, set.-dez./2015, p. 1-45.

CHAMPOLLION-FIGEAC, J.-J. *Egypte ancienne*. Didot.

CIORAN, É. *Histoire et utopie*. Paris, 1960.

COLLI, G. *Histoire de la naissance de la philosophie*. L'Éclat, 2004.

_____. *La sagesse grecque* – Vol. I: Dyonisos, Apollon, Eleusis, Orphée, Musée, Hyperboréens, Enigme. L'Éclat, 1990.

CONCHE, M. *Nietzsche et le bouddhisme*. Encre Marine, 1997.

DEBRAY, R. *Curso de Midiologia Geral*. Vozes, 1993.

DELEUZE, G. *O Anti-Édipo:* capitalismo e esquizofrenia. Ed. 34, 2014.

_____. *Lógica do sentido*. Perspectiva, 2005.

_____. *Espinosa – Filosofia prática*. Escuta, 2002.

_____. *Empirismo e subjetividade* – Ensaio sobre a natureza humana segundo Hume. Ed. 34, 2001.

_____. *Diferença e repetição*. Relógio d'Agua, 2000.

_____. *Nietzsche et la philosophie*. PUF, 1962.

_____. *Foucault*. Ed. Vega, [s.d.] [Col. Perfis].

DELEUZE, G. & GUATARI, F. *O que é a filosofia?* Ed. 34, 1992.

DESCOMBES, V. *L'inconscient malgré lui*. Minuit, 1997.

_____. *Le même et l'autre* – Quarante-cinq ans de philosophie française. Minuit, 1979.

DIOP, C.A. *Civilization or Barbarism*: an authentic anthropology. Nova York, 1991.

DORFLES, G. *L'intervalle perdu*. Méridiens, 1984.

DUMMETT, M. Can analytic philosophy be systematic, and ought it to be? In: *Truth and other enigmas*. Duckworth, 1978.

DÜRING, I. *Aristotle in the Ancient Biographical Tradition*. Garland, 1987.

EBELING, K. *Wilde Archäologien I* – Theorien der materiellen Kultur von Kant bis Kittler. Berlim/Kadmos, 2012.

ELIADE, M. *Yoga, imortalidade e liberdade*. Palas Athena, 1996.

ELIAS, N. *La dynamique de l'Occident*. Calman-Lévy, 1975.

ELIOT, T.S. *Notes Towards the Definition of Culture*. Faber and Faber, 1948.

ENRIQUEZ, E. *Caminhos para o outro, caminhos para si*. UnB, 1994 [Sociedade e Estado, IX].

EVANGELIOU, C.C. *The Hellenic Philosophy*: between Europe, Asia and Africa. Institute of Global Cultural Studies/Binghamton University, 1997.

FANON, F. *Black skin, white masks*. Pluto Press, 1966.

_____. *The Wretched of the Earth*. Grove Press, 1963.

FLUSSER, V. *Da religiosidade* – A literatura e o senso de realidade. Escrituras, 2002.

FOUCAULT, M. *Theatrum philosoficum*. Anagrama, 1980.

_____. *A verdade e as formas jurídicas*. In: *Caderno da PUC*, n. 16, 1974 [PUC-Rio].

_____. *La arqueología del saber*. Siglo Veintiuno, 1970.

_____. *Les mots et les choses* – Une archéologie des sciences humaines. Gallimard, 1966.

FREUD, S. *The Standard Edition of the Complete Psychological Words of Sigmund Freud.* The Hogarth Press, 1964.

FROBENIUS, L. *Histoire de la civilization africaine.* Gallimard, 1952.

GARAUDY, R. *O Ocidente é um acidente* – Por um diálogo das civilizações. Forense, 1983.

GEERTZ, C. Shifting Aims, Moving Targets: on the anthropology of religion. In: *Journal of the Royal Anthropological Institute*, 2005.

GIANNOTTI, J.A. *Certa herança marxista.* Companhia das Letras, 2000.

GIL, J. *As metamorfoses do corpo.* A Regra do Jogo, 1980.

GILROY, P. *Against Race* – Imagining political culture beyond the color line. The Belknap Press of Harvard University Press, 2000.

GILSON, E. *History of Christian Philosophy in the Middle Ages.* Randon House, 1955.

GOODY, J. *Representaciones y contradiciones.* Paidós, 1999.

GOSWAMI, A. *O universo autoconsciente.* Aleph, 2007.

GRANET, M. *O pensamento chinês.* Contraponto, 1997.

GRISWOLD, C. *Platonic Writings and Platonic Readings.* Routledge, 1988.

GUTHRIE, W.K.C. *A History of Greek Philosophy.* Cambridge University Press, 1978.

GUTIERREZ, A.G. *Pensar en la transcultura.* Plaza y Valdés, 2013.

GYEKYE, K. Person and Community in African Thought. In: COETZEE, P.H. & ROUX, A.P.J. (eds.). *The African Philosophy Reader.* Routledge, 2002, p. 297-312.

_____. *An Essay on African Philosophical Thought* – The Akan conceptual scheme. Cambridge University Press, 1987.

HARNACK, A. *History of Dogma.* Dover, 1968.

HARRIS, R.B. (ed.). *The Significance of Neoplatonism.* Suny Press, 1976.

HEGEL, G.W.F. *The Philosophy of History.* Dover, 1956.

HEIDEGGER, M. *Introducción a la filosofía.* Cátedra, 1999.

HUDSON, D.W. *Wittgenstein and religious belief.* The Macmillan, 1975.

HUME, D. *Traité de la nature humaine.* Aubier, 1946.

HYPPOLITE, J. *Figures de la pensée philosophique.* Vol. I. PUF, 1971.

IYENGAR, B.K.S. *Luz na vida.* Summus, 2007.

JACQUES, F. *Différence et subjectivité*. Aubier Montaigne, 1982.

JAEGER, W. *Paideia*. Herder, [s.d.].

JAYNES, J. *The Origin of Consciousness in the Breakdown of the Bicameral Mind*. University of Toronto Press, 1976.

JEUDY, H.-P. *Le corps comme objet d'art*. Armand Colin, 1998.

JOHNSON, S. *The History of the Yorubas*. Lagos CMS/Bookshop, 1957.

JONES, W.T. *The Classical Mind* – A history of western philosophy. Harcour Brace Jovanovich, 1980.

JULIEN, F. *De l'universel, de l'uniforme, du commun e du dialogue entre les cultures*. Fayard, 2008.

KARENGA, M. *Odù Ifá* – The ethical teachings. University of Sankore Press, 1999.

KI-ZERBO, J. *História geral da África*. Unesco/Ática, 1980.

KOJÈVE, A. *Introdução à leitura de Hegel*. Contraponto/Uerj. 2002.

_____. *Essai d'une histoire raisonnée de la philosophie païenne*. Tomo I. Gallimard, 1968.

LALANDE, A. *Vocabulário Técnico e Crítico de Filosofia*. Martins Fontes, 1999.

LAMBERT, J.-M. *História da África Negra*. Kelps, 2001.

LANDES, R. *Cidade das mulheres*. Civilização Brasileira, 1967.

LAO TSÉ. *Tao te king*. [s.n.t.].

LEÃO, E.C. *Aprendendo a pensar*. Vozes, 1977.

LEDRUT, R. *La révolution cachée*. Casterman, 1979.

LIMA, V.C. *A família de santo nos candomblés jeje-nagôs da Bahia* – Um estudo de relações intergrupais. UFBA, 1977 [Dissertação de mestrado].

LUZ, M.A. *Agadá* – A dinâmica civilizatória do negro brasileiro. UFBA, 1995.

LYOTARD, J.-F. *A condição pós-moderna*. José Olympio, 2002.

_____. *Économie libidinale*. Paris, 1974.

_____. *A fenomenologia*. Ed. 70, [s.d.].

MBITI, J. *African Religions and Philosophy*. Doubleday and Company, 1970.

MENKITI, I.A. Person and Community in African Traditional Thought. In: WRIGHT, R.A. (ed.). *African philosophy:* An introduction. University Press of America, 1984.

MERLEAU-PONTY, M. *Phénoménologie de la Perception*. Gallimard.

MIDDELAAR, L. *Politicídio* – O assassinato da política na filosofia francesa. É Realizações, 2015.

MIRANDA, J.A.B. *Teoria da Cultura*. Século XXI, 2002.

MONDZAIN, M.J. *In pouvoir des industries audiovisuelles ou autorité de la culture*. Séminaire International: Image, accelération, digitalisation, 28-29/11/2007.

MORROW, G.R. *A Commentary on the first Book of Euclid's Elements*. Princeton University Press, 1970.

NASCIMENTO, E.L. (org.). *Sankofa* – Matrizes africanas da cultura brasileira. Vol. 1. Uerj, 1994.

NIETZSCHE, F. *Obra completa*. [s.n.t.].

NUNES PEREIRA. *A casa das minas*. Vozes, 1979.

OLIVEIRA, E. *Cosmovisão africana no Brasil:* elementos para uma filosofia afrodescendente. Ibeca, 2003.

ORTIGUES, E. *Le discours et le symbole*. Aubier, 1962.

PEIRCE, C.S. *La Ciencia de la Semiotica*. Nueva Visión, 1974 [Colección de Semiología y Epistemología].

PLATÃO. *Obras Completas*. Aguilar, 1972.

POKORNY, J. *Indogermanisches etymologisches Wörterbuch*. Francke, 1959.

RADHAKRISHNAN, S. & MOORE, C. (eds.). *Indian Philosophy*. Princeton University Press, 1973.

RICOEUR, P. *Tempo e narrativa*. Vol. I. Papirus, 1994.

ROIG, A.A. *Rostro y filosofía de América Latina*. Mendoza, 1993.

RORTY, R. *Contingency, irony and solidarity*. Cambridge University Press, 1989.

ROSSET, C. *L'Objet singulier*. Minuit, 1979.

_____. *Schopenhauer:* philosophie de l'absurde. PUF, 1967.

SANTO AGOSTINHO. *Confissões*. Vozes, 1988.

SANTOS, D.M. [Mestre Didi]. *Contos negros da Bahia* [s.n.t.], 1961.

SANTOS, D.M. [Mestre Didi] & SANTOS, J.E. A cultura nagô no Brasil: memória e continuidade. In: *Colóquio sobre a sobrevivência das tradições africanas nas Caraíbas e América Latina*. Unesco, 1985 [mimeo.].

SANTOS, J.E. *Os nagô e a morte*. Vozes, 1976.

SAYAD, A. Le retour, élément constitutif de la condition de l'immigré. In: *Migrations et Société*, vol. X, n. 57, 1988.

SCHELER, M. *La gramatica de los sentimientos* – Lo emocional como fundamento de la ética. Crítica S.L. Diagonal, 2003.

SCHELLING, F.W.J. Vorlesungen über die Methode des akademischen Studiums. Apud *Schelling* – Aforismos para introdução à filosofia da natureza e aforismos sobre filosofia da natureza [Coleção Folha de S. Paulo].

SCHOPENHAUER, A. *O mundo como representação e vontade*. Unesp. 2005.

SECRETAN, P. *L'analogie*. Presses Universitaires de France, 1984 [Col. *Que sais-je?*].

SENNETT, R. *Respeito* – A formação do caráter em um mundo desigual. Record, 2004.

SILVEIRA, R. *O candomblé da Barroquinha* – Processo de constituição do primeiro terreiro baiano de keto. Maianga, 2006.

SLOTERDIJK, P. *Tempéraments philosophiques*. Libella-Maren Sell, 2011.

SODRÉ, M. *A ciência do comum* – Notas para o método comunicacional. Vozes, 2014.

_____. *A narração do fato* – Notas para uma teoria do acontecimento. Vozes, 2009.

_____. *As estratégias sensíveis:* afeto, mídia e política. Vozes, 2006.

_____. *A verdade seduzida* – Por um conceito de cultura no Brasil. DP&A, 2005.

_____. *Claros e escuros* – Identidade, povo e mídia no Brasil. Vozes, 1999.

SONG-MOLLER, V. *Philosophy Without Women* – The birth of sexism in western thought. Continuum, 2002.

STOKES, M. *Ethnicity, Identity and Music* – The musical construction of place. Berg, 1994.

TEMPELS, P. *Bantu philosophy*. Présence Africaine, 1969.

TOYNBEE, A. *The Greeks and their Heritages*. Oxford University Press, 1981.

VATTIMO, G. *Vocazione e responsabilità del filosofo*. Il Melangolo, 2000.

_____. *Credere di credere*. Garzanti, 1996.

VERGER, P. *Fluxo e refluxo do tráfico de escravos entre o Golfo do Benin e a Bahia de Todos os Santos:* dos séculos XVII a XIX. Corrupio, 1987.

VOLNEY, C.F. Voyage en Egypte et en Syrie pendant les années 1783, 1784 et 1785 (1825). Apud M'BOKOLO, E. *África Negra*: história e civilizações. Edufba, 2009.

VUILLEMIN, J. *What are Philosophical Systems?* Cambridge University Press, 1986.

WEIL, S. *O enraizamento*. Edusc, 2001.

WHITEHEAD, A.N. *Science and the Modern World*. The Free Press, 1967.

WILDEN, A. Verbete "comunicação". In: *Enciclopédia Einaudi*.

WITTGENSTEIN, L. *De la certitude*. Gallimard.

YUTANG, L. (ed.). *The Wisdom of China and India*. Modern Libray, 1942.

ZEA, L. *Dependencia y liberación de la cultura latino-americana*. México, 1974.

ŽIŽEK, S. *The Puppet and the Dwarf*: the perverse core of christianity. MIT, 2002.

Conecte-se conosco:

facebook.com/editoravozes

@editoravozes

 @editora_vozes

youtube.com/editoravozes

+55 24 2233-9033

www.vozes.com.br

Conheça nossas lojas:
www.livrariavozes.com.br

Belo Horizonte – Brasília – Campinas – Cuiabá – Curitiba
Fortaleza – Juiz de Fora – Petrópolis – Recife – São Paulo

EDITORA VOZES LTDA.
Rua Frei Luís, 100 – Centro – Cep 25689-900 – Petrópolis, RJ
Tel.: (24) 2233-9000 – E-mail: vendas@vozes.com.br